普通高等院校经济管理类“十四五”应用型精品教材

【市场营销系列】

零售学

RETAILING

管玉梅 编著

机械工业出版社
China Machine Press

图书在版编目（CIP）数据

零售学 / 管玉梅编著 . -- 北京：机械工业出版社，2022.1（2024.6 重印）
普通高等院校经济管理类“十四五”应用型精品教材 · 市场营销系列
ISBN 978-7-111-70142-2

I. ①零… II. ①管… III. ①零售业 - 商业经营 - 高等学校 - 教材 IV. ①F713.32

中国版本图书馆 CIP 数据核字（2022）第 018254 号

本书分 3 篇共 10 章，向读者介绍零售业的前沿理论与实践，以及发展趋势。第一篇零售入门知识，主要介绍零售基础理论与知识，包括零售导论、零售业的发展、零售顾客 3 章内容；第二篇传统零售管理，介绍实体店铺的主要作业管理内容，包括店铺选址、店铺规划、商品规划与采购、商品定价与促销 4 章内容；第三篇新零售的发展，主要介绍零售新理论与实践，包括新零售的本质、发展趋势、实践 3 章内容。

本书可作为高等院校市场营销类、经济类、管理类等专业本科学生的教材，也可作为企业营销人员、管理者、经理人等的培训教材和工具书。

出版发行：机械工业出版社（北京市西城区百万庄大街 22 号 邮政编码：100037）
责任编辑：李晓敏 责任校对：马荣敏
印 刷：北京捷迅佳彩印刷有限公司 版 次：2024 年 6 月第 1 版第 5 次印刷
开 本：185mm × 260mm 1/16 印 张：16.75
书 号：ISBN 978-7-111-70142-2 定 价：49.00 元

客服电话：（010）88361066 68326294

PREFACE 前 言

在消费环境变化、零售理念更新和高科技驱动等众多复杂因素的影响下，零售业的变革可谓日新月异，零售商业模式也正在不断快速迭代升级。零售的数字化、场景化、智能化、社交化、体验化、无界化等趋势越来越凸显。为了让读者了解零售业令人兴奋的最新发展趋势，广泛接触前沿理论与实践，笔者编著了本教材。本教材主要突出以下特点：

（1）在教学目标上，本书注重用经典理论来培养学生的基本零售思维，用前沿知识来开阔学生的零售视野，用最新实务操作方法来培养学生的零售管理技能。

（2）在框架结构上，本书根据新零售在全球市场的崛起趋势，把传统实体店铺零售和新零售分开介绍，相对于只介绍实体店铺零售的传统教材来说，本教材更与时俱进。

（3）在内容安排上，本书尽量做到文字描述简洁、生动、通俗和易懂，在可读性、趣味性、互动性、启发性和实践应用性等方面突出内容特色。

（4）在体例设计上，本书每章从案例引入开始，设计和安排了理论介绍、思考讨论、知识链接等内容，尽量从实际学情出发，充分考虑各种体例可能对学生产生的吸引力以及学生的最大吸收程度。

在本书的编写过程中，笔者参考了大量国内外相关精品教材、最新论著、专业论文、权威网站信息资料等，吸收了周勇等部分专家和学者的研究成果，汲取了河北经贸大学张淑梅老师、中国矿业大学杨洋老师、湖北经济学院鲜军老师、北京联合大学刘宇涵老师的宝贵指导意见，并得到了机械工业出版社的大力支持和帮助，在此一并感谢。由于水平有限，书中的错误和疏漏之处，敬请各位读者、同行、专家批评指正，以便修订完善。

管玉梅

2021 年 9 月于三亚

教学建议 SUGGESTION

教学目的

1. 注重引导学生对基础零售理论的深度理解。

2. 注重培养学生对零售作业管理各个环节的实践技能。

3. 注重介绍新零售的最新实践案例和分析新零售的最新理论逻辑，让学生开阔视野，提升思维能力，增长知识。

具体课时分配建议

教学内容	学习要点	学时安排
第 1 章 零售导论	零售的含义 零售在社会发展中扮演的角色 零售环境对零售企业的影响 零售管理的内容	2/4
第 2 章 零售业的发展	各类零售业态的基本特征、发展现状及趋势 零售演进理论	4/6
第 3 章 零售顾客	顾客的市场细分 顾客的商品消费需求 顾客的消费动机 顾客的消费决策过程	2/4
第 4 章 店铺选址	商圈的含义及特征 影响商圈大小的主要因素 商圈调查与分析的要点 商圈的测定与划分方法 店址评估的主要考虑要素和评估方法 不同选址类型的优劣势	4/6
第 5 章 店铺规划	中央卖场的通道与货架的三种主要类型布局的优缺点 卖场商品布局的面积分配和位置确定方法 商品的磁石点布局 商品陈列的原则	4/6

（续）

教学内容	学习要点	学时安排
第 6 章 商品规划与采购	商品分类的方法 商品组合应遵循的原则 商品结构的类型 商品结构调整的依据 商品采购流程 自有品牌商品的开发实践	4/6
第 7 章 商品定价与促销	商品定价策略 商品定价方法 广告、销售促进、人员推销和公共关系四种零售促销组合 零售促销活动的实施步骤	4/4
第 8 章 新零售的本质	新零售的提出背景 业界和学界关于新零售概念的诠释 新零售的商业逻辑	2/4
第 9 章 新零售的发展趋势	供应链重构 零售跨界融合 零售新技术的推动	4/4
第 10 章 新零售的实践	零售新场景 零售新方式	2/4
课时总计		32/48

目 录 CONTENTS

PART1 第一篇

零售入门知识

第1章 CHAPTER1

零售导论

学习目标

掌握：零售管理的内容。

理解：零售的含义；零售在社会发展中扮演的角色。

了解：零售环境的分析维度；零售环境对零售企业的影响。

引导案例

老城根 G-PARK，“老城根”上的“新长安”

老城根 G-PARK，是一个拥有 30 000 平方米的汉文化主题公园，它打破了传统购物中心的封闭式商业布局，导入娱乐体验式商业理念，整合餐饮、娱乐、休闲、购物、商务、文化、观光等多种功能于一体，成为西安人消费娱乐的公园地标和目的地型的社交场所。

老城根 G-PARK 一期设有童梦 Park、风尚 Park、舌尖 Park、动感 Park 四大主题公园和水舞广场、晶彩广场、欢乐广场三大广场。其中，童梦 Park 拥有室内儿童主题乐园；风尚 Park 聚集国际潮流品牌；舌尖 Park 以高端餐饮、港式餐饮、酒吧等多元化主题餐饮为主；动感 Park 内有可享受 IMAX 视听效果及 KTV 模式的音乐广场。

三大广场也各有亮点。水舞广场是将声、光、水、电融为一体的视听享受场所，堪称世界级水舞秀场。多媒体现代水秀舞台，可承办新品发布会、微型演艺、浪漫求婚等活动。晶彩广场用世界级科技打造城市炫丽的新热地标。欢乐广场以教育娱乐为目的打造儿童娱乐天地，设有科普教育机构、儿童主题餐厅、西北首家儿童置业体验馆。

老城根 G-PARK 二期为企业公园，户户赠送花园，建筑形态以联排别墅或独栋为主，旨在打造生态办公、庭院餐饮、花园酒吧等关联性商业模式。三期为文化创意公园，是集演艺剧场、博物馆主题酒店、艺术馆等为一体的多元文化创意交流中心。

资料来源：老城根 Gpark，新浪博客，http://blog.sina.com.cn/s/blog_d04086a101019a71.html.

1.1 零售概述

1.1.1 零售的含义

迈克尔·利维（2016）认为，零售是将产品和劳务出售给消费者，供其个人或家庭使用，从而增加产品和服务价值的一种商业活动。

菲利普·科特勒（2009）认为，零售是指将货物和服务直接出售给最终消费者的所有活动，这些最终消费者是为了个人生活消费，而不是为了商业用途消费。

巴里·伯曼（2011）认为，零售由那些向消费者销售，用于个人、家庭或居住区消费所需的商品和服务活动组成。

肖怡（2017）认为，零售是向最终消费者个人或社会集团出售生活消费品及相关服务，以供其最终消费之用的全部活动。

从上述学者的描述中可知，零售的定义包含以下内容：

（1）零售可以在店铺里进行，也可以通过无店铺形式进行。如上门推销、邮购、自动售货机、网络销售、电话销售、电视直销等。

例：一位大学生利用课间时间，在教室里让同学们当场看货、试吃和选购他的家乡特产，这是零售活动吗？

（2）零售活动不仅包括向消费者出售商品，还包括提供相关服务。如送货、上门安装、维修等。

例：某购物中心向同城购物满 500 元的客户提供免费送货上门服务，这属于零售活动吗？

（3）零售是针对最终消费者的活动，最终消费者购买的目的是自己消费。

例：某店的一个店主，曾经在朋友圈里做广告，宣传他的某款食用油价格便宜，连他楼下小超市老板都从他店里进货。该店主的广告宣传行为有问题吗？

（4）零售的顾客不限于个别的消费者，也包括集团消费者，非生产性购买的社会集团也可能是零售顾客。我国现行的宏观商品流通统计中，零售额是按最终消费者个人为生活消费品及其附带服务所支付的费用，或社会集团为非生产性消费品及其附带服务所支付的费用计算的。

案例 1-1

洋码头，迅速崛起的中国海外购物平台

洋码头成立于 2009 年，是中国海外购物平台，满足了中国消费者不出国门就能购买到全球商品的需求。“洋码头”移动端 App 内拥有首创的“扫货直播”频道。而另一特色频道“聚洋货”，则汇集全球各地知名品牌供应商，提供团购项目，认证商家一站式购物，保证海外商品现货库存，提供全球物流护航直邮服务。为保证海外商品能安全并快速地运送到中国消费者手上，洋码头自建立以来，就打造跨境物流体系：贝海国际。截至 2020

年年底，洋码头全球化布局已经完成，在海外建成10大国际物流仓储中心，并且与多家国际航空公司合作，实施国际航班包机运输，每周40多驾全球航班入境，大大缩短了国内用户收到国际包裹的时间。2020年8月，洋码头以70亿元估值位列“苏州高新区·2020胡润全球独角兽榜”第351位。

资料来源：百度百科，https://baike.baidu.com/item/%E6%B4%8B%E7%A0%81%E5%A4%B4/8117369?fr=aladin.

1.1.2 零售的特点

随着社会的发展，零售与现代人的关系越来越密切，几乎每一个人都必须从零售中获得自己所需的产品或服务，零售已经成为人们生活中的一个重要组成部分。无论是顾客还是零售从业人员，更多地了解一些关于零售的特点，都具有十分积极的意义。

1. 交易次数多且平均交易金额小

零售是向最终消费者出售商品，因此，我们经常也将零售企业的顾客概念等同于消费者的概念。由于零售主要面对的是数量众多的个人消费者，所以零售的交易次数较多，平均交易金额较小。

2. 既卖产品又卖服务

提供服务是零售企业销售过程中不可或缺的活动，尤其是随着现代社会生产力水平的发展和信息时代的来临，商品同质化严重，任何一种商品在品种、质量和价格方面的优势日益弱化，因此，零售商都将服务作为竞争的一个有力手段。如，商场通过不断改进服务环境、商品的艺术陈列、店堂布局，提供音乐，不断创新服务项目等各种手段营造更具吸引力的购买环境，让顾客在购买的过程中有一种美的享受。

3. 注重商品组合

当今的市场需求变化快，消费者的需求呈现多样化、个性化和层次化，因此面对这一特点，零售为满足变化中的消费者的不同需求，经营的商品种类既要有综合性，畅销商品品种又要多，需要注重商品种类的科学组合。

案例 1-2

独一无二的买手店 Dover Street Market

日本数一数二的知名设计师品牌 Comme Des Garcons 于2004年在伦敦开设了一家融合多个品牌的集成式新型零售空间——Dover Street Market（DSM）。川久保玲对DSM的定义是：“我希望创造一个各个领域的众多艺术家进行创作的集市。使平民、集市与高端、奢侈的时装品牌形成强烈而有趣的对比。”DSM的创意核心是，让那些有想象表达的人，在这里能展示自己的才华。目前DSM店铺分布于伦敦、东京、纽约、北京等地。DSM的优势有：

一、品牌集合的力量

在 DSM 里有着世界各国的一线潮流品牌，除了自营的十多个品牌以外，还有上百个加盟品牌。例如：奢侈品里的 Gucci、Miu Miu、Valentino，安特卫普六君子里的 Maison Martin Margiela 和 Ann Demeulemeester，纽约学院派潮牌 Thom Browne，近年火到无边界的街头品牌 Off-White、Balenciaga、Supreme，运动品牌 Nike、Adidas Originals，英国哥特鬼才设计师 Gareth Pugh 成功转型了迪奥的 Raf Simons，更不用说日本的潮牌们 Undercover、Bape、Sacai，以及 2018 年获得 LVMH 设计大奖的 Doublet。

每一楼层，Adrian Joffe 使各大品牌与自己公司品牌线的风格相称，一起陈列销售，并且品牌上新的速度极快。在优胜劣汰的服装界里，DSM 里的品牌也并不是一直不变的，在 DSM 里你总会找到当下最火的潮流品牌。

二、一直走在潮流的前端

前面说到了 DSM 里有上百个加盟品牌，并且，它随时做好和个性化潮流度高、人气火的品牌签约的准备。在 DSM 里，大品牌不仅仅出售自己当季的最新产品，还会定期发售和 DSM 合作的只能在 DSM 买到的限定款。

三、高端的艺术性

川久保玲本人对艺术品非常喜欢，而且自身的品位很高。所以，在她所有品牌的路面店里，艺术品是永远不可缺少的一部分。不论橱窗陈列、商品展示，还是每一季的品牌分类，DSM 店铺里的主题性永远是很强烈的。视觉优势往往会在消费者的脑海里留下比较深刻的印象。

资料来源：llmmmmm 服装，知乎，https://zhuanlan.zhihu.com/p/56402763.

4. 多种业态共存

为了满足不同层次、各具特色的社会需求，零售的多种业态应运而生，且至今各种零售业态都受到其目标市场顾客群的认可和支持。零售形成了多种业态并存、大中小型企业同时发展、综合与专业经营兼顾的局面。

5. 连锁经营

在市场经济条件下，每个店铺都有其特定的服务半径，在这个半径中，消费者的数量是有限的，总体购买力也是有限的，在这种市场状况的约束下，单店规模很难做大做强。连锁经营不仅突破了原有商圈的限制，而且适应了消费分散化的特征，因此，所有大型零售商都是连锁经营。并且，规模大、效率高、管理好的大型零售商，在市场竞争中的市场份额逐渐扩大，一些中小型的零售商将被淘汰。

1.1.3　零售存在的意义

零售业是一个国家最重要的行业之一。零售业的每一次变革和进步，都带来了人们生活质量的提高，甚至引发了一种新的生活方式。从全局来看，零售业起到了国民经济发展基础产业的作用。零售存在的意义体现在以下几个方面：

（1）零售为全社会提供所需要的产品和服务。就零售而言，它与广大消费者建立了最广泛、直接、密切的经济联系。其广泛的网点对商品流通的支撑性作用，是其他任何一个产业所无法比拟的。

（2）零售是反映一个国家和地区经济运行状况的晴雨表。国民经济是否协调发展，社会与经济结构是否合理，首先在流通领域，特别是在消费品市场上体现出来。

（3）零售对国民经济各部门都产生着巨大的制约和影响。在产品至上的年代，没有生产就没有流通。但是今天在体验至上的年代，没有好的流通就没有生产，流通决定生产。

（4）零售为国民经济的增长做出基础性的贡献。2020 年中国经济的最大底气来自内需市场。做大做强国内市场，是实现经济平稳运行和高质量发展的前提条件。而零售技术和水平的提升是刺激内需的重要手段。

（5）零售是一个国家和地区的主要就业渠道。没有哪个行业能比得上零售点多面广，就业进入门槛低。由于零售业对劳动就业的突出贡献，很多国家甚至把扶持、发展零售业作为解决就业问题的一项经济政策。

1.2 零售环境

零售环境是指影响零售商业发展、变化的各种外在因素的集合。零售环境的构成要素可分为宏观要素和微观要素。其中，宏观环境要素主要包括政治、经济、科技、文化；微观环境要素主要包括零售行业竞争状况和零售经营组织所在地的经济环境。零售环境是制约零售行动的重要因素，每个零售企业都需要分析它所处的环境，需要了解市场竞争的焦点是什么，需要准确把握环境的变化和发展趋势及其对组织的重要影响。

☞ 零售风流人物

杰夫·贝佐斯

亚马逊（Amazon.com）的创始人

“我们不追求下个季度的短期盈利，我们只关注什么对客户来说是好的。”

1964 年，杰夫·贝佐斯（Jeff Bezos）生于美国新墨西哥州中部大城阿尔布奎克，1968 年，母亲带着他嫁给了 60 年代初期的古巴移民米盖尔·贝佐斯（Miguel Bezos），杰夫在家中是长子，他还有一个弟弟和一个妹妹，一家人其乐融融。他在迈阿密蒲葵中学度过了中学时代，是班长和毕业生代表。由于贝佐斯在各方面的优异表现，高中毕业时他获得了美国高中毕业生的最高荣誉“美国优秀学生奖学金”。1986 年，他以优异成绩毕业，获得了普林斯顿大学电气工程与计算机科学学士学位，并成为美国大学优秀生联谊会会员。毕业后，他很快就进入纽约一家新成立的高科技公司。两年后，他在 25 岁时便成了纽约银行家信托公司有史以来最年轻的副总裁。1994 年，贝佐斯偶然看到了一个数字，互联网使用人数每年以 2 300% 的速度在成长。几周后，他辞去了华尔街待遇丰厚的工作，从纽约搬到西雅图，踏上了创业之路，并在去西雅图的路上，完成了自己的商业计划书。他之所以选定西雅图，是因为这里有现成的技术人才，并且离大型渠道分销商 Ingram 公司图书部门的俄勒冈仓库十分接近。他之所以选定先卖书籍，是因为美国作为出版大国，图书和音乐制品种类丰富，线下书店的集中度低，零售市场发展空间大，而书籍特别适于网上展示和销售。贝佐斯用 30 万美元的启动资金，在西雅图郊区租来的车库中，创建了全美第一家网络零售公司——Amazon.com（亚马逊公司）。贝佐斯之所以用全世界最大的一条河流——亚马逊来命名自己的公司，是因为希望它能成为图书公司中名副其实的“亚马逊”。亚马逊在贝佐斯的带领下，开发各种技术，通过提供个性化建议和主页，使得网上购物比实体店购物更快捷、更容易、更个性化。而现在的亚马逊，早已不是一家书店，而是全球最大的网络零售商，目前它已经走向线下，实现全渠道购物。而杰夫·贝佐斯，则自 2018 年后，蝉联福布斯富豪榜全球亿万富豪榜第 1 位，并获《时代周刊》2018 年全球最具影响力人物荣誉，入选 2019 年美国杂志评选出的“过去十年影响世界最深的十位思想家”。

资料来源：百度百科，https://baike.baidu.com/item/%E6%9D%B0%E5%A4%AB%C2%B7%E8%B4%9D%E7%B4%A2%E6%96%AF/4806337?fr=aladdin.
夕叶之，搜狐号，https://www.sohu.com/a/432654101_120780170.

1.2.1 宏观环境

宏观环境又称一般环境，是指影响一切行业和企业的各种宏观力量。不同行业和企业根据自身特点和经营需要，对宏观环境因素分析的具体内容会有差异，但一般都应对政治（Political）、经济（Economic）、社会（Social）和技术（Technological）这四大类影响企业的主要外部环境因素进行分析。简单而言，称为 PEST 分析法。

1. 政治环境

政治环境包括一个国家的社会制度，执政党的性质，政府的方针、政策、法令等。不同的国家有着不同的社会性质，不同的社会制度对组织活动有着不同的限制和要求。即使社会制度不变的同一国家，在不同时期，由于执政党的不同，其政府的方针特点、政策倾向对组织活动的态度和影响也是不断变化的。

（1）国家方针政策。

1）整个商贸流通行业。2019 年 8 月 27 日，国务院办公厅印发了《国务院办公厅关于加快发展流通促进商业消费的意见》，指导如何促进流通新业态新模式发展，推动传统流通企业创新转型升级，改造提升商业步行街，加快连锁便利店发展，优化社区便民服务设施，加快发展农村流通体系，扩大农产品流通，拓展出口产品内销渠道，等等。

2）实体零售。2016 年 11 月 11 日，国务院出台《关于推动实体零售创新转型的意见》（以下简称《意见》）。《意见》指出，实体零售是商品流通的重要基础，近年来我国实体零售业规模不断扩大，但是也存在发展方式粗放、有效供给不足、运行效率不高等突出问题。《意见》从以下四个方面提出了促进实体零售转型升级的政策措施。①调整商业结构。支持商业设施富余地区的零售企业，由东部地区向中西部地区转移，统筹城乡商业协同发展。引导传统销售场所向社交体验、家庭消费、时尚消费、文化消费中心等转变。引导企业调整和优化商品品类，增加智能、健康、时尚、绿色商品品种，提升商品品质。②创新发展方式。鼓励零售企业加快商业模式创新，改变引厂进店、出租柜台等传统经营模式。鼓励特许经营向多行业、多业态拓展。引导零售企业顺应个性化、品质化、多样化的消费趋势，提高服务技能，延伸服务链条。③促进跨界融合。建立适应融合发展的标准规范和竞争规则，引导实体零售企业将线下的物流、服务、体验等优势，与线上的商流、资金流、信息流融合。鼓励发展设施高效智能、功能便利完备、信息互联互通的智慧商圈。④优化发展环境。科学确定商业网点发展建设，推动商业与市政、人口、交通、生态环境协调发展。

3）直销。2019 年 4 月 9 日，商务部印发《关于对直销备案产品、直销培训员和直销员开展复核登记工作的通知》，部署对直销企业开展三项复核登记工作。2019 年 10 月，商务部又下发《关于开展直销企业及其分支机构、服务网点信息复核和企业信用建档工作的通知》，再次对直销企业开展信息复核工作。

2019 年 7 月 10 日，市场监管总局再公布《严重违法失信名单管理办法（修订草案征求意见稿）》，针对直销失信行为，在“两年内受到三次以上行政处罚”的原有条件上，还增加了“直销违法行为情节严重”这一情形。直销违法行为列入失信名单不仅降低了门槛，而且直销企业以及从事直销的个人还更容易因为违法行为而被列入失信名单。“直销违法行为情节严重”这一点也给监管部门留出一定的自由裁量空间。

4）电商。2017 年 1 月 22 日，商务部发布《商务部关于进一步推进国家电子商务示范基地建设工作的指导意见》，指导实施“互联网 + 流通”行动计划，创新示范基地发展模式，构建产业协同发展生态，助力地方经济转型和产业升级，培育经济发展新动能。

商务部、发展改革委、财政部、海关总署、税务总局、市场监管总局六部门发布的《关于完善跨境电子商务零售进口监管有关工作的通知》从 2019 年 1 月 1 日起正式实施，不仅继续将跨境电商零售进口商品定性为个人物品执行，而且提升购买限额，新增享受优惠政策的商品品种，扩大跨境电商综试区城市范围。

“码”上看：扫码阅读《国务院办公厅关于加快发展流通促进商业消费的意见》

（2）法律法规。

1）产品。在规范产品质量和安全方面，有《中华人民共和国产品质量法》《中华人民共和国食品安全法》《中华人民共和国农产品质量安全法》《中华人民共和国进出境动植物检疫法》《中华人民共和国进出口商品检验法》《中华人民共和国动物防疫法》《中华人民共和国标准化法》《中华人民共和国国境卫生检疫法》《危险化学品经营许可证管理办法》等法律法规；在产品包装、商标、专利等方面，有《中华人民共和国合同法》《中华人民共和国专利法》《中华人民共和国商标法》《中华人民共和国国家标准：标准化工作导则　产品包装标准的编写规定》《针棉织品包装》等法律法规。

2）价格。对于零售企业价格的制定，世界各国都做了一些法律规定，以禁止各种违法行为。我国为规范零售市场价格秩序，保护消费者合法权益，具体立法有《中华人民共和国价格法》《价格违法行为处罚规定》《关于商品和服务实行明码标价的规定》《禁止价格欺诈行为的规定》等法律法规。

3）促销。关于促销的制约，《中华人民共和国反不正当竞争法》《中华人民共和国价格法》《中华人民共和国消费者权益保护法》等法律都有相关规定。2020年10月29日，国家市场监督管理总局公布《规范促销行为暂行规定》，就一般促销行为、有奖销售行为、价格促销行为提出详细规范，并明确了违规的法律责任。

4）消费者。1993年10月31日第八届全国人民代表大会常务委员会第四次会议通过《中华人民共和国消费者权益保护法》，自1994年1月1日起施行。2009年8月27日第十一届全国人民代表大会常务委员会第十次会议通过《全国人民代表大会常务委员会关于修改部分法律的规定》，对该法进行第一次修正。2013年10月25日第十二届全国人民代表大会常务委员会第五次会议通过《全国人民代表大会常务委员会关于修改〈中华人民共和国消费者权益保护法〉的决定》，对该法进行第二次修正，自2014年3月15日起施行。该法就消费者权益、经营者义务、违法责任等内容有详细规定。另外，《全国人民代表大会常务委员会关于惩治生产、销售伪劣商品犯罪的决定》在消费者权益保护方面也起到了很好的规范作用。

5）日常运营。关于零售企业的日常运营和管理，2009年10月1日起执行的《超市购物环境标准》规定了超市卖场环境、营销设施设备、附属设施等的基本要求。另外，《零售商与供应商公平交易管理办法》《商业特许经营管理条例》等法律法规都有相关约束条例。

2. 经济环境

经济环境主要包括宏观和微观两个方面的内容。宏观经济环境主要指一个国家的人口数量及其增长趋势，国民收入、国民生产总值及其变化情况，这些因素能够反映国民经济发展水平和发展速度。微观经济环境主要指企业所在地区或所服务地区的消费者的收入水平、消费偏好、储蓄情况、就业程度等因素。这些因素直接决定着企业目前及未来的市场大小。

（1）人口数量及其增长趋势。根据国家统计局数据，到2020年年底，中国大陆的总人口超过 14.11 亿，其中男性人口为 7.23 亿，女性人口为 6.88 亿。16～64 岁的人口为 9.67 亿，占总人口的 68.5%，年龄在 65 岁及以上的人口占总人口的 13.5%。2020 年，全国老龄工作委员会预测，中国 60 岁以上的人口预计将在 2050 年左右达到 4.87 亿的峰值，接近中国人口的 35%。2019 年有 1 465 万例婴儿出生，出生率为 10.41%。人口虽然还在正增长，但是人口出生率降至 1949 年以来最低水平，自然增长率降至 1961 年以来最低水平。

（2）国民收入、国民生产总值。近年来，我国经济发展很快，国家经济总量和人民收入得到显著提高，消费水平急剧上升。2021 年 1 月 18 日，国新办举办发布会，会上通报，2020 年国内生产总值为 1 015 986 亿元，比上年增长 2.3%。同时，国家统计局数据显示，我国国民收入近几年来一直在持续增长，2019 年达到 98.38 万亿的规模。同时社会商品零售总额也随之在逐年增加，从 2010 年的 152 083 亿元，增长到 2020 年的 391 981 亿元。由此可以推断，未来随着经济的发展和国民收入水平的提高，零售业也必将快速发展。

（3）消费情况。21 世纪以来，我国进入经济和社会快速发展的阶段，城市基础设施建设投入很多，交通、教育、医疗、卫生、环境得到普遍改善。居民消费总量继续增大，消费结构进一步优化，居民吃、穿的消费比重继续减少，健康、娱乐的消费比重在不断增大。消费者主导的时代已经来临，个性消费在回归，消费主动性增强，高生产、高收入和高消费已逐步成为常态。

"码"上看：扫码阅读《2021 年的消费趋势》

3. 社会环境

社会环境包括一个国家或地区的居民教育程度、宗教信仰、风俗习惯、价值观念、审美观点等。教育程度会影响居民的需求层次，宗教信仰和风俗习惯会支持或抵制某些活动的进行，价值观念会影响居民对组织目标、组织活动以及组织存在本身的认可与否，审美观点则会影响人们对组织活动内容、活动方式以及活动成果的态度。

案例 1-3

"钱大妈"为什么能在珠三角城市群立足

2013 年，"钱大妈"创始人冯冀生将自己在东莞农贸市场的猪肉铺搬了出来，在深圳开出第一家社区店。在随后的 7 年间，"钱大妈"以惊人的速度开出 2 000 余家门店。"钱大妈"成立至今不过 8 年时间。

而这 2 000 余家门店中，1 500 家开在广东。其中又有 1 000 家集中在深圳、广州等珠三角区域。能看出，"钱大妈"可以说是靠珠三角起家。针对这片区域，"钱大妈"也喊出了自己的口号："不卖隔夜肉"。这句 slogan 看似简单，但其实包含了"钱大妈"成功的关键词。“钱大妈”敏锐地察觉到广东肉类市场的以下两个特点：

（1）广东本土对肉类的供给不足。广东的珠三角经济发达又靠近沿海，西北部以农业为主，所以，广东地区的水产和蔬菜水果产业都很不错。但是，肉类作为一个纯养殖的产业，产业化养殖加工基地较少，供应能力不强，一直是广东地区产业化程度不高的生鲜品类。

（2）广东地区对鲜肉要求较高。由于南方人对肉类的烹饪方式以现炒、煲汤等为主，品质越高、越新鲜的肉越符合广东人的烹饪方式。所以，南方的肉类消耗不如北方大，但是鲜度要求反而更敏感。但是，肉类这种高蛋白的食材，对物流的要求也很高。鲜肉的冷链配送不能超过 10 个小时，否则肉品的鲜度就会衰减，直到变质。

于是，“钱大妈”成立了广东本地少有的能养殖高品质黑猪肉的生鲜企业。以肉品为驱动品类，并辅以其他生鲜全品类。在“钱大妈”的品类结构中，猪肉占比 40%、蔬菜占比 30%、水产占比 15%，而水果只占不到 10%。“钱大妈”选择了猪肉为主菜品类，并在此基础上搭建了从供应链到门店的全套商品结构。“钱大妈”选择蔬菜为第二品类，在云南元谋承包了蔬菜基地。

因此，“钱大妈”在新鲜（不隔夜）、品种（黑猪）、平价（菜市场价格）、便利（加盟店）几个要素上，闯出了一条粤式生鲜发迹之路。

资料来源：赵小米，零售老板参考，https://baijiahao.baidu.com/s?id=1673346026101945020&wfr=spider&for=pc.

随着“85 后”与“90 后”日渐占据消费群体的引领地位，来自消费者的消费习惯、消费偏好、消费需求也都在悄然发生着变化。麦肯锡全球研究院的研究报告指出，在消费与零售行业，多达 85% 的中国消费者已经成为全渠道购物者，对购物体验的期望水涨船高。因此，市场零售的经营理念也必须发生转变，从前从经济效益原则出发的传统零售业也必须朝着以人为本原则转变。如何更好地了解消费者的生活方式并迎合消费者的购物需求，也成了零售商的出发点。

（1）购物社交化。消费者经常和别人分享购物体验，这其中包括在购物平台上留言，以及在朋友圈分享自己的购物经历。购物的社交化，让消费者更容易受到社交分享的影响和刺激，从而增加购买意愿，使消费呈现出“购买 - 分享 - 再购买”的循环式连锁反应。

（2）体验至上。随着国内人均收入水平的增长、移动互联网所带来的消费的便利和信息渠道的透明，消费者越来越重视消费过程中的体验感，而不是仅仅注重于寻求低价或高性价比的商品。更多的人开始倾向于认为他们购买的不仅仅是商品，更重要的是这种消费过程。这种体验至上的消费观念在国内年轻人群体中最为盛行。

（3）线上线下结合消费。随着购物信息更加透明，比价行为在国内正变得越来越大众化。消费者在店内购物时会经常使用手机比价，还会经常使用折扣网站寻找更低价格，这种比价行为打破了线上、线下购物的割裂状态，使得越来越多的消费者愿意比较商品各方面的信息，成为一个“精明的消费者”。

4. 技术环境

我们应及时了解国家对科技开发的投资和支持重点，该领域技术发展动态和研究开发费用总额，技术转移和技术商品化速度，专利及其保护情况，等等。除此之外，我们要考察与零售企业所处领域的活动直接相关的技术手段的发展变化，如科技是否降低了产品和服务的成本，是否为消费者提供了更多的创新产品与服务，是否为企业提供了新的与消费者沟通的渠道，等等。

影响零售业的技术因素主要有大数据、人工智能、VR等，应用这些技术能够提升零售企业运营效率、降低成本。大数据技术能帮助零售企业，更好地管理库存，分析消费人群偏好等；随着直播、VR、智能终端的走红，零售商营销方式越来越休闲化、娱乐化、体验化。

1.2.2 零售行业环境

宏观经济发展放缓、电商冲击等不利环境难以消散，以及区域割据、联营模式等自身困境仍然存在，零售行业基本面较难显著改善。但零售企业在便利店及生鲜超市业态的优势逐渐凸显，线下零售积极布局“互联网＋零售”转型，如推动移动社交电商平台模式、探索供应链服务等。

“码”上看：扫码阅读《2020年中国奢侈品市场研究报告》

1. 零售企业之间的竞争激烈

零售企业之间日趋激烈的同行竞争，导致了不少零售企业破产或者被迫区域性退出。在零售业巨大的市场规模吸引下，在当前消费升级、传统零售业萧条、网购零售增速放缓的情况下，各大电商巨头和传统零售品牌企业纷纷探索新零售，同时也吸引了大量的投资资金进场。

案例 1-4

罗森手中的“年轻牌”，可能是逆袭7-11和全家的高能武器

罗森的日本官网数据显示，截至2020年6月，罗森在中国的门店数，踏过2 700的门槛线。罗森北进河北，南进海南，东进福建，还将便利店开进了公园，意气风发的样子，像极了20世纪90年代在日本力压全家、风头直逼7-11的时候。罗森虽说早在1996年已进入中国，但这20年，年均开店34家，发展缓慢。截至2016年4月，其在中国的门店数量仅为685家，不足全家在上海一地的店铺数量。2016年9月，三菱对罗森的持股比例提升到51%。控股后，三菱以中国为主舞台，大刀阔斧改造罗森。以2016年为新起点，罗森在中国步入前进快车道。2017年2月，第1 000家店开业；2019年

1月，突破2 000家店；2020年6月，店铺数量达到2 707家，再次与7-11、全家并肩而行。

中部王者，把便利店铺向百所高校

2016年，准备重新出发的罗森，站在“魔都”，环顾四周。7-11雄踞珠三角，辐射大半个中国；全家，诨号“魔都一霸”，妥妥的C位。于是，罗森把目光投向中部、西南部，这些外资便利店触手未及或布局薄弱之处。2016年，罗森着手拓展中部市场，与湖北的中百集团合作，双方在该年8月，开出华中首个国际便利店——中百罗森。虽为九省通衢，湖北在商业方面的发展，却相对闭塞。鄂武商、中百集团、武汉中商集团、汉商集团，并称湖北“商超四大天王”，牢牢圈出一道高坎，外来零售玩家，破局不易。事实上，中百集团早在2002年，已经开始试水便利店，但举步维艰。正愁续命之道时，罗森抛出了橄榄枝，还带着个亮晃晃的“国际品牌”标签。中百集团有零售经验和供应链优势，还有中百江夏中央大厨房和国内流通行业规模最大、现代化程度最高的生鲜加工低温物流配送中心。完备的鲜食供应体系和物流配送体系都是中百罗森现成可用的资源，节省了其在武汉站稳脚跟的时间。中百罗森的湖北官网显示，截至2020年6月，其店铺数量已达到约400家，保持着年均100店的增速。

武汉快打的罗森，除了依靠加盟店迅速落地外，武汉云集的高校也为其选址提供了新思路，那就是开在学校附近，甚至开进学校。坐拥89所高校和95家科研院所的武汉，约有130万在校大学生，是世界上大学生人数最多的城市。这群有着即时性消费需求的客群，是罗森强劲增长的动力之一。据大众点评数据的不完全统计，截至目前，罗森已经开进武汉近30所高校，在高校扎堆的武昌区和洪山区，门店数高达240家。其中，不乏“一校多店”的现象，以武汉大学和华中师范大学为例，罗森在两所学校布局的店铺数量，共高达9家。店铺多布局在校道两侧，常见于各个校门的出口，或者宿舍楼附近。在华中师范大学，校内有三家店，一家店位于宿舍楼，两家店分别位于北门和南门的出口。除了依靠门店位置优势，罗森还定时在高校，进行“刷脸”营销活动。2017年，罗森联盟全武汉30所高校，举办校园免费送冰激凌活动，自封领衔高校活动的“头把交椅”。2018年，罗森开始助力“武汉马拉松”。一系列举动，罗森树立起来了“年轻、活力、拼搏”的品牌形象，成为高校里、马路旁一抹人所共知的“青春蓝”。

在武汉立足后，中百罗森于2018年开始下沉至武汉其他地级市及中部其他城市。2018年12月，罗森与荆门重点零售企业众诚五六合作，荆门5店全开；2019年罗森进驻黄石，同年进驻长沙，并计划3年内，在长沙开设200家店。截至2019年年底，中百罗森进驻武汉、长沙、黄石等地区，初步形成了“两湖布局，五市拓展”的发展格局。相较之下，姗姗而来的7-11同期在湖北仅开出了12家门店，而全家尚未闪现身影。

杀回华东首进南京，IP主题店成撒手锏

俯瞰华中，遥望华东，罗森发现自己对于后者的迷恋久难释怀。2017年，罗森绕道上海，联姻南京本土零售巨头中央商场集团（中商集团），授权其南京区域罗森特许经营权。2017 年 8 月，罗森在南京首店开业，成为金陵第一家外资便利店。中商集团表示，未来 3～5 年内，通过直营与开放加盟的方式，将在南京地区开出不少于 300 家门店。中央商场，作为南京零售圈的“地头蛇”，有渠道而“不差钱”。它的实力背书，搭上罗森“日资便利店”的名头，罗森迅速在南京牌面大开。据商业地产头条统计，罗森的中国官网显示，截至 2019 年 11 月，罗森在南京的门店突破 100 家。与武汉相似，南京也是高校林立。大学生人来人往处，总见罗森出没。目前，据罗森官网的不完全统计，其在南京以学校命名的店铺，数量为 12 家。其中，根据大众点评数据，南京仙林大学城的罗森为 7 家。高校之外，罗森在南京还倾向选择科技园、医院等封闭优质位置，利用高密度客群优势，创造单店的高日销业绩。打通南京后，罗森还同步下沉至扬州等多个华东地级市，不断做大该区域棋局，形成规模优势，从而降低供应链成本。2016 年 5 月，罗森在华东区域门店为 500 家，2020 年 6 月，这个数字已经突破 1 500 家。

当然，为巩固华东江湖地位，特别是在江苏区域，罗森还瞅上了邻省安徽。2018 年 7 月，中商罗森入皖，成为安徽首家外资便利店。一年后的 7 月 22 日，中商罗森合肥首家加盟店，大洋百货店正式面世，计划未来全省拓店。

杀回华东，罗森的“二次进军”除了做大规模外，另一撒手锏是祭出联名 IP 主题店。2018 年年初，罗森－哔哩哔哩主题便利店在 B 站上海总部楼下闪亮登场。蓝白色调门店，B 站“小电视”Logo 形象随处可见，员工制服和食品包装均为 B 站定制而来。而 B 站粉丝们，则可在该主题店买到以“小电视”“22 娘”“33 娘”为主要形象设计的周边商品。这并不是罗森首次试水 IP 主题店，此前合作清单上，还有“奥特曼”“名侦探柯南”“轻松熊”“火影忍者”“上港足球队”等，一众颇受年轻消费者喜爱的 IP。2018 年 10 月 10 日，罗森合肥政务区保利 mall，开出了家“撒蕉的猩猩”主题店，单日销售额突破 11 万元，打破中商罗森旗下便利店的首日营业额记录。于罗森而言，无论是 B 站，还是“火影”“海贼王”“奥特曼”，这些联名开店的 IP，都有着高黏性年轻用户，或是高参与感，或是强情感连接。而罗森锚定的目标客群，就是活力四射的年轻人们。

不断强化“年轻”标签，罗森逐步走出了一种明显区别于“商务风”全家、“社区风”7-11 的明快路子。与规模上的厮杀 PK 相比，紧紧拽在手中的“年轻牌”，可能是罗森逆袭 7-11、全家的高能武器。

讨论：罗森在中国会重回 20 世纪 90 年代在日本的风光吗？为什么？

资料来源：张雪梅，商业地产头条，https://www.36kr.com/user/12707764.

2. 行业竞争正慢慢向二三线城市渗透

随着国内零售巨头的围棋布局发展，做大做强成了它们的必然选择，二三线城市成为这些大型企业经营扩张的主战场。随着消费习惯的转变，大卖场日渐式微，大体量、大规模显然很难满足当下消费者快速便捷的购物需求，社区型超市业态是整体超市行业的一个发展方向，发展前景广阔，尤其是在二三线城市还几乎处于空白的现状下。

3. 零售业现代化管理水平提高

互联网环境下，以消费升级为主线的消费理念、消费诉求、消费方式发生深刻变化。传统零售商业模式一定程度制约零售业持续健康发展。在新零售的冲击下，传统零售店纷纷尝试改变经营方向，从传统的产品经营改变为对客户的经营，为客户创造价值，真正地为客户提供便利，提供服务。零售商搭建完整的经营体系，对店面的每一个业务流程不断进行完善，包括采购、入库、陈列、库存管理、财务管理等。零售业朝着渠道一体化、经营数字化、门店智能化、商品社会化等现代化管理方向快速迈进。

“码”上看：扫码阅读《2020 中国互联网消费生态大数据报告》

1.3　零售管理

1.3.1　零售管理的含义

所谓零售管理，是零售企业在进行零售顾客分析、确定目标市场的基础上，制定本企业发展的零售战略，围绕以选址、采购、陈列、定价、促销为主要内容进行零售作业管理，开展组织结构设计、财务管理、人力资源管理和信息管理等各项管理活动，并将它们协调一致，以实现零售企业目标。

☞ **零售风流人物**

张文中

物美集团创始人

“创办老百姓喜欢、日常生活离不开的百年老店。”

1962 年 7 月，张文中出生于山东。张文中是南开大学硕士、中国科学院博士，美国斯坦福大学博士后。他学习的专业并不是商业管理，而是系统工程学，他是中国最早一批创建 IT 高科技企业的人之一。1992 年的邓小平南方谈话，坚定了他回国创业的决心。1993 年，从美国归国的张文中创办了一家计算机公司——卡斯特公司。1994 年，为了展现自己开发的 Pos 机和管理信息系统（MIS）的使用价值，张文中创办了北京最早的现代规范超市——物美超市。

张文中结合自己所掌握的系统整合方面的知识，指出了连锁经营的现代零售发展之路：系统整合，成本领先，科学规范管理。他不遗余力地践行自己的管理理念，带领物美成为行业的“领头羊”。他率先在国内零售业使用自行开发的管理信息系统和 Pos 系统，对商品的进、销、存等实施计算机管理。他在物美全面推行预算制、计划制度、内审制度，并建立三重盘点制度、综合巡检制度、店长周例会制度、晨会制度等一系列制度。2001 年，张文中把互联网应用到商品采购、物流配送、存货管理当中，使物美成为北京第一家运用互联网技术进行采购和管理的连锁企业。他率先在国内零售业使用第三方物流配送，物美率先在国内零售业通过 ISO9001 国际管理体系认证。2006 年，《财富》杂志这样推荐物美："如果你想看一下零售业的未来，建议阁下省去造访沃尔玛的时间，为您自己买一张前往北京的机票，去看看物美。"2006 年秋，张文中因一起腐败案被调查，2008 年 10 月 10 日，张文中被河北衡水中级人民法院一审判处有期徒刑十八年。2018 年 5 月 31 日，最高人民法院撤销原审判决，宣告张文中无罪，为期十年的冤案彻底平反。2013 年提前出狱后，张文中踏上了再次创业之路，把商业的全面数字化作为自己第二次出发的目标。物美 2014 年收购百安居中国，2015 年参与创立分布式电商"多点"(Dmall)。物美、"多点"打造数字零售平台，使消费者实现便捷高效的一体化购物。2020 年，物美完成收购麦德龙中国，混改重庆商社集团。

资料来源：凤凰财经，凤凰网，https://finance.ifeng.com/people/comchief/zhangwenzhong.shtml.
棱镜，腾讯财经；https://finance.qq.com/a/20180601/017655.htm.

1.3.2 零售管理的内容

零售企业的管理，需要围绕着分析目标市场、确定目标市场、实现目标市场展开。因此，零售管理的内容就可划分为零售顾客分析、零售战略制定、零售组织管理和零售作业管理。

1. 零售顾客分析

进行零售顾客分析，就是要求零售企业管理者首先了解自己所面对的顾客，并掌握顾客需求相关信息，如顾客的类型、顾客的购买心理、顾客的购买行为与决策。在此基础上，企业需要对顾客进行细分，从中找到自己所要服务的目标市场。

2. 零售战略制定

战略是对企业未来活动的指导，决定企业未来的行动方向。在明确了目标市场的基础上，零售企业就可以制定自己的发展战略了。零售企业通过制定战略来明确行动方向。

案例 1-5

京东成立京喜事业部 主打下沉市场

2020 年 12 月，京东集团成立面向下沉市场的京喜事业群，并任命郑宏彦为京喜事业群的负责人。此外，郑宏彦还同时兼任京喜通事业部的负责人，李亚龙为京喜事业部负责人，邵宏杰为京喜拼拼业务部负责人。

长期以来，由于物流成本高昂、信息不发达，下沉市场的零售成本高昂，不仅消费者很难享受到低价优质的商品和服务，数以百万的线下门店也长期处于微利经营状态，抵抗风险的能力差。为了彻底解决这个行业痛点，京东专门组建了面向下沉市场的战略新兴业务——京喜事业群，其拥有独立的品牌——京喜，以“省出新生活”为价值主张，旨在成为老百姓生活消费的首选平台。京喜品牌包含四大类业务：主打社交电商的京喜 App，主打社区团购的京喜拼拼，为下沉市场线下门店提供优质商品和服务的京喜通，提供高效可靠物流服务的京喜快递。

资料来源：亿邦动力网，https://www.ebrun.com/newest/?eb=www_index_left_nav_newest.

3. 零售组织管理

为了能够实现战略目标，零售企业必须对自己的人、财、物进行组织和配置，为此，企业需要进行组织结构设计，明确各部门之间的分工，在责权比较明确的基础上对财务、人力和信息等进行组织管理。零售组织管理主要包括组织结构设计、人力资源管理、财务管理和信息管理等。

案例 1-6

永辉合伙人制度：生鲜大王的降损绝招

整个超市业的一大问题是，一线员工干着最脏最累的活，却拿着低微的薪水，整个行业员工的流动性更是高。如果一线员工是一种“当一天和尚敲一天钟”的工作状态的话，他们码放果蔬的时候，就可能出现“往一边丢”“往那一砸”的现象。员工心里想：反正卖多少都和我没关系，超市损失多少果蔬也和我没关系。受过撞击的果蔬，通常几个小时就会变黑，无法吸引消费者购买，进而对整个超市造成损失。而单纯地增加员工薪资，就会增加企业的成本，从而影响超市的盈利。加多少合适，加多了老板不愿意，加少了激励性弱，效果短暂。

永辉超市在全国有 6 万多名员工，假如每人每月增加 100 元的收入，永辉超市一年就要多付出 7 200 多万元的薪水，这大概相当于净利润的 10%，而 100 元对员工的激励是极小的。因此，一方面为了增加员工的薪酬、减少人员流动性、提高员工积极性，另一方面，为了降低果蔬的损耗、节约成本、提升营运收入，永辉超市开始了运营机制改革，即对一线员工实行“合伙人制”。2013 年永辉超市合伙人制度开始在福建大区试点，2014 年开始推广到全国，并在 2015 年年初交出了不错的成绩单。最开始，合伙人制度只在某些生鲜品类的销售岗位进行试行，因为销售岗位的业绩比较容易量化。在随后的 2014 年，永辉超市在全公司进行推广，合伙人制度的阳光普照到了所有的基层岗位。

永辉超市合伙人制度的精髓就是：总部与经营单位（合伙人代表）根据历史数据和销售预测制定一个业绩标准，如果实际经营业绩超过了设立的标准，增量部分的利润按照比例在总部和合伙人之间进行分配。所谓经营单位也就是总部与其进行利益分配的另一方。

由于永辉有数万名员工，总部不可能与每一位员工去开会敲定合伙人制度的一些细节和考核标准。因此，一般情况下，合伙人是以门店为单位与总部来商谈。永辉总部代表、门店店长、经理以及课长一起开会，探讨一个预期的毛利额作为业绩标准。门店未来实际经营中超过这一业绩标准的增量部分利润就会拿出来，按照合伙人的相关制度进行分红：或三七分成、或四六分成、或二八分成。店长拿到这笔分红之后，就会根据其门店岗位的贡献度，进行二次分配，最终使得分红机制照顾到每一位基层员工。

这样一来，员工会发现，自己的收入和品类、部门、柜台等的收入是挂钩的。只有自己为消费者提供更出色的服务，才能得到更多的回报。另外，鉴于不少员工组和企业的协定是利润或毛利分成，员工还会注意尽量避免不必要的成本浪费。如，员工在码放果蔬时，会轻拿轻放，并注意保鲜程序，这样一来，节省的成本就是所谓的“节流”。这也就解释了在国内整个果蔬部门损耗率超过30%的情况下，永辉超市只有4%～5%损耗率的原因。

在合伙人制度下，企业的放权还不止这些。对于部门、柜台、品类等人员招聘、解雇等，都是由员工组的所有成员决定的。这也就避免了有人无事可干、又有人累得要死的情况。最终这一切，将永辉的一线员工都绑在了一起，大家是一个共同的团体，从而极大地降低了企业的管理成本，员工的流失率也有了显著的降低。

资料来源：物流指闻，搜狐号，https://www.sohu.com/a/221844929_343156.

4. 零售作业管理

为了能够实现零售战略，零售商不仅要在零售组织层面上进行管理，还要在具体的操作层面上进行管理。从操作流程来看，零售企业的主要作业环节包括店铺选址、商品分类和采购、商品陈列、商品定价、商品促销等。零售作业管理体现了零售企业的特色，需要零售企业重点关注。

案例 1-7

胖东来用免费服务抓住顾客的心

胖东来建立了较为完善的售前、售中和售后服务体系。服务项目多达上百项，其中，售后服务就有18项免费，如免费存车、免费存包、免费打气、免费提供修车工具、免费给手机充电、免费送货、免费维修、免费干洗、免费锁边、免费熨烫、免费修鞋等。不管顾客在哪里购物，车子都可以免费存在胖东来。不管顾客在哪里买的衣服、鞋子，拿到胖东来，都可以免费熨烫、锁边和修补。不仅如此，胖东来电器的维修部，无论产品是否购于胖东来，都提供免费的维修服务。如果一时难以修好，或排在等待名单靠后位置，为了不耽误使用，胖东来准备了常用小家电，让顾客拿回家备用。一些高端电子产品如果在许昌没有维修点，胖东来就代消费者去郑州维修，除厂家维修点收取的维修费用外，跑路费等胖东来都是分文不取。如果是在胖东来或许昌其他商店买不到的商品，公司原价代购，不加费用。这些服务抓住了顾客的心。胖东来的优质服务，既是对广大消费者的感恩和回馈，同时也成了吸引消费者的强大武器。

资料来源：零售信息，搜狐号，https://www.sohu.com/a/162354844_155762.

本章小结

（1）零售是向最终消费者个人或社会集团出售生活消费品及相关服务，以供其最终消费之用的全部活动。零售可以在店铺里进行，也可以通过无店铺形式进行。

（2）零售是一个国家最重要的行业之一，是反映一个国家和地区经济运行状况的晴雨表，同时对国民经济各个部门都产生着巨大的制约和影响。

（3）零售环境是指影响零售业发展的各种因素的集合，包括宏观要素和微观要素。宏观环境要素包括政治、经济、科技、文化。微观环境要素包括零售行业竞争状况和零售经营组织所在地的经济环境。零售环境是制约零售行动的重要因素。

（4）零售管理是零售企业围绕着分析、确定和实现目标市场而展开的管理活动。零售管理的内容分为零售顾客分析、零售战略制定、零售组织管理和零售作业管理。其中，零售组织管理包括组织结构设计、财务管理、人力资源管理和信息管理等内容。作业管理包括店铺选址、采购、商品陈列、商品定价、商品促销等内容。

术语及热词

坪效 指的是每坪[⊖]的面积可以产出多少营业额，是目前最通用的衡量零售店铺经营效益的指标。

转换率 在一定时间内，真正购买了商品的购买者数量与进入商店的购物者总数之比。商家需要通过一些营销手段，促使这种转换的发生，让更多的进店购物者成为真正的购买者。

业种 是指零售商业的行业种类，即不同的行业品种。通常按经营商品的大类将零售划分为若干业种，业种强调的是“卖什么”。如服装店、鞋店、食品店、药店、书店、五金店等。

单品管理 单品管理是通过电脑系统对某一单品的毛利额、进货量、退货量、库存量等，进行销售信息和趋势的分析，把握某一单品的订货、进货情况的一种管理方法。单品管理是现代、高效的商品管理方法。

商品结构 是指符合公司市场定位及商圈顾客需要的“商品组合”。商品结构应明确定义各采购部门的大组描述、小组描述、商品群、品项数、品牌数、最小规格包装、畅销价格带、直线陈列米数及陈列层板数等。

⊖ 1 坪=3.3 平方米。

营业额 或称为销售额或业绩，是指所有单品的销售量乘以当时售价的总和。营业额是判断一个单品、部门、门店或公司绩效好坏的重要指标。

毛利 单品的毛利是指收银台的售价减去成本的数值的总和，部门的毛利则是该部门单品的毛利总和，公司的毛利则为所有部门毛利的总和。

快时尚 又称快速时尚，源自20世纪的欧洲，欧洲称之为“Fast Fashion”，而美国把它叫作“Speed to Market”。英国《卫报》创造了一个新词“McFashion”，前缀Mc取自McDonald's——像麦当劳一样“贩卖”时装。时至2006年，国际时尚趋势研究中心发布“快速、时尚”将成为未来十年服装行业的发展趋势。快时尚提供当下流行的款式和元素，以低价、款式多、数量少为特点，激发消费者的兴趣，最大限度地满足消费者需求。

金字塔底层 英文全称为“Bottom of the Pyramid”，根据财富和收入能力，位于金字塔顶端的是富人，拥有大量获取高额收入的机会。在全球收入分配最底端的人口，大约占世界人口的25%，每日收入不足2美元，生活在金字塔的底层，也被称为金字塔底层。

经营绩效 是指营运管理最终的成果，具体表现在一些指标任务达标的情况，包括销售额、销售额增长率、毛利额、毛利率、毛利额增长率、损耗率、费用率、净利率、投资回报率、资产回报率、人员流动率、存货周转率等。

指标 是指在营运管理的过程，公司为门店所设定的一些经营任务。指标分为财务指标和非财务指标。财务指标包括销售额、毛利额、其他收入金额、各项费用、损耗、利息、净利、税金、库存天数等。非财务指标包括人员编制、员工满意度、人员流动率、来客数、客单价、顾客满意度、供应商交货准时度、供应商付款准时度、供应商满意度、敏感商品价格竞争度、存货服务水平等。

附加价值 指顾客前来购物，门店所能额外提供的有形或无形的价值。有形的附加价值是指物美价廉、物超所值、获得额外的赠品或负责安装送货等服务。而无形的附加价值则包括舒适的购物环境及良好的员工礼貌与服务等。

人口红利 是经济学术语，指一个国家的劳动年龄人口占总人口比重较大，抚养率比较低，为经济发展创造了有利的人口条件，整个国家的经济呈高储蓄、高投资和高增长的局面。

社群 是指在某些边界线、地区或领域内发生作用的一切社会关系。社群是基于一个点、需求和爱好将大家聚合在一起的社会团体，有稳定的群体结构和较一致的群体意识，成员有一致的行为规范、持续的互动关系，成员间分工协作，具有一致行动的能力。

思考讨论

1. 零售业为什么是一个国家最重要的行业之一？
2. 零售业态和零售业种的区别是什么？
3. 零售商的扩张速度受哪些因素的制约？

4. 便利店在日本开得如火如荼，但是在美国却遭冷遇，为什么？

小试身手

调查你经常去的一家大型零售店，分析它的店铺区位和商圈、店面设计和布局、商品品类选择、商品定价、促销策略、顾客服务等。

课外阅读推荐

[1] 吴晓波．影响商业的50本书[M]. 杭州：浙江大学出版社，2020.

[2] 铃木敏文．零售的哲学：7-Eleven便利店创始人自述[M]. 顾晓琳，译．南京：江苏凤凰文艺出版社，2014.

[3] 厉玲．永远的零售：厉玲的零售经营哲学[M]. 杭州：浙江大学出版社，2018.

[4] 沃尔顿．富甲美国：沃尔玛创始人山姆·沃尔顿自传[M]. 杨蓓，译．南京：江苏凤凰文艺出版社，2015.

[5] 华祥名．张近东的管理信念[M]. 南京：江苏人民出版社，2020.

[6] 刘强东．品质经济：未来零售革命下的商业图景[M]. 北京：中信出版集团，2017.

[7] 江南．商圈[M]. 北京：北京工业大学出版社，2010.

第2章 CHAPTER2

零售业的发展

学习目标

掌握：零售业态发展历史与未来的相关零售演进理论。

理解：各种类型零售业态的基本特征、发展现状及趋势。

了解：西方零售业的变革历程；中国零售业的变革历程；零售业的发展趋势。

引导案例

南町田（Grandberry Park），公园式商业

在日本近年来新开业的项目中，涌现出了一批公园式商业。它们借助绿化、公园的自然属性，弱化商业气息，融入生活场景，以打造更加开放、独特的街区商业空间。2019年11月13日，在日本首都城市圈内东京郊外町田市南部，新开了一个名为南町田Grandberry Park的商业项目。该项目定位为田园商业综合体，同时也是“公园型商业设施”和“社区友好型商业”的代表案例。南町田Grandberry Park项目利用公园和河流，结合旧车站的改造，进行“车站＋商业＋公园”一体化综合开发，营造开放的社区空间。长达500米的全开放空间，一侧是水岸，一侧连接公园，绿化带和水景环绕，形成舒适自然的社区空间，消费者可以在园区、店铺间闲逛。靠近水岸的一侧，许多店铺都设置了露台座位，让消费者购物、用餐的同时也可以享受风景。通过商业和自然围合车站，首创性地打造了“站前田园商业综合体替代传统的站前广场”的新模式。

通过改造，车站设施被上方的大屋顶围合。从车站内就可以纵览周围的商业设施，形成了没有边界的车站的同时，实现了车站和商业的一体化，带来了极大的商机和人气。商业立面设计采用与大自然亲和的色调和材质，营造自然的休闲氛围。出口处的大阶梯自然将乘客引入商业区域，营造了浓郁的商业氛围。出口处配置的绿植和流水景观，使乘客身心放松，如同自然度假游乐园的视听享受。此外，在商业区的零售店铺之间，穿插着七个开放式广场，消费者不仅可以体验大自然般的购物环境，还可以在长凳上休息、在草坪

上野餐，或者观看项目定期举办的公共演出或商业活动，商业空间的趣味性与体验感增强了。

项目目标客群定位为20～40岁的家庭客群，项目在业态组合、品牌引进以及配套设施等方面，都围绕核心客群的需求展开，主题明确。项目将坐落在港区六本木，限时开放至2018年9月的史努比博物馆（Snoopy Museum）搬迁至此，并将面积扩大为原来的2倍，同时增设史努比特色餐厅，将史努比作为了项目的吉祥物。

此外，项目还引进体验型商业，顶层的官下公园包含约1 000平方米的开放草坪、前卫的滑板场、攀岩墙、沙滩排球场、咖啡馆等多样空间，给消费者提供了丰富的户外运动空间。著名室外用品品牌Mont-Bell，创新设置独木舟划艇专用池塘和用于测试户外装备的攀岩体验设施等，给人耳目一新的全新体验。

在业态组合方面，项目大幅增加了美食店铺的占比，商场南侧一层有一条大型餐饮街，共设1 200个室内座位及300个露天座位，有日本地方特色食市、酒吧、洋食店以及特色风味小店，是24小时开放的美食和娱乐场所。创造了以“食”和“游”为主题的车站商业休闲空间。

项目主要面向家庭客群，因此项目打造有温馨实用的亲子空间、儿童洗手间、儿童更衣室、母婴室、充足的休息等候区等，充分考虑育儿家庭的需求，提供健康安全的育儿环境。

配套的鹤间公园区域也进行了升级，新设了2处休闲草坪、体育广场和配套设施，以及森林里的史努比主题“博物馆+图书馆+餐厅”，总面积达7公顷。消费者可在此享受置身大自然中的悠闲时光，此处还定期举办足球赛、网球赛等各项亲子活动，为社区育儿家庭提供各项便利和支持。

南町田Grandberry Park项目将车站、商业与公园一体化，形成了便捷、开放、舒适的空间，实现更加宜居安全的环境，建立起与社区高度的黏性，商业设施的附加价值也得以提高，从而吸引更多的消费者与游客前来。

讨论：公园式商业会成为商业新爆点吗？为什么？

资料来源：亚太景观（香港），搜狐号，https://www.sohu.com/a/409531136_100206134.

零售业是最古老的行业之一，沿街叫卖是最早的零售活动的写照。人类早期的商业就是从这种沿街叫卖的行商中起步，逐渐发展成后来的坐商形式，即现在的实体店铺零售业。零售业尽管是个古老的行业，但其旺盛的发展势头和充满活力的零售组织使其成为人们普通关注的热点行业。今天，零售企业规模化发展成为世界产业大军中一支不可忽视的力量。

2.1 零售业态

零售业态是指零售企业针对特定消费者的特定需求，按照一定的战略目标，有选择地运用商品经营结构、店铺位置、店铺规模、店铺形态、价格政策、销售方式、销售服务等经营手段，而形成的不同的经营形态。零售业态是动态的发展的概念。随着生产的发展、需求的增长，零售业态也在不断地发展。按照分类原则，零售业态可分为食杂店、便利店、折扣店、超市、仓储会员店、百货店、专业店、专卖店、购物中心、自动售货机、电视购物、邮购、网上商店、直销、电话购物等。从总体上，零售业态可以分为有店铺零售业态和无店铺零售业态。

2.1.1 有店铺零售

有店铺零售，是有固定的进行商品陈列和销售所需要的场所和空间，并且消费者的购买行为主要在这一场所内完成的零售业态。具体包括以下类型：

1. 食杂店

食杂店是以销售香烟、酒、饮料、休闲食品为主，独立、传统的无明显品牌形象的零售业态。主要特征是：营业面积根据需要有大有小；经营品种多，摆放不规整，分类也不科学，经常靠口头询问老板取货；售卖不科学，商品不标价，以人工售卖为主；商品无特色，主要为日常使用、购买频繁的商品；价格也普遍为中低价位，满足大多数人的需求；模式主要以自营和合营为主；夫妻店为多；收银也是人工收银，没有发票。

2. 便利店

便利店是一种以自选销售为主，销售小容量、应急性的食品，日常生活用品，提供商品性服务，以满足顾客便利性需求为主要目的的零售业态。便利店的特征是：选址在居民区、交通要道、娱乐场所、机关、团体、企事业办公区等消费者集中的地方；商店面积在100平方米左右；步行购物5～7分钟可到达；商店结构以速成食品、饮料、小百货为主；营业时间长，一般在16小时以上，甚至24小时，终年无休日；以开架自选为主，结算在收银机统一进行。

案例 2-1

“便利店之王”跌下神坛，7-11为何在中国混不下去了？

7-11，作为全球开店最多的便利店，曾缔造了零售界的神话。曾经的7-11究竟有多辉煌？零售界的一种说法足见影响力——“世界上只有两家便利店，7-11便利店和其他便利店”。2016年，7-11更是创造了近100亿元人民币的净利润，比肩阿里巴巴。7-11、罗森、全家，并称为便利店领域三大外资巨头，其中7-11是最早进驻中国市场的那一个，1992年开始进驻珠三角。截至2019年5月底，7-11全球店铺总数共有6.86万家，其中在日本的店铺数量超过2万家，排在首位，而在中国的店铺数以8 415家排在第5位。

在中国，7-11的没落大概是从2009年开始的。当时，诸如全家、美宜佳、喜士多等连锁便利店品牌遍地开花，各种便利店间的竞争异常激烈。

在上海，7-11一年多未能开出一家新店，上海仅有115家门店，而全家的门店数量超过2 000家。在北京，7-11关闭的店铺数逐年走高，目前有门店数量约250家，被便利蜂以350家的数量后来居上。在四川和重庆，7-11市场份额持续萎缩，目前约有120家门店，而罗森的门店数量多达200余家。2019年10月11日，7-11母公司Seven & I Holdings Co.宣布计划进行大规模调整，至2022年裁员4 000人，旗下7-11便利店的店铺数量也将调整。7-11将在2019年9月～2021年2月以亏损店铺为中心，关闭或搬迁约1 000家店铺。

这家昔日的“便利店之王”正走下神坛，原因并不难理解。在7-11，最常见的食物就是寿司、饭团、意大利面等冷食，这在日本非常畅销，但我们中国人喜欢热食，出于一时好奇可能会去尝鲜这些食物，时间久了必然会很不习惯。价格也是一个方面，在众多便利店之中，7-11的成本尤其高。7-11一家店的投资成本在70多万元，而物美一家店为20万元，相差三倍多，7-11的东西自然要卖得贵一些。此外，在线上方面，7-11的“触网”动作更滞后。与之相比，全家和罗森的态度一直很开放，先后接入美团、饿了么、京东到家等平台。而直到2018年8月，北京的7-11便利店门店才宣布完成全面接入美团外卖平台。

本土系便利店崛起，腾讯、红杉资本、高瓴资本、今日资本都来了。属于日系便利店的黄金时代正在远去，但便利店仍然是一门大生意。毕马威发布的一份报告显示，2018年中国便利店整体行业保持稳定高速增长，行业增速达到19%。市场规模超过2 200亿元，单店日均销售额近5 300元，较2017年同期增长约7%。这几年，相比急剧衰退的百货店、大卖场，本土便利店却如雨后春笋般涌出，资本的热情也被点燃。据不完全统计，阿里巴巴、腾讯、高瓴资本、红杉资本、今日资本、源码资本等产业资本和VC/PE机构纷纷出手，本土系便利店崛起。具体地看，2018年4月，见福便利店获红杉中国天使轮投资。同年10月，便利蜂获高瓴资本、腾讯战略投资。Today便利店创立于广西，早在2014年就获得了红杉中国的投资。还有，2018年合肥本土便利店邻几获得了今日资本和源码资本联合投资。除了邻几，今日资本还在2017年11月投资了无人连锁便利店24鲜便利店。除了VC/PE机构，视便利店为香饽饽的还有互联网巨头与地产企业，京东与苏宁都在用自建的方式做自己的京东便利店和苏宁小店。保利旗下有若比邻，绿城则收购了好邻居便利店。

便利店这条路上，玩家众多。然而，本土便利店也面临着一个尴尬的局面：伴随着融资潮，还有关门潮。2018年，邻家便利店股东资金链断裂，一夜间168家门店全部关停。同年9月，131便利店因资金周转问题，公司员工遣散，创始人失去联系。2019年2月，全时便利店也迎来倒闭拆分。这些纷纷关闭门店的便利店品牌均开业仅仅几年，曾在资本簇拥下兴起，又在资金断裂后黯然落幕。首先压垮便利店的，无疑是资金问题。便利店的生产成本是零售业中最高的，通常来说店铺面积越大，租金、电费、装潢等经费就越高，开店越多，所需资金就越多。而中国连锁经营协会发布的《2018中国便利店报告》显示，近一年来便利店行业的运营成本正在快速上升，其中房租成本上升18%，水电成本上升6.9%，人工成本上升12%。Today便利店创始人宋迎春曾感慨，“便利店就是弯腰捡钢镚的幸福”。尽管便利店的平均价格比传统超市高15%、毛利率多在20%～30%，但净利率难超5%，投资回报周期长，实际是门苦生意，赚的是辛苦钱。

那么，便利店的下一步何去何从？对此，曾有知名FA机构预测，未来便利店大概率会发展成微型商业综合体，形成“便利店＋X”的模式，并呈现“千店千面”的特征。X可以代表任何业态，目前较有代表性的有生鲜、餐饮、咖啡及各种便民自助服务如洗鞋、干洗、彩票等。现阶段，国内便利店呈现诸侯割据态势——区域龙头较多，如福建见福、广东美宜佳、湖南新高桥、浙江十足等，但跨区域的龙头企业尚未出现。也许，便利店行业内的整合并购潮或将开始。

讨论：便利店在选址、规模、目标顾客、商品结构等方面的科学规划原则。

资料来源：谢文倩 刘传，投资界App（ID：pedaily2012）。

3. 折扣店

折扣店以过季名牌商品高折扣方式销售，吸引消费者，主要针对上班族等中等收入群体，以服饰、鞋类等流行商品为主。自从1964年英国废除了保持零售价格的规定以来，折价销售已经很普遍。在20世纪60年代末和70年代初，以折扣理念为基础的、纯粹的折扣店非常成功。折扣店的特征：价格很低，毛利低；高度自助式服务；低成本的装备；不提供免费服务，如送货；依靠在附近大型人口中心大量做广告；距离传统购物区较远，主要在低租金的城镇边缘地带。

“码”上看：扫码阅读《奥特莱斯的商业模式》

4. 超市

超市是实行开价售货、自助服务、集中式一次性付款，以销售包装食品、生鲜食品和日常生活用品为主，满足消费者日常生活必需品需求的零售业态，普遍实行连锁经营方式。根据商品结构的不同，可以分为普通超级市场（标准超市、生鲜超市）和大型综合超市（大卖场）。普通超级市场的特征是：选址在居民区、交通要道、商业区；以居民为主要销售对象，10分钟左右可到达；商店营业面积在1 000平方米左右；食品结构以购买频率高的商品为主；采取自选销售方式，出入口分设，结算由设在出口处的收银机统一进行；营业时间每天不低于11小时；有一定面积的停车场地。大型综合超市的特征为：选址在城乡结合部、住宅区、交通要道；商店营业面积在2 500平方米以上；商品构成为衣、食、用品齐全，重视本企业的品牌开发；采取自选销售方式；设有与商店营业面积相当的停车场。

案例 2-2

生鲜零售的大浪淘沙

生鲜，是居民日常生活不可或缺的必需品，在零售消费市场中占据重要地位，甚至有“得生鲜者得天下”一说。根据尼尔森对消费者趋势的研究显示，我国消费者平均每周购买生鲜 3 次，其中水果和蔬菜的购买次数最多，每周平均 4.48 次，其次是鱼类和海产品，每周平均 2.39 次。诺信金融研究院认为，正是生鲜独有的消费属性，使得消费者更倾向于通过邻近的生鲜线下门店购买生鲜。2012 年以来，生鲜电商进入高速发展期，“美味 77”“顺丰优选”“一米鲜”“美菜网”“爱鲜蜂”“本来生活”等迅速崛起。生鲜电商行业，出现了众多抢食者，市场竞争激烈。但 2016 年后，“美味 77”“爱鲜蜂”“顺丰优选”等多家生鲜电商纷纷倒闭。相反，在多个区域市场出现的生鲜连锁新业态发展非常迅速。如，在广州、深圳起家的生鲜专营店“钱大妈”、安徽合肥的“生鲜传奇”、沈阳的“地利生鲜”等。2017 年至今，经历了萌芽期、初步探索期后，生鲜电商虽然尚未出现成熟的盈利模式，但是在消费者收入增长、需求升级、冷链物流技术等推动下，依然保持飞速发展。为了更好地满足消费者需求，市场上出现了四大商业运营模式：①前置仓模式，如，“每日优鲜”“叮咚买菜”“朴朴超市”等；②到店＋到家结合模式，如，“超级物种”“盒马鲜生”等；③平台模式，如，“京东到家”“淘鲜达”“饿了么”“美团买菜”等；④社区拼团，如，“食享会”“兴盛优选”等。

讨论：生鲜零售的大浪淘沙，潮起潮落，谁是真金？

资料来源：中国产业信息网，https://www.chyxx.com/industry/202005/867560.html.

5. 仓储式商店

仓储式商店是以仓库与商场合二为一，实行储销一体、批零兼营，主要设在城乡结合部，装修简朴，价格低廉，服务有限，并实行会员制的一种零售经营形式。仓储式商店的特点：经营范围广泛，包括食品、日用品、耐用品等；规模较大，设备简陋，人员较少，费用和价格较低；批量作价，多是成件或大包装出售；开架售货，附设大型停车场；多实行会员制。

☞ **零售风流人物**

厉玲

百货女王

“没有新零售，只有永远的零售。零售都是非常辛苦的，要扎扎实实地做。”

厉玲，1958 年出生，1984 年获杭州大学遗传工程专业硕士学位，之后赴美国印第安纳大学做访问学者两年。1988 年至 1993 年，她历任杭州市工业经营公司办公室主任、杭州大厦购物中心办公室主任、杭州大厦公关部经理。1993 年 3 月 1 日，厉玲出任杭州大厦购物中心的总经理，当时，杭州大厦在杭州十大商场排名第九位。上任伊始，厉玲就提出了服务中高档顾客的定位，销售额直线攀升。1998 年，杭州大厦率杭州商界兼并之先，成功地收购了新天龙商厦，使营业面积大大增加。1999 年，厉玲跳槽到了银泰百货。当时银泰百货刚刚开张不到一年，运营并不顺利。厉玲这时候临危受命，担任银泰百货总经理。在随后的 5 年时间里，银泰百货的利润从 1 000 多万元增长到 1 亿元以上，效益增长近 10 倍，分店扩张到 4 家，银泰百货还收购了新天龙和宁波华联。可以说，是厉玲一手打造了银泰百货在国内百货业中的地位。作为国内百货业第一批职业经理人，厉玲从 20 世纪 80 年代末就进入了零售业，先后执掌过杭州大厦、银泰百货、深圳华润万象城等，她有一个相当响亮的名号："百货女王"。

资料来源：百度百科，https://baike.baidu.com/item/%E5%8E%89%E7%8E%B2/8941757?fr=aladdin.
第 1 枪网，https://m.dyq.cn/news/show-26659.html.

6. 百货店

百货店是在一个建筑物内经营包括服装、家电、日用品等众多种类商品，实行统一管理，分区销售，满足顾客对时尚商品多样化选择需求的零售业态。百货商店的特点是：选址在城市繁华区、交通要道；商店规模大，营业面积在 5 000 平方米以上；商品结构以经营男装、女装、儿童服装、服饰、衣料、家庭用品为主，种类齐全、少批量、高毛利；店堂设施豪华、典雅、明快；采取柜台销售与自选销售相结合方式；采取定价销售，可以退货；服务功能齐全。

案例 2-3

百货行业，提高自营比例，重塑商品经营能力

百货行业是指在一个建筑物内，根据不同商品部门开设不同销售区，并针对各个销售区开展进货、管理、运营，以满足顾客对时尚商品多样化选择需求的零售业态。百货行业主营生活日用品，商品主要包含布匹、服装、鞋帽、食品、烟酒、文化、娱乐、五金电器和日用小百货等。根据不同的分类标准，百货行业可划分为不同的类别。百货行业按经营特点，可分为社区百货、时尚百货、高档百货以及主题百货；按布局模式，可分为全国性百货和区域性百货；按扩张模式，可分为单店百货和连锁百货；按经营模式，可分为联营、自营和租赁三种模式。

中国百货行业中，普遍采取自营和联营两种经营方式，其中联营模式是主要方式，自营模式比例不足 10%。两种经营方式各有优劣，"短平快"的联营模式使中国百货在过去 20 年里实现了快速的发展布局，但是在消费升级，消费者需求逐渐多样化、高端化，以及联营毛利率长期偏低的情况下，联营模式无法把握客户需求，产品商铺同质化的缺点逐渐放大，自营模式盈利能力强、差异化经营的优势开始体现。

目前，各大企业均加大了自采自营模式的开发力度、大力发展自有品牌。新世界百货

2016年创立“N+自然烘焙”面包品牌，其后又陆续推出“新界8拾8”文创街区、“新说”服饰、“N+优品”等自营品牌。天虹搭建了Rain系列买手制百货自营平台，旗下包括时尚买手集合馆Rain&Co、女装集合馆Rain&Color、童装集合馆Rain&Kids、家居集合馆Rain&Home等品牌，满足了年轻人追求有趣、品质生活的消费需求。金鹰商贸集团与国内核心服装面料厂商达成战略合作关系，合作开发优质优价的“极致单品”系列商品，持续拓展高性价比的自有特色品牌业务。未来，随着消费者的需求更加个性化、多样化和高端化，自营模式的比例将进一步提高，帮助百货企业实现差异化运营，以满足客户需求，获取到更多的利润。

资料来源：弗若斯特沙利文咨询公司官网，http://www.frostchina.com/?p=10632.

“码”上看：扫码阅读《中国百货业自救招式盘点》

7. 专业店

专业店是指以经营某一大类商品为主，并且具备丰富专业知识的销售人员和提供适当的售后服务，满足消费者对某大类商品的选择需求的零售业态。例如，办公用品专业店、玩具专业店、家电专业店、药品专业店等。专业店的特点是：选址多样化，多设在繁华商业中心、商业街、百货商店、购物中心内；营业面积根据主营商品特点而定；商品结构体现专业性、深度性，品种丰富，选择余地大，主营商品占经营商品的90%；经营的商品、品牌具有自己的特色；采取定价销售和开架销售；从业人员需具备丰富的专业知识。

8. 专卖店

专卖店是指专门经营或经授权经营制造商品牌和中间商品牌，以满足消费者对品牌的选择需求的零售业态。专卖店的特点是：选址在繁华商业区、商业街、百货商店、购物中心内；营业面积根据经营商品的特点而定；商品结构以著名品牌、大众品牌为主；销售的商品数量小、质量优、高毛利；商店的陈列、照明、包装、广告讲究；采取定价销售和开架销售；注重品牌名声，从业人员必须具备丰富的专业知识，并提供专业知识性服务。

9. 购物中心

购物中心是指在一个大型建筑体（群）内，由企业有计划地开发、拥有、管理运营的各类零售业态、服务设施的集合体，包括社区购物中心、市区购物中心和城郊购物中心。社区购物中心是在城市的社区集中区域建立的，面积在5万平方米以内的购物中心。市区购物中心是在城市的商业中心建立的，面积在10万平方米以内的购物中心。城郊购物中心是在城市的郊区建立的，面积在10万平方米以上的购物中心。购物中心的特点是：由发起者有计划地开设，实行商业型公司管理，中心内设商店管理委员会，共同开展广告宣传活动，实行统一管理；内部结构由百货商店或超级市场，各类专业店、专卖店等零售业态和餐饮、娱乐设施构成，百货商店或超级市场为核心店；服务功能齐全，集零售、餐饮、娱乐为一体；根据销售面积设有相应规模的停车场；地址一般设在商业中心区或城乡结合部的交通枢纽交汇点；商圈根据不同经营规模、经营商品而定；设施豪华、店堂典雅、宽敞明亮，实行卖场租赁制；目标顾客以流动顾客为主。

"码"上看：扫码阅读《主题式体验型购物中心，全球十六种典型主题案例分享》

10. 自动售货机

自动售货机，是一种能根据投入的钱币自动付货的机器，是一种新的商业零售形式，又被称为24小时营业的微型超市。自动售货机是商业自动化的常用设备，它不受时间、地点的限制，能节省人力、方便交易。常见的自动售卖机共分为四种：饮料自动售货机、食品自动售货机、综合自动售货机、化妆品自动售卖机。

"码"上看：扫码阅读《自动售货机行业的未来增长空间》

2.1.2 无店铺零售

无店铺零售是指不通过店铺销售，由厂家或商家直接将商品递送给消费者的零售业态。具体包括以下类型：

1. 电视购物

电视购物是以电视作为向消费者进行商品推介展示的渠道，并取得订单的零售业态。作为一种无店铺销售模式，电视购物最早出现在传媒业发达的美国。经过40多年的发展，电视购物遍布全球多个国家与地区，已经成长为世界零售业中一支不可忽视的力量。在美国、日本、韩国等国家，电视购物是消费者购买商品的一个重要渠道。电视购物在国际上分两种形式：一种是以电视节目形式出现，有情节、有故事，经过精心设计和包装，既含信息又有广告，欣赏性、娱乐性较强；另一种是以现场直播的方式直接售卖，娱乐性成分较少。

"码"上看：扫码阅读《电视购物为啥还能这么火》

2. 邮购

邮购是通过邮局以邮寄商品目录、发行广告宣传品的形式，向消费者进行商品推介展示，引起或激起消费者的购买热情，实现商品的销售，并通过邮寄的方式，将商品送达给消费者的零售业态。邮购因其不需要门店，从业人员少，经营成本低，曾是在美国兴起的一种新潮购物方式。美国《堪萨斯城之星》杂志 1990 年 3 月 25 日的一篇调查文章指出，有关邮购业的数据显示，1989 年，9 170 万美国人（基本占美国成年人口的一半）通过直接邮购的方式购物。因此，邮购曾受到普遍欢迎。目前，受网购业务冲击，各大邮购公司已经慢慢退出历史舞台。

3. 网上商店

网上商店是通过互联网进行商品经营活动的一种零售形式。零售商在互联网上开设虚拟商店，建立网上营销的网站，上网的消费者可以根据网址进入网站访问，浏览商店的商品目录等各种信息，找到合意的商品可以向零售商订货，并通过电子转账系统付款，零售商则通过邮寄或快递把商品送给购物者。

"码"上看：扫码阅读《商城网站有哪些类型》

4. 直销

直销是指在固定零售店铺以外的地方，如，个人住所、工作地点或其他场所，独立的营销人员以面对面的方式进行的行销。直销最初产生于 20 世纪 50 年代的美国，当时由于贫富差距太大，许多穷人没有改变现状的机会，美国哈佛大学的两个研究生发明了直销业，让穷人从事这种职业，让富人消费商品。很快，许多企业滞销的产品有了销路，萧条的市场有了生机，同时，许多穷人改变了命运，加入富人的行列中。这种崭新的营销方式很快盛行起来。

"码"上看：扫码阅读《中国十大直销公司》

2.2 零售业的变革历程

2.2.1 西方零售业的四次重大变革

中国与西方国家相比，行商和坐商的起源都更早。我国从商朝开始，就有了商人和商业活动，那时主要是行商，自秦汉以来就有了坐商。北宋画家张择端的《清明上河图》，表明坐商达到了相当繁荣的程度。而西方国家，16 世纪才开始进入坐商的兴盛繁荣时期。但是，自 19 世纪中期以来，零售业的四次重大变革都是在西方国家掀起的。纵观西方零售业发展历史，各种商业组织机构与经营形式的产生、发展与衰退，无不受市场经济激烈竞争的直接影响。零售业体系，和商店类型变革与演化，在欧美、日本以及其他一些经济发达的国家，走过了一条大致相同的道路：百货商店 - 连锁经营 - 超级市场 - 无店铺零售。零售业的发展历史被称为零售业的四次变革。

1. 第一次变革：百货商店的诞生

世界上最早的百货商店出现于法国巴黎，巴黎也是世界百货业的发祥地。1838 年，维多（Videau）兄弟创建了世界商业史上第一个实行新经营方式的百货商店，取名为乐蓬马歇（Le Bon Marche），该百货商店后于 1852 年被布西科（Boucicaut）夫妇收购，1984 年，路易威登（LV）将乐蓬马歇纳入囊中。继乐蓬马歇百货创建后，卢浮宫百货、春天百货和莎玛丽丹百货等法国著名高档百货商店才陆续出现。19 世纪 60 年代以后，百货商店在世界各地，尤其在欧美各国迅速发展起来。新诞生的百货商店以大批量、少品种的生产为基础开展经营，百货商店的革新性主要体现在以下方面：

（1）销售方式的变革。顾客可以毫无顾虑地、自由自在地进出商店。商品销售实行明码标价，所有商品都以相同价格出售。大量陈列商品，方便顾客任意选购。顾客购买的商品若不满意，可以退换。这些销售方式，改变了原有零售店的诸多行为，适应了当时经济发展的需要。

（2）经营方式的变革。将商品按类别划分部门，由专业部门负责组织进货和销售。以生活用品为中心，按不同商品和不同销售部门来经营。这种综合经营方式，与之前的杂货店和专业店相比，实现了规模上的质变。因此，百货商店实行综合经营，是其适应大量生产和大量消费的重要变革之一。

案例 2-4

Harrods 百货，一切皆有可能

零售是一门艺术，而不是精确的数字，拥有 180 多年历史的 Harrods 百货更深知这个道理。这家以“一切皆有可能”为经营理念的百货公司，在英国有个传言，“如果你想买一只非洲狮子当作孩子满月贺礼，你该去询问 Harrods”。坐落于伦敦市布朗普顿路，邻近骑士桥的Harrods百货，一百多年来，从一家只有一个小店面的茶行发展成占地近2万平方米的大型百货商场。目前，Harrods共有330个商品部门，从高端时装、配饰、家居用品，到最新科技产品、玩具甚至是宠物等，在这没有买不到的商品。另外，Harrods百货的服务设施非常齐全，包括提供下午茶、Pub料理、西式料理等各种餐饮服务的28间餐厅，商场还提供服装订制、美容Spa和沙龙、理发、预约式的个人购物协助、钟表维修、金融、私人活动据点、食物递送、个人蛋糕订制、个人香水调配等服务。作为伦敦显著的地标式建筑、世界独一无二的百货之最，销售旺季时，Harrods每天会有超过30万的顾客光临，有来自超过50个国家的5 000多名员工。50辆递送服务车，每年递送达225 000次。Harrods约使用11 500个节能灯泡，每天更换300个。一百多年来，Harrods曾创造出无数的奇迹和世界第一。如，最早出现冬季甩卖，最早引进自动扶梯，卖出世界上的第一台电视，等等。美国前总统里根担任加州州长期间，获得过一头大象作礼物，据说商品就是Harrods提供的。一名英国商人在Harrods购买奥古斯塔A109直升机送给妻子作礼物。一百多年，Harrods百货依旧人头攒动，车水马龙。每位来访Harrods百货的顾客，都会被这座世界顶级百货豪华舒适的购物环境、高端齐全的品牌选择、无微不至的客户服务以及浓郁悠久的人文气息所深深地吸引。

资料来源：英国邦利网，https://www.bangli.uk/post/167246.

百度百科，https://baike.baidu.com/item/%E5%93%88%E6%B4%9B%E5%BE%B7%E7%99%BE%E8%B4%A7/1419102?fr=aladdin.

2.第二次变革：连锁经营的出现

零售业的第二次革命是连锁经营的出现。1859年，世界上第一家连锁经营商店诞生了。它就是在美国纽约创办的大西洋和太平洋茶叶公司，简称A & P。公司最初是专门销售茶叶的，由于经营顺利，便开设了分店。它们建分店的最初目的是减少中间人的盘剥，实现自己集中购买、分散销售。连锁商店是一种可以快速复制的零售店铺经营模式，它改变了商业组织的形式，使单体店向组合店方向发展。连锁商店的高速发展是在20世纪50年代末。如今，连锁经营成为世界零售业的主流，雄踞世界零售业高位的大公司无不实行连锁经营。连锁经营商店的出现，之所以被称为零售业的革命，是因为其有如下方面的特征：

（1）标准化管理。在连锁商店中，各门店统一店名，使用统一的标志，进行统一的装修，在员工服饰、营业时间、广告宣传、商品价格等方面均保持一致性，从而使连锁商店的整体形象标准化。

（2）专业化分工。连锁商店总部的职能是连锁，而门店的职能是销售。总部的作用就是研究零售企业的总体发展方针和经营技巧，并直接指导门店的经营，这使得门店摆脱了过去纯粹靠经验的管理，大大提高了管理水平和管理效率。

（3）集中化进货。连锁总部集中进货，商品批量大，可以得到较低的进货价格，从而降低进货成本，取得价格竞争优势。而且各门店在进货时克服了盲目性，不需要过多的商品库存。各门店不负责进货，就有更多的精力集中于销售，从而加速了商品周转。

（4）简单化作业。由于连锁体系庞大，在各个环节的控制上都有一套特定的运作规程，要求精简不必要的过程。工作岗位上的商业活动尽可能简单，以减少经验因素的影响，达到事半功倍的效果。

☞ **零售风流人物**

山姆·沃尔顿

沃尔玛的创始人

“如果你热爱工作，你每天就会尽自己所能，力求完美，而不久，你周围的每一个人，也会从你这里感染到这种热情。”

山姆·沃尔顿（Sam Walton），他用50年时间，把一个小杂货店经营成一个让人惊叹的零售商业王国，并彻底革新了零售行业。山姆·沃尔顿出生于1918年，童年刚好赶上了经济大萧条，他所处的俄克拉何马州，又是全美国数一数二的穷地方。因此，沃尔顿7岁的时候，就开始赚钱贴补家用。从初中到大学，他送了10多年的报纸。1936年，山姆·沃尔顿进入密苏里大学攻读经济学士学位，并担任过大学学生会主席。1940年，沃尔顿大学毕业，进入零售行业，在当时著名的零售龙头彭尼百货工作。沃尔顿工作了两年多，“二战”就爆发了，沃尔顿想在参军前散散心，误打误撞地来到了州内的一个南部小镇，遇到了他一生最重要的女人海伦。从军两年后，沃尔顿正式和海伦结了婚，一起来到罗得岛州的纽波特小镇独自打拼，他们开了一家日用品店。那个时候，沃尔顿每天晚上都会开着小车，去找最便宜的经销商拿货，他家小店也因为商品价格低得惊人，很快火了起来。好景不长，他们红火的生意遭到了房东的嫉妒，房东根据租房合约上的漏洞，收回了店面。因祸得福，沃尔顿和妻子来到阿肯色州北部一个名叫本顿维尔的小镇后，买下了一家业绩不怎么样的加盟店，然后，靠着优质货品和新颖的营销模式，营业额成倍上涨，分店也越开越多。到了1962年，沃尔顿夫妇的名下已经有15家百货店，但是，他们决定到罗杰斯城里开设第一家完全属于他们自己的商店——沃尔玛。因为坚持低价策略，沃尔玛一开始就获得了很大的成功。1990年，沃尔玛成为全美最大的零售商。2001年，沃尔玛成为按营业额计算世界上最大的企业。作为沃尔玛的创始人，山姆·沃尔顿留给我们的，绝不仅是具有传奇色彩的商业数字，而是一笔精神财富。正如美国总统老布什在1992年授予他美国总统自由奖章时说，“山姆·沃尔顿，一个地道的美国人，他具体展现的创业精神，是美国梦的缩影”。

资料来源：austinherb，新浪博客，http://blog.sina.com.cn/u/1992496257.
武汉微商零售咨询，搜狐网，https://www.sohu.com/a/321284600_825456.

3. 第三次变革：超级市场的诞生

1930年，美国人迈克尔·库伦（Michael Cullen）在纽约开办了世界上第一家名叫金·库伦的超级市场，开启了零售业的第三次革命。超市通过开架售货方式，让顾客在舒适的购物环境内自助购物，迎合了顾客的消费心理。第二次世界大战后，美国的超级市场遍布于各个大小城市乃至乡镇农村。超级市场之所以能得到迅速发展，主要在于它创新型的经营方法。它既继承了百货商店规模大、品种多的优势，又采取了开架自选售货方式，以及低费用、低毛利、低价格的经营策略，从而使顾客购买商品时，感到更方便、自如和便宜，代表了先进的生产方式和生活方式。在超市的发展过程中，又衍生了综合超市、社区超市、便利商店、折扣商店等多种零售业态。

案例 2-5

沃尔玛的发展历史

1962 年 7 月 2 日，沃尔顿的第一家廉价商店隆重开业，地点选在罗杰斯。取名沃尔玛（Wal-Mart），并打出“天天低价”的口号。

就像商业史上许多划时代的重大时刻一样，几十年后，这一天的重大意义才变得清晰起来，沃尔玛也被看成是零售业重大变革的旗手。这场变革，除了改变了人们购买商品的方式和地点，还加速了美国由生产型经济向服务型经济的过渡，而沃尔顿的沃尔玛，甚至改变了美国人的郊区风景。沃尔玛至今也不过 50 多年的历史，比西尔斯、彭尼、凯玛特等的历史要短得多。而且，在相当长的一段时间内，沃尔顿几乎没有向这些大公司叫板的机会。但是，只用了 50 多年时间，沃尔顿把一家又一家的大小公司兼并或者甩在身后，最终成了全球零售业的“领头羊”。沃尔玛的成功是奇迹中的奇迹，是美国梦的代表。在沃尔玛的发展历史上，五大因素起着决定性作用。

第一，小城镇和郊区战略。如果说 1945 年沃尔玛选择在新港小镇开店纯属偶然的话，那么，新港初战告捷使沃尔顿看到了别人看不见或是不入眼的发财机会。此后，沃尔顿一直将小镇和小城郊区，作为选址开店的金科玉律。这一战略使沃尔玛在相当长的时期内，远离了大城市的残酷竞争，在不为人所注意的时候悄然长大成林。在“二战”之后一次又一次的经济萧条中，沃尔玛的销售额不但没有下滑，而且一次又一次大踏步前进。为什么？因为大城市的零售公司都陷入了恶性价格战的泥潭。而在小城镇，沃尔玛因为没有竞争对手而得以幸免。即使壮大之后，沃尔玛也对大城市中心不感兴趣，即使开店，也只选择郊区的公路旁，这又迎合了美国城市人口从市中心迁往郊区的潮流。

第二，市场饱和战略。沃尔玛的扩张是以总部本顿威尔为中心向四周扩散的。它每扩张一县，就会以三十公里左右为间隔，密密麻麻地开满沃尔玛店，使该县的零售市场趋于饱和。这样做有两个目的：一个是可以避免外公司进入，不让外公司和沃尔玛争抢顾客；另一个是可以充分发挥配货中心的效率，降低配货成本。

第三，天天低价战略。第一家沃尔玛开业的时候，即打出了“天天低价”的口号。而且，在随后的几十年中始终如一。卖得最便宜，在消费者中赢得了良好的商誉，也保持了长盛不衰的竞争力。

第四，人才战略。尽管沃尔玛初期在人才竞争方面处于劣势，但是，沃尔顿硬是通过他的诚意和坚持不懈的努力，将一个又一个杰出人才网罗进来。如，沃尔顿花了一年多的时间，才请来了他的第一任财务主管詹姆斯·亨利。罗·迈尔是亨利的继承者，并一度当上了沃尔玛的董事长和首席执行官。他曾屡次拒绝过沃尔玛的邀请。仅仅是说服迈尔亲自到沃尔玛看一看，就花了三年时间。正是罗·迈尔帮助沃尔玛建立了零售业界效率最高的配货中心。对于沃尔顿来说，把在某些方面比自己强的人吸引进公司，是他永远追求的目标。正是这些人才的进入，推进并保持了公司的可持续发展。

第五，高新技术战略。1997 年，沃尔顿花了几亿美元，安装完成了沃尔玛第一套真正的计算机网络系统。到了 1998 年，沃尔玛拥有了全国最大的私有卫星通信网络。此外，沃尔玛在信用卡和条形码设备使用上，也都走在了时代的前列。高新技术的快速引进，不仅极大地提高了沃尔玛的工作效率，而且成了公司核心竞争力的一部分，它的竞争对手们在跟进的过程中，不仅动作迟缓，而且步履沉重。

资料来源：沃尔玛中国官网，http://www.wal-martchina.com/walmart/history.htm.
百度文库，https://wenku.baidu.com/view/65f048b81a37f111f1855b98.html.

4. 第四次变革：无店铺零售

随着互联网的普及和信息技术的广泛使用，电子商务、网络营销、网上购物等零售业态崛起。1995 年，电商巨头亚马逊上线。传统多级分销体系被打破，分销成本大幅降低。产品品类不受空间限制，购买过程更加高效。零售业的第四次革命是由网络技术引发的，并改变了整个零售业。首先，网络技术打破了零售市场的时空界线，网络商店可以代替实体店面。其次，人们购物方式由现场购买转换成了随时随地购买。这次变革不仅改变了大家的消费习惯，还大幅度降低了零售商的经营费用，改变了销售方式。信息技术的发展，对零售业的影响是巨大的，这种影响具体表现在以下方面：

（1）打破了零售店的时空界线。店面选择在传统零售商经营中，曾占据了极其重要的地位。有人甚至将传统零售经营成功的首要因素，归结为选址。因为没有客流就没有商流，客流量的多少成了零售经营至关重要的因素。连锁商店之所以迅速崛起，正是因为打破了单体商店的空间限制，赢得了更大的商圈范围。而信息技术突破了这一地理限制，任何零售商只要通过一定的努力，都可以将目标市场扩展到全国乃至全世界，市场真正国际化使得零售竞争更趋激烈。对传统商店来说，地理位置的重要性将大大下降，要立足市场，必须更多地依靠经营管理的创新。

（2）销售方式发生变化，新型业态崛起。信息时代，人们的购物方式将发生巨大变化，消费者将从过去的进店购物演变为坐在家中购物，足不出户，便能轻松完成过去要花费大量时间和精力的购物过程。购物方式的变化，必然导致商店销售方式的变化，一种崭新的零售组织形式——网络商店应运而生。

（3）零售商内部组织面临重组。信息时代，传统零售门店的数量减少，虚拟门店和虚拟部门等企业内外部虚拟组织盛行。这些影响与变化，让零售商迫切需要组织再造，改变企业内部作业方式以及员工学习成长的方式。

（4）经营费用大大下降，零售利润进一步降低。零售商在网络化经营中，企业内部的联系与沟通费用、企业人力成本费用、大量进货的资金占用成本、保管费用、场地费用、通过虚拟商店销售的店面租金费用、通过互联网进行宣传的营销费用和获取消费者信息的调查费用等，都会下降。另外，由于网络技术大大克服了信息沟通的障碍，人们可以在网络上实现商品搜寻、比价，使得商品价格透明度更高，零售市场竞争更趋激烈，也导致零售利润进一步降低。

案例 2-6

世界电商巨头亚马逊

亚马逊是目前全球最大的网络电子商务公司之一，也是成立最早的电子商务公司。2018 年公司市值破万亿美元，网上购物销售额达 8 825 亿美元，被视为电子商务领域的标杆式企业。

亚马逊公司电子商务的发展，大致分为三个阶段。第一阶段，是 1994～1997 年。1994 年公司成立，1995 年电商业务正式上线，起初只经营销售书籍，扩张速度很快，目标是发展为全球最大的书店。第二阶段，是 1997～2001 年，当时，亚马逊的图书销售市场份额并未取得绝对优势，在图书网络销售的基础上，亚马逊开始向其他商品品类延伸。1997 年 5 月，公司上市。1998 年 6 月，亚马逊的音乐商店正式上线，很快成为最大的网上音乐产品零售商。此后产品不断延伸，市场持续扩张，在此阶段，亚马逊已然将发展目标改为“最大的综合网络零售商”。第三阶段，是 2001 年至今。2001 年开始，亚马逊又提出奋斗目标，成为“最以客户为中心的公司”。此后，亚马逊逐渐向服务型企业转变。如，大规模推广第三方开放平台、推出会员服务、推出网络服务、向第三方卖家提供外包物流服务、推出自助数字出版平台等。通过推出这些服务，亚马逊的业务不再限于零售领域，而是拓展成为一家综合服务提供商。从全球最大书店，到最大的网络零售商，再到最以客户为中心的公司，亚马逊的发展通过三级跳，一跃成为世界 500 强企业。

资料来源：路羽 78，搜狐号，https://www.sohu.com/a/409878675_120621735.

2.2.2　急剧变革的中国零售业

改革开放以来，我国零售业的发展大致分为以下三个阶段：

1. 第一阶段：粗犷的商品流通

新中国成立之后，在全国范围内开始组建百货商店。到 1957 年，供销合作社在全国形成了全国性流通网络。1953～1977年，这一时期被称为中国的“票证时代”。百货商店的职能，除了提供商品和服务外，更多的是计划经济时期的资源分配。1978年改革开放，一直到90年代，我国的零售业主要还是以国有大型百货为主体的单一业态。90年代中后期，商品流通开始变得繁荣，越来越多的民营门市部开始兴起。我国的商业零售进入市场化的启蒙期。

在这个阶段，由于信息高度闭塞，供需关系严重不平衡，很多人在找销售渠道而同时有很多人在找产品，所以这个时候，全国性的信息平台，比如央视广告、全国糖酒会就会在营销中扮演决定性的作用。另外，对于生产商来说，搞定代理商，就意味着基本可以实现销售。再加上当时物流和交通不发达，很难实现营销上的精细化管理。总结来说，这是一个粗犷的商品流通时代。

案例 2-7

秦池酒的辉煌与衰落

秦池酒厂的前身是1940年成立的山东临朐县酒厂，新中国成立后，一直是小型国有企业。20世纪80年代至90年代初，秦池酒厂年产量仅保持在万吨左右，一直经营不善，连年亏损，处于倒闭的边缘。

1992年，王卓胜临危受命，接任秦池酒厂厂长。

1993年，王卓胜一方面抓好成品酒质量，另一方面亲自北上，在沈阳市场，通过一系列广告和公关战略，大大提升了秦池酒的知名度和市场形象。当年，秦池酒成为沈阳市场头号热销酒。

1994年，王卓胜乘胜追击，成功打开了整个东北市场的局面，在东北三省，秦池酒的良好质量、品牌形象、公关、广告等，都给人们留下了深刻的印象，在大区域内，秦池酒厂首获成功。

1995年，秦池酒厂向全国推广，先后进军西北、中原、华南市场，大获全胜，销售业绩连续3年翻番。同年年底秦池集团成立。

1995年，秦池酒厂的发展可以说上了一个台阶。但是，秦池酒厂的成功只是暂时的成功，它的基础很不稳固。因为秦池酒厂虽然成立了集团公司，但是，工厂设备和造酒工艺，并没有发生实质性的改变。

1995年11月8日，秦池以6 666万元的最高价击败众多对手，勇夺CCTV标王。成为CCTV标王，为秦池集团带来了巨大的影响和声誉。经新闻界的一再炒作，秦池在全国一夜之间，由无名小辈变成公众明星，产品和企业知名度大大提高，使秦池在白酒如林的中国市场成为名牌。在此基础上，全国各地商家纷纷找上门来，在很短的时间建立起布满全国的销售网络。在有利条件下，秦池集团的价格、物流资金等有了更大的回旋空间，单产利润也提高了，秦池集团迅速形成了全国市场的宏大格局。

秦池集团在1996年度，广告投入巨大，经营上的业绩充分体现了标王的巨大宣传作用。如果用企业管理的冷静眼光来看待秦池的1996年度CCTV标王，1996年预期销量，并没有超过酒厂的生产能力，秦池酒是在原生产线、原生产程序、原有工艺和熟练工人的操作下生产出来的，酒的质量公众是感到比较放心的。另外，秦池虽然在广告上的绝对投入要大一些，但秦池已通过典型的秦池模式，造就了广阔市场，通过扩大产品销量，降低了单位产品的广告费用，产品成本不升反降，再加上品牌效应对价格的影响，利润率自然提高了。

1996年的CCTV标王，给秦池集团带来的是一系列竞争上的优势：品牌优势、形象优势、市场网络优势、价格优势、利润率优势。1996年，秦池集团不需再像以前那样需要自己去争取，而是别人找上门来，秦池集团没有什么理由不走向成功。这一年秦池集团的销售额，比1995年增长500%以上。秦池集团完成了从一个地方酒厂到一个全国知名企业的大转变。

1996年，秦池集团取得了决定性的绝对成功，但是，是否可以认为，秦池集团以后的市场状况会一直这样持续下去呢？是否可以肯定，秦池集团已在中国白酒市场新一轮的竞争中站稳了脚跟呢？

1996年年底，秦池集团最突出的矛盾已不是市场开发能力的不足，而是秦池酒的生产能力的不足，即面临着改进生产工艺，扩大生产规模，提高秦池酒内在质量的迫切问题。这时的秦池集团本应在1997年标王争夺中急流勇退，将经营管理的重点回转到真正提高秦池酒的竞争力方面，改进生产工艺，扩大或增加生产线，培训熟练技术工人等，同时在中央电视台保持适度广告，以维持市场。但是出于短期的经济利润思维，秦池集团参与了争夺1997的CCTV标王，其结果必然是自掘坟墓，把自己送上灭亡的道路。

1996年11月8日，秦池集团以3.2亿元的天价，卫冕标王。与首夺标王的反应截然不同的是，舆论界对秦池集团更多的是质疑，要消化掉3.2亿元的广告成本，秦池集团必须在1997年完成15亿元的销售额，产销量必须在6.5万吨以上。秦池集团准备如何消化巨额广告成本？秦池集团到底有多大的生产能力？广告费会不会转嫁到消费者身上？

1997年年初，某报编发了一组三篇通讯，披露了秦池集团的实际生产能力，以及收购川酒进行勾兑的事实。这组报道被广为转载，引起了舆论界与消费者的极大关注。秦池集团也没有采取及时的公关措施，因此，在新闻媒体的一片批评声中，消费者迅速表示出对秦池集团的不信任。秦池集团的市场形势开始全面恶化。

1997年，尽管秦池集团的广告仍旧铺天盖地，但销售收入比上年锐减了3亿元。1996年年底和1997年年初，加大马力生产的白酒积压了200车皮。1997年全年只卖出一半，全年亏损已成定局。曾经辉煌一时的秦池模式，成为转瞬即逝的泡沫。

资料来源：老人与海，新浪博客，http://blog.sina.com.cn/s/blog_a2e0d80f0102zv14.html.

2. 第二阶段：精细化的市场运作

20世纪80年代中期，超级市场的零售业态被引入中国。1991年上海“联华超市”的创办，标志着我国零售业进入了新的发展时期。自1992年允许外资零售企业进入中国零售领域后，我国零售形成了百货、超市、便利店、专卖店等多种业态并存的格局。1997年后，大型超市开始关注生鲜食品经营，随后生鲜超市、社区超市等多种业态出现了。尤其是连锁超市，销售规模逐年递增，成为中国最具市场活力与竞争力的零售业态。

这个阶段，是中国零售体系发展最为快速，也是变革最快的时代，从“渠道为王”到“深度分销”，再从“深度分销”到“决胜终端”。每一个阶段都带着极强的管理色彩。在这个时期，仅有央视品牌和诸如糖酒会、美博会的大曝光已经不够了，生产商必须要精细化地去做渠道客户的运营管理，深度分销是将分销渠道体系一步建设到了县城，而决胜终端则是生产商在零售店的决战。中国的企业和国际品牌在华夏大地竞争激烈，也获得了大幅度的专业能力提升和市场空间。中国零售，开始从粗犷的分销模式，走向了精细化的市场运作模式。

3. 第三阶段：高度融合的全场景营销

2003年，淘宝成立，中国进入了电子商务时代。同时，电商平台从C2C发展到C2C与B2C多种模式并存，其他电商品牌也开始崛起。新技术加持下，零售业发展加快了步伐。2011年5月26日，支付宝面世，网上订货、电子支付、送货到家，移动化与无钞化逐渐成为中国人的日常。2012年，微商兴起，成为通过个人社交平台发布产品的一种零售模式。2016年10月，阿里巴巴提出了新零售概念。2017年6月，盒马鲜生的北京首店开业，新零售时代拉开序幕。2017年作为中国线上线下融合的实践年，在消费升级以及数据驱动的大背景下，中国网络零售市场活力重现。2018年以后，随着短视频的兴盛，短视频电商、内容电商、网红电商等迎来春天，直播带货成为重要的零售方式，许多新媒体平台开通了电商功能，内容成为零售的重要流量入口。

案例 2-8

谦寻，专注新内容电商直播

谦寻公司，成立于2017年4月28日，是新内容电商直播机构。公司目前旗下有43位主播，包括淘宝第一主播薇娅Viya，以及TOP主播小侨Jofay、大英子Love、雪欧尼Tiffany、楚菲楚然Twins、安安Anan、知名演员高露、知名主持人李响、知名歌手林依轮，等等。行业前20中，谦寻占据了7位，粉丝数千万。主要业务包括孵化网红主播、短视频内容生产及投放、全域内容营销等，可为品牌定制专属的推广方案。

资料来源：谦寻官网，http://www.qxwhmcn.com/.

在这个阶段，越来越多的营销方式开始大行其道，对于传统零售企业来说，这是一个非常困难的阶段，因为要不断适应新营销方式带来的变化。同时，零售已经占据了相当大的比重，分销日渐式微，几乎所有的分销场景都很难再建立品牌，消费者的选择范围越来越大，购买的途径也越来越多。

案例 2-9

欢乐港湾商业街区，打造城市公园综合体

深圳的欢乐港湾，是集滨海休闲、文化旅游、艺术体验、场景商业、精品酒店等功能为一体的 5A 级“城市公园综合体”，是“公园 + 商业”的模式，不仅以公园里的街区和开放通透的内外部设计重塑了商业空间，而且通过多元业态和主题营造生态与乐活、文化与休闲、运动与社交相交融的新型沉浸式消费体验。

资料来源：宝安日报，2020 年 11 月 30 日。

2.3 零售演进理论

西方的一些有关零售业发展的理论框架，可以解释零售业态发展的历史和未来。

2.3.1 零售轮转理论

零售轮转理论（the wheel of retailing theory）又称车轮理论，是由美国哈佛商学院零售专家麦克尔教授于 1958 年提出的。该理论认为，零售业的零售商之变革有一个周期性的，像一个旋转的车轮一样的发展趋势。新的零售商进入市场时，一般采用低成本、低价格、低毛利的经营策略。当它取得成功时，必然引起很多零售商的效仿。其结果是，激烈的竞争促使其不得不采取价格以外的竞争策略，如增加服务、改善店内环境等，这势必会增加费用支出，使之转化为高成本、高价格、高毛利的零售商。与此同时，新的零售商变革者又以低成本、低价格、低毛利的经营策略进入市场，启动零售车轮的新一轮运转。

例如，1838 年在法国巴黎诞生的第一家百货商店，进入市场时实行低价策略，薄利多销，该店获得成功后，随后引来众多的效仿者。竞争对手的增多，使得百货商店开始向顾客增加服务，并由低价走向高价。同时，新业态超级市场，开始以低价格、低毛利率进入市场。随着新业态不断蚕食百货商店的营业额，以及百货商店之间的竞争加剧，百货商店经营效率下降，进入衰退期。与此同时，超级市场也在不断增加服务，面临新业态连锁商店的威胁，进入其自身的轮转。

2.3.2 手风琴理论

手风琴理论（accordion theory），是由布朗德于 1943 年提出，而后由霍兰德加以完善的。该理论是用拉手风琴时，风囊的宽窄变化来形容零售组织变化的产品线特征。手风琴在演奏时不断地被张开和合起，零售组织的经营范围与此相似地发生变化，即从综合化到专业化，再从专业化到综合化，如此循环往复，一直继续下去。根据这一理论，美国等西方国家的零售业大致经历了五个时期：杂货店时期、专业店时期、百货店时期、超市和便利店时期、购物中心时期。这个理论认为，零售企业的经营范围是不断从综合化向专业化，再向综合化方向循环发展的，每一次循环不是过去的重复，而是赋予新的内涵，从而出现了不同的零售组织。这一理论说明，随着社会经济的发展，专业化与综合化互为主导，也互为补充，虽然各有风光之时，但从没被另一方所取代。

2.3.3 辩证过程理论

辩证过程理论（dialectic process theory）最初由吉斯特于1968年提出，之后得到托马斯·马罗尼克和布鲁斯·沃克的进一步分析和解释。这是新近提出的零售演变理论，它基于黑格尔的辩证学说，认为任何事物的最终发展都会走向自己的反面，即否定之否定。在零售业来说，辩证模型是指各零售组织面对对手的竞争，相互学习并趋于相同。因为，当一个组织遇到具有差别优势的竞争挑战时，将会采取某些战略和战术也获取这一优势，从而消除创新者的部分吸引力。而同时，创新者也不是保持不变，也会根据对手的情况，不断改进或修正产品和设施。这种相互学习的结果，使两个零售组织逐渐在产品、设施、服务和价格方面趋向一致。它们因此变得没有差别，或非常相似，变成一种新的零售组织。这种新的零售组织，会受到新的竞争者的“否定”，辩证过程又重新开始。辩证过程理论带有普遍性，它揭示了零售组织发展变化的一般规律，即从肯定到否定，再到否定之否定的变化过程。实际上，不少正、反、合的变化，并没有引起组织形式的更替，只是各种零售组织自身进行了反向调整。

例如，专业店和百货店是相互对立的两种形态，前者以商品组合窄而深为特色，后者以商品组合宽而广为特色。现代大型百货公司经营的商品品种越来越多，并在定位上拉开档次，使得经营品类与百货公司重合的中小型专业店很难生存。于是出现了品类杀手，它结合了专业店的“专”和百货公司的“全”、“大”的特点。它们仍然是经营相关的产品线，但品种应有尽有，实现了在某大类商品方面的一站式购物。

2.3.4 自然淘汰理论

自然淘汰理论（natural selection theory）由美国零售专家吉斯特提出，是从达尔文的自然选择理论派生出来的。适者生存的思想，是公认的真理。零售组织的发展变化，必须要与社会经济环境相适应，诸如生产结构、技术变化、消费增长及竞争态势等。越是能适应这些环境变化，越是能生存，否则将会走向衰落，甚至彻底被淘汰。对于某种零售组织来说，总是诞生在一个与其环境相适应的时代，但环境不是一成不变的，当环境变化时，就极有可能与零售组织的发展不协调。因此，任何一种零售组织都难以永远辉煌。要想生存和发展下去，就必须不断进行自我调整，适应变化环境。当然，调整也不是无限的，当调整冲破了原有零售组织的局限，就表明这一类型的组织将消亡。

例如，第二次世界大战以后，美国社会经济发生了巨大变化，城市人口向郊区转移，这使得位于市中心的百货商店，由于地理限制、交通拥挤、停车困难、客流减少等原因，经营受到冲击，而在市郊的购物中心则蓬勃发展起来。

案例 2-10

尼曼·马库斯，美国 113 年历史的百货公司倒下了

尼曼·马库斯（Neiman Marcus）创立于 1907 年，是美国顶尖高档连锁百货，也是全球最独特的高档百货，主营奢侈品，总部在得克萨斯州达拉斯。尼曼·马库斯以豪华著称，设计炫丽、金碧辉煌，且销售的都是全球顶级商品，包括服饰、配件、珠宝、首饰、鞋履、包包、美食、红酒等。长期以来，尼曼集团一直都以其高档的品牌和强大的客户服务而闻名。2020 年的新冠肺炎疫情对美国零售业影响巨大，2020 年 5 月 7 日，这家在美国有 113 年历史的百货公司，尼曼·马库斯向休斯敦的一家联邦法院申请破产。

资料来源：财联社，新浪财经 / 自媒体热点，http://finance.sina.com.cn/wm/2020-05-09/doc-iircuyvi2228174.shtml.

2.3.5 生命周期理论

生命周期理论（life cycle theory）是美国零售专家戴维森等人提出的，该理论认为，零售组织像生物一样，有它自己的生命周期。随着时代的发展，每一个零售组织都将经历开创期、成长期、成熟期、衰退期四个阶段。第一阶段开创期，开创期的新型零售机构会与现有零售机构的战略组合有明显差异。如果市场推广顺利，销售额和利润会急剧增长。一旦不被消费者接受，投资将无法收回。在这一阶段，能否成功还不清晰。第二阶段成长期，销售增长仍然很迅速，形成规模经济，利润率很高。不过，竞争者将会窥探到这个获利机会，开始侵入市场。第三阶段成熟期，特征是整个零售形态的销售增长速度放慢，即使销售额仍在增长，其增长率也较开创期和成长期低得多。同时，为刺激消费者购买，零售机构不得不降低毛利率。成熟期的到来，一般是由于众多企业采用同一经营形态、新进入者的竞争、社会的兴趣转变等。一旦进入成熟阶段，零售组织的目标是尽可能长时间地保持而避免进入衰退期。第四阶段衰退期，销售额和利润下降，许多公司放弃了这种经营形态，新的更具有创新性的零售商发展并壮大起来。

案例 2-11

幸福西饼的渠道转型发展之路：线下 - 线上 - 又线下

2008 年，袁火洪拿着最后的 2 万块钱，创立了幸福西饼。6 年时间，幸福西饼在深圳开了 40 多家门店。发展速度已经够快，但跑得更快的是突然涨起来的房价，以及随之上涨的各项成本。

2014年，经过一番考量后，袁火洪决定战略转型为互联网蛋糕。在一些报道里，媒体都给袁火洪此次转型点了赞。蛋糕是计划消费，而移动互联网解决了橱窗浏览和支付问题，用户对蛋糕的需求，可以脱离实体店。数据也证明了此次转型正确。幸福西饼的日均接单量，从2014年的800多单飞跃到2015年的2 800多单，而在2018年这一数据提升到近4万单。在互联网蛋糕这个品类里，幸福西饼是第一品牌。这主要体现在订单量上，如幸福西饼覆盖了241个城市，2018年卖出了1 000多万个蛋糕。

2018年12月，幸福西饼宣布要重回线下，新零售门店聚焦于面包＋饮料。时间拉得更远一些，幸福西饼的目标是覆盖全国2 800个城市，实现营业收入超100亿元。很多人疑惑的是，这个强悍的线上品牌，为什么要进军竞争激烈的线下市场。

1. 开发消费潜力

用了5年的时间，幸福西饼在线上积累了1 100多万粉丝。但蛋糕是低频的产品，对用户来说，生日一年只有一次，加上家人的，一年订四五次蛋糕就足够多了。面包是个很好的切入品类，可以弥补在高频次消费方面的不足，将用户对幸福西饼的认知扩展到每时每刻。

2. 融合线上线下流量

在幸福西饼每天的近4万单数据中，大约有60%来自自有的微信商城，美团点评渠道的流量占据30%左右，京东、淘宝等平台有10%左右的份额。经过了外卖平台2018年的规则调整，线上获取流量的成本逐渐高起来，而从门店层面获取的流量相比于线上，忠诚度的优势也更明显。线下门店，其实就是一个很好的广告牌，也是一个很好的流量入口。拥有线下门店，无疑会提高消费者的安全感。毕竟，还有很多传统的消费者，当他看不到你的门店，对你的品牌信任度还是会有欠缺，特别在三四线市场。

资料来源：贝壳生活志，百度百家号，https://baijiahao.baidu.com/s?id=1589826395019897740&wfr=spider&for=pc.

2.3.6 商品攀升理论

商品攀升理论（scrambled merchandising theory）是由美国巴里·伯曼和乔尔·R.埃文斯提出的，与手风琴理论有些类似，是从零售组织的产品线角度，解释零售业的发展变化。该理论指出了零售组织不断增加其商品组合宽度的规律，即当零售商增加相互不关联的，或与公司原业务范围无关的商品和服务时，即发生了商品攀升。例如，一家鞋店原先经营的品种主要有皮鞋、运动鞋、拖鞋等商品，经过一段时间的发展，其经营的商品种类越来越多，又增加了如皮带、伞、帽子、毛衣、手套等商品，这就是攀升了的商品组合。商品攀升现象的发生主要源于以下原因：零售商希望扩大销售规模；卖得快的和毛利高的商品不断加入；消费者的冲动性购买越来越多；消费者热衷于一次性购齐；可抵达不同的目标市场；降低季节影响和竞争压力；原经营产品线的需求下降。商品攀升的后果是，各种经营业态间经营范围的界线变得模糊不清。零售商销售不熟悉的商品和服务，缺乏专业知识，增加了不成功的风险。对制造商来说，则因为商品销售分散到更多零售商，而增加了分销成本。

案例 2-12

海底捞的子品牌相继面世

1994 年海底捞的第一家店开业，到 2020 年，海底捞已经成立了 26 年。没有永远业绩都在奔跑的企业，没有谁能够躲避企业本身的天花板，27 岁的海底捞也遇到了中年危机。因此，2018 年海底捞上市之后，就不断地探索新业务，开始追求多品牌、多品类、多场景、多业态的布局。到 2020 年 9 月，海底捞在北京、成都、西安、郑州等地先后推出了 9 个子品牌，海底捞孵化的这些子品牌，涵盖面条、米线、盖浇饭、水饺、土豆粉等，且都是投资小、客单价低的快餐赛道。主打面条的有“十八余”“捞派有面儿”“佰麸私房面”“新秦派面馆”，主打川味盖饭的有“饭饭林”，主打陕西风味红油米线的有“秦小贤”，主打土豆粉的“乔乔的粉”，主打米线的有“孟小将”，主打水饺的有“骆大嫂水饺”。

不论是米线，还是土豆粉，主推的都只有 4～6 款，均配备了小吃选项，“乔乔的粉”还加入了甜品选项以及套餐组合，SKU[⊖]虽少但看起来丰富。价格方面，“孟小将”的米线单价最低 6.9 元，最高 9.9 元，小吃类的价格也十分亲民，如卤豆干 1 元 / 份、葱油饼 2.9 元 / 份等；“乔乔的粉”单品最便宜的是三鲜菌菇土豆粉，单价 8.9 元，最贵的单价 12.9 元；“骆大嫂水饺”的一盘猪肉大葱水饺售价也仅为 10.9 元；“捞派有面儿”的特色凉面仅售 2.99 元；“十八余”的均价为 9.9 元；“佰麸私房面”的均价是 7 元。这个价格也比同类商家的价格要便宜很多，远低于消费预期。

自然界中并没有单独存在的竹子，竹子相互扶持、共抗风雨，在地下根系相连、互通有无。单棵竹子虽然会枯萎，但是竹林会源源不断地培育出竹笋，实现整个竹林的新陈代谢，始终保持强大的生命力，竹林不会消亡。现在的海底捞也想拥有一片自己的“竹林”！

资料来源：餐饮新纪元，网易号，https://www.163.com/dy/article/FNA3EVMM0519DCKC.html.

上述几种理论都从某一个角度解释了西方发达国家零售业演化的规律，但每一种理论都有其局限性，不能解释所有零售业态演变与发展的情况。当然，零售业的演化不是偶然的或无根据的，而是适应社会经济和文化技术发展的产物。零售业态的每一次创新都更好地满足了消费者的利益和需求，推动了社会生产的发展。

2.4 零售业的发展趋势

（1）规模上大型店与小型店并存。零售店的大型化发展趋势是最引人注目的，面积达几万、十几万平方米的大型商店的兴起，曾使得成千上万的小店倒闭，但同时又有成千上

⊖ SKU 为 Stock Keeping Unit 的缩写，库存单位。

万的小店重新兴起。

（2）品类上综合店与专业店并存。现代零售店的商品分类经营，导致了专业店的产生，满足了顾客的专业消费需求。同时，综合化的零售店可以满足顾客的一站式购买需求，也被市场认可。

（3）选址上集中与分散并存。现代零售商店在地域分布上的一个显著特点，就是集中选址，形成商业中心。商业中心的形式可分为商场形式和商业街形式。便利店的出现，在选址上深入居民住宅区，使零售选址呈现出一种分散化的趋势。另外，零售店的地理位置也由传统商圈向城郊分散，并逐渐形成郊区购物中心。

（4）经营上连锁化与国际化相交融。连锁经营因其标准化、专业化、统一化和规模化优势，是当今世界零售经营的主流。自由连锁与特许连锁相互融合的趋势在加强。成功的大型零售企业都采用连锁化经营。同时，零售的连锁经营加速了零售的国际化。

（5）零售渠道整合发展。一方面，渠道越来越分散。传统零售渠道、电商渠道、新媒体渠道、社区社群渠道，每种渠道都会有每种渠道自身的特色和优势，有每种渠道适应的产品，零售渠道会越来越分散。另一方面，零售商都在思考和实践如何把所有渠道整合在一起，单一渠道，如实体店铺、微商、电商、内容、直播等，都很难走很远。使用新工具建立一套全新的渠道融合的零售体系，是发展趋势。

（6）短路经济模式越来越盛行。零售商纷纷越过供应链中的各级代理商和批发商，直接与上游的最终制造商联系，建立跨链条节点的直连，跳过中间节点，缩短环节，优化交易结构，提升商业效率，这是短路经济中的典型模式。

（7）百货业向超市业学习，开始走自营商品的道路。百货业的连锁管理能力和规范化管理能力，相对落后于超市业，也严重制约了百货业的发展。为了应对市场变化，以及规模化、连锁化、集约化运作的要求，百货业纷纷向连锁超市学习，逐步开始自营商品，提升管理水平。

（8）一二线城市零售店并购加剧，三四线城市成为重点争夺市场。一二线城市因为零售网点过密，导致单店销售和盈利能力无法提升，结果就出现重新并购和整合。资源和市场优势向资金多、规模大、管理水平高的零售企业集中，最终可能形成几个品牌占据市场的结果。三四线城市因为还有一定的市场和盈利空间，成为争夺的目标。

（9）便利店和专业店进入第二个发展高潮。消费升级的一个特点，就是人们的购买便利性要求上升和价格敏感度降低。随着收入的增加、城市交通成本增高，以及时间成本变得越来越高，“下楼就可以买到”的便利性对于年轻人来说，比电商的低价更重要。随着社区需求的显现，便利店迎来了春天。类似苏宁、国美的专业店，将进入第二个发展高潮。形态将更加多元化，比如服装超市、办公用品超市、食品超市、洗化用品超市等将不断出现和壮大。它们通常将扮演品类杀手的形象，而且具有很强的渠道整合能力，形成对大型综合超市和百货的强有力挑战。

（10）零售业越来越受资本的关注和追捧。产业发展的不确定性，制造商因经济不景气而更多地寻求销售渠道，各种因素导致零售业作为销售终端的能力进一步强化。近几年，越来越多的国内外风险投资收购零售终端。资本市场将越来越多地看重稳定性、高成长性、有巨大现金流的零售终端。金融业、风险投资、房地产业和零售业的联合，将进入一个全新的时代。

"码"上看：扫码阅读《2019 新零售年度热门关键词盘点》

本章小结

（1）零售业态可分为有店铺零售业态和无店铺零售业态。有店铺零售业态包括食杂店、便利店、折扣店、超市、仓储会员店、百货店、专业店、专卖店、购物中心、自动售货机等类型。无店铺零售业态包括电视购物、邮购、网上商店、直销、电话购物等类型。

（2）西方零售业经历了"百货商店 – 连锁经营 – 超级市场 – 无店铺零售"四次重大变革。改革开放以来，我国零售业经历了"粗犷的商品流通 – 精细化的市场运作 – 高度融合的全场景营销"三个阶段。

（3）西方的一些有关零售业发展的理论框架，如零售轮转理论、手风琴理论、辨证过程理论、自然淘汰理论、生命周期理论、商品攀升理论等，可以解释零售业态发展的历史和未来。

（4）零售业的发展呈以下趋势：规模上大型店与小型店并存；品类上综合店与专业店并存；选址上集中与分散并存；经营上连锁化与国际化相交融；零售渠道整合发展；短路经济模式越来越盛行；百货业走自营商品道路；一二线城市零售店并购加剧，三四线城市成为重点争夺市场；便利店和专业店进入第二个发展高潮；零售业越来越受资本的关注和追捧。

术语及热词

内循环　是指国内的供给和需求形成循环。从理念上讲，内循环是通过国产替代，完善技术和产业供应链，改变受制于人的局面。通过激发和释放内部需求空间，减轻外部需求波动对国内宏观经济的冲击，提升经济运行效率。

数据化管理　企业在管理过程中，依靠数据发现问题、分析问题、解决问题、跟踪问题的管理方式，就是数据化管理。

品类杀手　指的是营业面积较大，但商品品类经营较少的连锁专卖店，因为它们在比较小的商品品类范围内有较多的单品，能"杀死"那些经营同种商品的小商店。这种零售方式既有连锁经营的组织方式，又有在某一类商品组合的广度上与深度上的优势。它作为大型超市适应市场细分而诞生的一种现代商业业态，正成为国际连锁业异军突起的一股流行势力。

店中店 英文为 in shop，顾名思义，就是商店里面的商店。多开在百货店或大型商业综合体内。店中店一般是某一种品牌的专卖店，但是它的形式和管理比商店内其他柜台更为专业和专一，却也不是像单门独户那样不受约束。店中店的店堂布置可以有自己独特的风格以突显品牌文化特色，不过一般不被允许自己设计音乐和售货员制服。商店的大型优惠活动有时也不得不参加。大型商店巨大的客流量，往往是吸引生产商进驻店中店的主要原因。

厂家直销店 由制造商拥有的商店。

排他性品牌 是由全国性品牌供货商开发，通常与某一家零售商联合，并由该零售商独家销售的品牌。

连锁经营 企业经营若干同行业或同业态的店铺，以同一商号统一管理或授予特许经营权方式组织起来，共享规模效益的一种经营组织形式。

直营连锁 连锁的门店由连锁公司全资或控股开设，在总部的直接控制下开展统一经营。

加盟连锁 加盟连锁店的门店与总部签订合同，取得使用总部商标、商号、经营技术及销售总部开发商品的特许权，经营权集中于总部。加盟连锁店的门店均为独立法人。

连锁公司 连锁超市（便利店）公司应由10个以上门店组成，实行规范化管理，必须做到统一订货，集中合理化配送，统一结算，实行采购与销售职能分离。连锁超市（便利店）公司由总部、门店和配送中心（或委托配送机构）构成。

总部 总部是连锁公司经营管理的核心，它除了自身具有决策职能、监督职能外，还应具备以下基本职能：网点开发、采购配送、财务管理、质量管理、经营指导、市场调研、商品开发、促销策划、人员招聘、人才培训、教育及物业管理等职能。

门店 门店是连锁经营的基础，主要职责是按照总部的指示和服务规范要求，承担日常销售业务。

配送中心 配送中心是连锁公司的物流机构，承担着商品的集货、库存保管、包装加工、分拣配货、配送、信息提供等职能。配送中心由分货配货、流通库存、生鲜加工三部分构成。

思考讨论

1. 百货商店的经营发展趋势是什么？为什么？
2. 中国的传统菜市场会“死”去吗？为什么？
3. 目前中国国内的便利店正在疯狂扩张，是因为便利店的经营效益好吗？是为什么？
4. 谈谈购物中心的分化发展道路。
5. 为什么世界上最大的零售商沃尔玛的增长越来越缓慢？沃尔玛如何才能加快增长？

小试身手

分享近期全球出现的最新零售业态，用“适者生存”理论，分析它“生”下来的理由和“活”出精彩的概率。

课外阅读推荐

[1] 刘润 . 商业简史 [M]. 北京：中信出版集团，2020.
[2] 马云 . 未来已来 [M]. 北京：红旗出版社，2017.
[3] 本多利范 . 零售的本质：为顾客提供生活解决方案 [M]. 陈秀敏，译 . 北京：中信出版集团，2019.
[4] 布兰科，萨尔加多 . ZARA 传：全球快时尚帝国崛起的秘密 [M]. 刘萍，史文静，译 . 北京：天地出版社，2021.
[5] 史远 . 新餐饮生存秘籍 [M]. 北京：机械工业出版社，2010.
[6] 余泓江，刘东明 .5G+ 消费新零售：双循环下的新消费格局 [M]. 北京：中华工商联合出版社，2021.

第 3 章 CHAPTER3

零售顾客

学习目标

掌握：顾客的市场细分；顾客的消费决策过程。
理解：顾客的商品消费需求；顾客的消费动机。
了解：顾客的特征；不同消费群体的消费特征。

引导案例

梅西的“新千年计划”

2012 年 3 月，梅西提出“新千年计划”，强化对年轻消费群体的吸引。“新千年计划”将目标客户群瞄准所谓“新千年”顾客，即年龄在 13～30 岁的人群。这一群体被定为梅西未来几年最大的顾客群体。为满足这一群体的个性化需求，梅西进一步将这一群体细分为 13～22 岁和 19～30 岁两组，前者主要是学生，喜爱尝试新的商品。后者则大都为学校毕业，进入工作岗位的年轻人，他们注重更好的品质，购物重点包括服装、装饰品、化妆品等。为此，梅西分别设立了面向这两个群体的“Mstylelab”和“Impulse”两大品牌系列，以迎合这两类顾客的平价和“快时尚”爱好。同时，梅西还不断改进购物环境和购物体验，使之更加符合年轻人的口味。

资料来源：李俊杰，文秘帮，https://www.wenmi.com/article/pxcfwo020fyu.html.

零售企业服务的对象是顾客。要想使零售获得成功，就需要了解顾客、分析顾客，有针对性地为顾客提供服务。其中包括的问题有：他们是哪些人，他们在哪里，他们喜欢什么，他们多大年龄，他们会花多少钱，他们喜欢怎样购物，等等。

3.1 零售顾客的特征及市场细分

3.1.1 零售顾客的特征

零售顾客是零售商从事经营活动的主要服务对象，具有以下特点：

（1）人多面广，包括了生活中的每一个人。

（2）需求复杂，经常变化。

（3）零星购买和经常购买，购买次数频繁。

（4）产品专用性不强。

（5）需求弹性较大，受价格影响明显。

（6）易受促销影响，易产生购买冲动。

3.1.2 零售顾客的市场细分

整体市场之所以可以细分，是由于消费者的需求差异。现实中，引起消费者需求差异的变量很多，零售企业一般组合运用有关变量来细分市场，而不是单一采用某一变量。概括起来，细分消费者市场的变量主要有四类，即地理变量、人口变量、心理变量和行为变量。以这些变量为依据来细分市场就产生出地理细分、人口细分、心理细分和行为细分四种市场细分的基本形式。

1. 按地理变量细分市场

按照顾客所处的地理位置、自然环境来细分市场，比如，根据国家、地区、城市规模、人口密度、气候、地形地貌等方面的差异，将整体市场分为不同的小市场。地理变量之所以作为市场细分的依据，是因为处在不同地理环境下的顾客，对于同一类产品往往有不同的需求与偏好，他们对零售企业采取的营销策略会有不同的反应。如，在我国南方沿海一些省份，某些海产品被视为上等佳肴，而内地的许多顾客则觉得味道平常。地理变量易于识别，是细分市场应考虑的重要因素，但处于同一地理位置的消费者，需求仍会有很大差异。如，在我国的一些大城市如北京、上海等，流动人口逾百万，这些流动人口本身就构成了一个很大的市场，并且这一市场有许多不同于常住人口市场的需求特点。所以，简单地以某一地理特征区分市场，不一定能真实地反映消费者的需求共性与差异，零售企业在选择目标市场时，还需结合其他细分变量来综合考虑。

“码”上看：扫码阅读《亚太地区的未来零售》

2. 按人口变量细分市场

按人口统计变量，如年龄、性别、收入、职业、家庭规模、家庭生命周期、教育程度、种族、国籍等为基础细分市场。消费者的需求和偏好，与人口统计变量有着很密切的关系。人口统计变量比较容易衡量，有关数据相对容易获取，由此，零售企业经常以它作为市场细分的重要依据。

（1）性别。由于生理上的差别，男性与女性在产品需求与偏好上有很大不同，如在服饰、发型、生活必需品等方面均有差别。像美国的一些汽车制造商，过去一直是迎合男性要求来设计汽车。现在，随着越来越多的女性拥有自己的汽车，汽车制造商越来越多地研究设计具有吸引女性消费者特点的汽车。

（2）年龄。不同年龄的消费者有不同的需求特点，如青年人与老年人的需求差异较大。青年人喜欢时尚、新潮的产品，老年人偏好品质、高性价比的产品。

（3）收入。高收入与低收入消费者在产品选择、休闲时间的安排、社交等方面都会有所不同。收入引起的需求差别，在诸如服装、化妆品、旅游服务等领域相当普遍。

（4）职业与教育。消费者的职业及所受教育的不同，会引起需求差异。如，由于消费者所受教育水平的差异，而引起审美观差异，他们对居室装修用品的品种、颜色等会有不同的偏好。

案例 3-1

小红书的用户画像

小红书平台用户呈年轻化趋势，年龄主要集中在 18～34 岁。小红书平台以女性为主，女性占比 88.37%，男性占比 11.61%。使用人群地域分布，占比前三为广东省、上海市、北京市，超过 56% 的用户来自北上广深四大一线城市。都市白领、职场精英女性是其主要用户群体，用户消费能力强，且有强烈的消费需求。

资料来源：阳光，千瓜数据，https://www.qian-gua.com/blog/detail/405.html.

“码”上看：《如何构建用户画像》

（5）家庭生命周期。一个家庭，按年龄、婚姻和子女状况，可划分为七个阶段。在不同阶段，家庭购买力、家庭人员对商品的兴趣与偏好，会有较大差别。单身阶段：年轻、单身，几乎没有经济负担，新消费观念的带头人，娱乐导向型购买。新婚阶段：年轻夫妻，无子女，购买力强，对耐用品和大件商品的购买欲望强烈。丰巢阶段：年轻夫妻，有 6 岁以下子女，家庭用品购买的高峰期，不满足现有的经济状况，注意储蓄，购买较多的儿童用品。满巢阶段Ⅰ：年轻夫妻，有 6 岁以上未成年子女，经济状况较好，购买趋向理智型，受广告及其他市场营销刺激的影响相对减少，注重档次较高的商品及子女的教育投资。满巢阶段Ⅱ：年长的夫妇与尚未独立的成年子女同住。经济状况仍然较好，妻子或子女皆有工作。注重储蓄，购买冷静、理智。空巢阶段：年长夫妇，子女离家自立。前期收入较高。购买力达到高峰期，较多购买老年人用品，如医疗保健品。娱乐及服务性消费支出增加。后期退休收入减少。孤独阶段：单身老人独居，收入锐减，特别注重情感、关注等需要及安全保障。除了上述方面，经常用于市场细分的人口变数还有家庭规模、国籍、种族、宗教等。实际上，大多数零售企业通常是采用两个或两个以上人口统计变量来细分市场的。

3. 按心理变量细分市场

根据顾客所处的社会阶层、生活方式、个性特点等心理因素细分市场。

（1）社会阶层。社会阶层是指在某一社会中具有相对同质性和持久性的群体。处于同一阶层的成员具有类似的价值观、兴趣爱好和行为方式，不同阶层的成员则在上述方面存在较大的差异。很显然，识别不同社会阶层的消费者所具有的不同的特点，对于很多产品的市场细分将提供重要的依据。

（2）生活方式。通俗地讲，生活方式是指一个人怎样生活。人们追求的生活方式各不相同，如有的追求新潮时髦，有的追求冒险刺激，有的追求稳定安怡。烟草公司针对挑战型吸烟者、随和型吸烟者、谨慎型吸烟者，推出不同品牌的香烟，就是依据生活方式细分市场。

案例 3-2

百年老字号同仁堂，当中药遇上咖啡

同仁堂，创建于 1669 年（清康熙八年），自 1723 年开始供奉御药，历经八代皇帝 188 年，是全国中药行业著名的老字号。2020 年 11 月 13 日，同仁堂因为推出中药咖啡，登上微博热搜。同仁堂在北京东三环，开设了一家咖啡店。这家咖啡店是同仁堂打造的中医健康餐饮体验店，为了让更多年轻人了解中医药。这家店的中药咖啡，成为年轻人的新宠，枸杞拿铁、益母草玫瑰拿铁、山楂陈皮美式，这些品类每天都能卖出上千杯。同仁堂咖啡店的工作人员表示，枸杞浆与咖啡融为一体，既不会抢味道，也给咖啡带来了明显的口感变化，更厚实、更顺滑，会让咖啡多一层舌尖上的触觉，还顺便达到了养生目的。

资料来源：太平洋电脑，搜狐网，https://www.sohu.com/a/431640925_120868895.

（3）个性特点。个性是指一个人比较稳定的心理倾向与心理特征，它会导致一个人对其所处环境作出相对一致和持续不断的反应。通常，个性会通过自信、自主、顺从、支配、保守等性格特征表现出来。因此，个性可以按这些性格特征进行分类，从而为企业细分市场提供依据。如，化妆品、香烟、啤酒、保险之类的产品，有些企业以消费者个性特征为基础进行市场细分并取得了成功。

☞ 零售风流人物

张近东

苏宁易购的创始人

“苏宁的未来，首先是积累用户数量的问题，然后是商品的能力。基于这个逻辑，再来看场景，线上线下的融合，不同场景之间，移动、客厅、万物互联，如何提供离用户最近的服务，这些是没有约束条件的。关键是我们的能力，物流能力、金融能力、服务能力，要根据我们的需求，不断去延展。”

张近东1963年出生于江苏南京，毕业于南京师范大学中文专业。1990年12月，27岁的张近东凭着初生牛犊不怕虎的劲头辞去了固定工作，以10万元自有资金，在远离闹市的南京宁海路上，租下一个面积不足200平方米的小门面，取名为苏宁交家电，专营空调，这就是后来的苏宁电器。当时张近东一定没有想到，十几年后，这家并不起眼的小门面，竟驶出一艘中国家电连锁业航母，而作为掌舵人的张近东，则改写了中国家电零售市场的格局。张近东在创立苏宁交家电之后，在业界首次建立起营销商“配送、安装、维修”一体化服务体系，组建专业安装队伍上门为顾客免费安装空调，这为苏宁掘得第一桶金起到了关键作用。

1991年，张近东首创了经销商在淡季给生产商打款扶植生产，这种“商家淡季支持厂家，厂家旺季回报商家”的模式，是确保旺季获得价格优惠和稳定货源的厂商合作全新模式。

2003年，张近东全国首创“3C模式”。3C是指电脑、通讯和家电，代表真正意义上的综合家电经营。3月15日，苏宁3C航母店正式在南京亮相。

2004年7月21日，苏宁电器在深交所中小板挂牌交易。当初的苏宁电器相对于行业老大国美电器，还处于明显的弱势地位。

上市后的苏宁电器，加快全国范围内的经营扩张，盈利能力也不断提升，很快打败了国美成为家电行业龙头。

美国最大家电连锁企业百思买，在1989～1999年10年间，其股票价格翻了100倍。全球零售巨头沃尔玛在20世纪八九十年代，股价也翻了500倍。张近东说：“百思买的今天，就是苏宁电器的明天。它们就像一面可以照见未来的镜子，我从中看到了苏宁电器的未来”。

资料来源：品牌网，https://www.globrand.com/baike/zhangjindong.html.

4. 按行为变量细分市场

根据顾客对产品的了解程度、态度、使用情况及反应等，将他们划分成不同的群体。按行为变量细分市场主要包括：

（1）购买时机。根据消费者提出需要、购买和使用产品的不同时机，将他们划分成不同的群体。例如，城市公共汽车运输公司可根据上班高峰时期和非高峰时期乘客的需求特点，划分不同的细分市场，并制定不同的营销策略。

（2）追求利益。消费者购买某种产品是为了解决某类问题，满足某种需要。然而，产品提供的利益往往并不是单一的，而是多方面的。消费者在追求这些利益时，会有所侧重。如，购买手表，有的消费者追求经济实惠，有的追求耐用可靠，还有的则偏向于显示社会地位，等等。

（3）使用者状况。根据顾客是否使用和使用程度细分市场，通常可分为：经常购买者、首次购买者、潜在购买者和非购买者。大公司往往注重将潜在使用者变为实际使用者，小公司则注重保持现有使用者，并设法吸引使用竞争产品的顾客，使其转而使用本公司产品。

（4）使用数量。根据消费者使用某一产品的数量大小细分市场，通常可分为大量使用者、中度使用者和轻度使用者。大量使用者人数可能并不很多，但他们的消费量在全部消费量中占很大的比重。美国一家公司发现，美国啤酒的80%是被50%的顾客消费掉的，另外一半的顾客的消耗量只占消耗总量的12%。因此，啤酒公司宁愿吸引重度饮用啤酒者，而放弃轻度饮用啤酒者，并把重度饮用啤酒者作为目标市场。公司还进一步了解到，大量喝啤酒的人多是工人，年龄在25～50岁之间，喜欢观看体育节目，每天看电视的时间不少于3～5小时。很显然，根据这些信息，企业可以大大改进其在定价、广告传播等方面的策略。

（5）品牌忠诚程度。企业还可根据消费者对产品的忠诚程度细分市场。有些消费者经常变换品牌，另外一些消费者，则在较长时期内专注于某一或少数几个品牌。通过了解消费者品牌忠诚情况，品牌忠诚者与品牌转换者的各种行为及心理特征，不仅可为企业细分市场提供依据，也有助于企业了解为什么有些消费者忠诚本企业产品，而另外一些消费者则忠诚于竞争企业的产品，从而为企业选择目标市场提供启示。

（6）购买的准备阶段。消费者对各种产品的了解程度往往因人而异。有的消费者可能对某一产品确有需要，但并不知道该产品的存在。还有的消费者虽已知道产品的存在，但对产品的价值等还存在疑虑。另外一些消费者，则可能正在考虑购买。企业可以针对处于不同购买阶段的消费群体进行市场细分，并采用不同的营销策略。

“码”上看:《2020新式茶饮白皮书》

3.2 零售顾客的商品消费需求

3.2.1 对基本功能的需求

商品基本功能指商品的有用性，即商品能满足人们某种需求的物质属性。商品的基本功能或有用性，是商品被生产和销售的基本条件，也是消费者需求的最基本内容。如，冰箱要能冷冻、冷藏食品，护肤用品要能保护皮肤，这些都是消费者对商品功能的最基本要求。在正常情况下，基本功能是顾客对商品诸多需求中的第一需求。顾客对商品基本功能的需求具体有如下特点：

（1）要求商品的基本功能与特定的使用用途相一致。例如，健身器材应有助于强身健体，倘若附带办公、学习功能则属多余。因此，商品功能并非越多越好，而是应与消费者的使用要求相一致。

（2）要求商品的基本功能与顾客自身的消费条件相一致。就消费需求而言，商品功能的一物多用或多物一用的优劣不是绝对的，评判的标准只能是与顾客自身消费条件的适应程度。

（3）顾客对商品功能要求的基本标准呈不断提高的趋势。基本标准指商品最低限度应具备的功能。随着消费水平的提高，顾客对商品应具备功能的要求标准也在不断提高。如，20 世纪 60 年代，人们对私家车的基本功能需求是安全、高速、省油，而到 80 年代以后，人们不仅对原有功能的要求更为严格，而且要求同时具备娱乐、舒适、通信、适应流动性生活等多种功能。

☞ 零售风流人物

张东文

永远 21 的创始人

“流通业不是 100 米短跑，而是马拉松。”

永远 21（Forever 21）虽然是一家美国公司，但是它的创始人张东文却是地地道道的韩国人。张东文在韩国出生长大，一直到 18 岁才带着新婚妻子张金淑一起移民美国。这个当年在咖啡馆里的打工小弟，既不是美国上流人士，也没有宾夕法尼亚大学的双学位。他靠的是亚裔移民的刻苦、勤奋，还有不离不弃支持着他的妻子张金淑，一步一步在异乡，建立起他的快时尚帝国。

当时这对年轻夫妇在美国打工，张金淑是个理发师，而张东文在加油站工作。这个聪明的韩国男人，每天观察着加油站里形形色色的客人，并试图跟熟悉的客人打听他们从事的工作。他发现凡是那些开好车的客人，有很大一部分都是做服装生意的。因此，1984 年，在他们来到美国后仅仅三年，在全家只有 11 000 美元银行存款的情况下，在妻子张金淑的支持下，30 岁的张东文在洛杉矶开了第一家店。店面选在了家附近的高地公园，面积大约只有 84 平方米，专卖韩裔生产并且经过张金淑挑选的服饰。由于定价低廉且主要顾客是青少年，这家小店被这对夫妇取名为 Fashion 21。刚开始他们也只是打算针对韩裔顾客，做点小生意，谁知道独到的进货眼光以及极具竞争力的定价，让这家小店迅速走出了韩裔社区，吸引了大量美国本土人士。第一年他们的销售额就达到了 70 万美元。张东文开始铺开店面，并注册自己的品牌——Forever 21。Forever 21 暗示着它将面对更大的群体。不管你几岁，是什么身份，只要穿上我们的衣服，你就能永远年轻。不得不承认，张家夫妻可能天生适合做这桩生意，他们迅速抓住了快时尚成功的三大要素：①便宜；②选择多；③走货快。从公司成立的 1984 年至今，在多次的大风大浪中，张东文夫妻以跑马拉松的毅力，和“打死不借钱”的经商哲学，在时尚圈坚持了下来。2018 年《福布斯》统计这对夫妇的身价是 32 亿美元。Forever 21 能在没有融资的情况下，发展至如此规模，可见创始人张东文夫妇的勤奋、对市场敏锐的学习能力和非一般的快速执行力。张东文以他的移民身份为荣，他说 Forever 21 不仅仅是一家快时尚公司，它的意义是给那些身无分文来到美国的人以希望。

资料来源：摩尔小姐，搜狐号，https://www.sohu.com/a/318041869_480044.

3.2.2 对质量性能的需求

质量性能是顾客对商品基本功能达到满意或完善程度的要求，通常以一定的技术性能指标来反映。但就消费需求而言，商品质量不是一个绝对的概念，而是具有相对性。构成质量相对性的因素，一是商品价格，二是商品的有用性，即商品的质量高低是在一定价格水平下，相对于其实用程度所达到的技术性能标准。与此相适应，顾客对商品质量的需求也是相对的。

（1）顾客要求商品的质量与其价格水平相符，即不同的质量有不同的价格，一定的价格水平必须有与其相称的质量。

（2）顾客往往根据其实用性来确定对质量性能的要求和评价。某些质量中等甚至低档的商品，因已达到消费者的质量要求，也会为消费者所接受。例如，甲、乙两种品牌的洗衣机，乙品牌洗衣机在容量、耗电量、洗净率、磨损、噪声等技术指标方面，均逊于甲品牌，但甲品牌的价格远高于乙品牌，且更适合于多人口家庭使用。因而对于中低收入、单身或人口少的家庭来说，乙品牌洗衣机的质量也是可以接受的。

3.2.3 对安全性能的需求

顾客要求所使用的商品卫生洁净，安全可靠，不危害身体健康。这种需求通常发生在对食品、药品、卫生用品、家用电器、化妆品、洗涤用品等商品的购买和使用中，具体包括如下要求：

（1）商品要符合卫生标准，无损于身体健康。如，食品应符合国家颁布的食品卫生法、商品检验法等法规，在保质期内出售，没有不利于人体健康的成分和添加剂。

（2）商品的安全指标要达到规定标准，不隐含不安全因素、使用时不发生危及身体及生命安全的意外事故。这种需求在家用电器、厨具、交通工具、儿童玩具、化妆品等生活用品中尤为突出。

（3）商品要具有保健功能，能防病祛病，调节生理机能，增进身体健康。近年来，市场上对健身器材、营养食品、滋补品、保健品的需求强劲，形成新的消费热点。这表明现代商品安全的需求，已不仅仅局限于卫生、无害，而是进一步上升为有益于身体健康。

3.2.4 对消费便利的需求

在购买过程中，顾客要求以最少的时间、最近的距离、最快的方式购买到所需商品。同类商品，质量、价格几乎相同，其中消费便利者往往成为顾客首选的对象。在使用过程中，顾客要求商品使用简单、操作容易、携带方便、便于维修。

3.2.5 对审美功能的需求

顾客对商品在工艺设计、造型、色彩、装饰等方面有审美要求。对商品审美功能的需求，同样是一种持久性的、普遍存在的心理需求。在审美需求的驱动下，顾客不仅要求商品具有实用性，同时还要求商品拥有完美的外观设计，即实现实用性与审美价值的统一。

3.2.6 对情感功能的需求

顾客要求商品蕴含深厚的感情色彩，能够体现个人的情绪状态，成为人际交往中沟通感情的媒介，并通过购买和使用商品，获得情感补偿、追求和寄托。顾客作为拥有丰富情绪体验的个体，在从事消费活动的同时，会将喜怒哀乐等各种情绪体验，映射到消费对象上，即要求所购商品与自身的情绪体验相吻合、相呼应，以求得情感的平衡。此外，顾客作为社会成员，有亲情、友情、爱情等情感的强烈需求。许多商品如鲜花、礼品等，因而成为人际交往的媒介和载体，起到传递和沟通感情的作用。有些商品，如毛线玩具等，可以帮助顾客排解孤独和寂寞，获得感情的慰藉和补偿，从而也具有满足消费者情感需求的功能。

案例 3-3

泡泡玛特背后的"盲盒"孤独经济

泡泡玛特成立于2010年，十年时间，从一家杂货铺似的文创产品店，已经跃升为国内潮玩第一品牌。尤其是近两年来，凭借“盲盒”概念进入公众视野。在如今手办、玩偶都极为普遍的当下，“盲盒”独辟蹊径，利用了人们的好奇心赚取收益，“盲盒”概念的可持续性也引起了热议。

从2020年最新的数据统计来看，近几年来，“一人食”“陪玩”“铲屎官”等关键词搜索呈现着越来越高的发展趋势，人们对“陪伴类”产品的需求如火如荼，由此也推动了孤独经济在当下的空前高涨。对于多数的空巢青年来说，潮玩填补了其在精神上的需求，从而完美地解决了其孤独的心理状态。潮玩产品不像一些具有故事背景的IP，它没有情感传达，没有价值观。因此，它能够让消费者在消费的过程中代入自身的情感，将自己的灵魂注入潮玩之中。这就使得潮玩成功击中了孤独寂寞人群的心灵慰藉需求，而这种情感消费也是新消费时代的必然趋势之一。

提到“盲盒”，除了年轻人和小朋友一代，在很多人心中还是知识盲区。其实所谓“盲盒”，里面通常装的是动漫、影视作品的周边，或者设计师单独设计出来的玩偶。之所以叫“盲盒”，是因为盒子上没有标注，只有打开才会知道自己抽到了什么。

心理学研究表明，不确定的刺激会加强重复决策，因此一时间“盲盒”成了让人上瘾的存在。就这点来看，这和买彩票颇为相像，都有赌运气的成分。据报道，“盲盒”俘获了大量忠粉的心。有一对夫妇4个月花了20万元在“盲盒”潮玩上；还有一名60岁的玩家，一年花费70多万元购买“盲盒”。2019年8月，天猫发布的《95后玩家剁手力榜单》显示，潮玩手办成为“95后”年轻人中热度最高、最烧钱的爱好，“95后”在天猫国际潮流玩具品类中消费额占比达到40%。在天猫上为“盲盒”年花费超过2万元的“硬核玩家”，一年有近20万人。

2019年年底，泡泡玛特创始人王宁在接受媒体采访时表示，打造潮玩界的IP帝国，像迪士尼一样成为一个快乐制造基地，是他对泡泡玛特的期待和愿景。在他看来，潮玩将像是冰激凌一样，将不知不觉地融入年轻人的生活中。冰激凌虽然于充饥无益，不能当正餐，但它存在的意义就是让消费者能获得5～10分钟的多巴胺。

资料来源：星代华教育，搜狐号，https://www.sohu.com/a/400478947_120715844.

3.2.7 对社会象征性的需求

顾客要求商品体现和象征一定的社会意义，使购买、拥有该商品的顾客，能够显示出自身的某些社会特性，如身份、地位、财富、尊严等，从而获得心理上的满足。某些商品由于价格昂贵、数量稀少、制作难度大等，使消费受到极大限制，因而，只有少数特定身份、地位或阶层的消费者，才有条件购买和拥有。因此，这些商品便成了一定社会地位、身份的象征物。通常，出于社会象征性需求的消费者，对商品实用性、价格等往往要求不高，而特别看重商品所具有的社会象征意义。社会象征性需求在奢侈品如珠宝首饰、豪华汽车、豪华住宅、名牌服装、名贵手表等商品的购买中，表现尤为明显。

3.2.8 对良好服务的需求

在对商品实体形成多方面需求的同时，顾客还要求在购买和使用商品的全过程中，享受良好、完善的服务。良好服务可以使顾客获得尊重、情感交流、个人价值认定等多方面的心理满足。对服务的需求程度，与社会经济的发达程度，以及顾客的消费水平密切相关。在商品经济不发达时期，由于商品供不应求，顾客对服务的要求降到次要地位，甚至被忽略。随着市场经济的迅速发展，顾客可以随时随地购买到自己所需求的各种商品。因此，服务在消费需求中的地位迅速上升。

案例 3-4

成都红旗连锁的多功能便民服务平台建设

红旗连锁创建于2000年6月22日，目前，公司在四川省内开设3 300余家连锁超市，已发展成为"云平台大数据＋商品＋社区服务＋金融"的"互联网＋现代科技"连锁企业。为给消费者带来更加轻松便捷的生活享受，红旗连锁利用公司的市场网络和信息技术资源优势，采用"商品＋服务"经营策略，建设多功能便民服务平台。目前已开通公交卡充值、电信缴费、电费充值、燃气收费、自来水费代收、中国移动手机充值、联通缴费、拉卡拉电子支付系统、广电网络业务费代收、汽车客票代售及取票、邮政速递代收件、支付宝钱包支付、翼支付、微信支付、QQ钱包、银联钱包、福利彩票代销、洗衣代收件、中国体育彩票代销、成都市中小学学费代缴、成都职工工会福利消费、成都交投停车费代收、小电共享充电宝、铁塔飞哥换电、和信通、资和信第三方预付卡受理业务、工行积分兑换、交行信用卡刷卡优惠、川航里程积分兑换等80多项便民服务。

资料来源：成都红旗连锁股份有限公司官网，https://www.hqls.com.cn/News/newDtl/793.

3.3 零售顾客的消费动机

据心理学家分析，驱使人们行动的心理因素约有600种之多，这些心理动机按照不同的方式组合和交织在一起，相互联系、相互制约。零售顾客的消费动机可以分为以下几种：

（1）求实型动机，以追求商品的使用价值为主要目的。其核心是讲求实用、实惠，顾客在购买活动中比较注重商品的功能和质量，而不过分注意商品的外形、色彩、线条和个性等。

（2）求名型动机，以追求名牌商品、地方土特产品或传统产品的名望为主要目的。其核心是崇拜和纪念。顾客在购买活动中强调物品商标要名牌，产地要正宗。

（3）求新型动机，以追求商品的新颖、奇特为主要目的。其核心是时髦和独特。顾客在购买活动中追逐新颖，不落俗套，并特别重视商品的款式和社会流行式样。

（4）求美型动机，以追求商品艺术美感和装饰效果为主要目的。其核心是装饰和鉴赏。顾客在购买商品时重视的是商品的造型美、装饰美、艺术美等，一般不太注重商品的价格。

（5）好胜型动机，以争强好胜为主要目的。其核心是攀比。顾客购买商品时通常缺乏充分的考虑，不是为了急需，而是为了赶超他人，以求心理上的满足。

（6）炫耀型动机，以显示自己的地位、威望和富有为主要目的。其核心是自我炫耀和自我表现。顾客在购买商品时，特别注重商品的品牌和象征性价值。

（7）实惠型动机，以追求物美价廉为主要目的。其核心是经济、实惠。顾客在购买商品时特别重视商品的价值，对同类商品之间的价格差异会仔细地进行比较，喜欢购买折价和处理的商品，不太注意商品的包装、款式。

（8）平等型动机，以求得他人尊重为主要目的。其核心是平等、友好。顾客在购买商品时，希望能得到营业员的欢迎和接待。在购物时由于某种因素的刺激，很可能出现中断购买、被迫性购买或冲动购买等行为。

（9）求便型动机，顾客追求购买过程简便、省时。这类顾客的时间、效率观念很强，他们希望尽可能简单、迅速地完成交易过程，不能容忍烦琐的手续和长时间的等候，但对商品本身却不大挑剔。

（10）嗜好型动机，以满足个人特殊爱好或兴趣为主要目的。这类顾客往往对所买的商品有着丰富的知识和较强的鉴赏力，他们的购买行为取决于个人的嗜好，一般不受广告宣传的影响，具有集中性、稳定性和经常性的特点。

顾客在购买过程中的心理动机远比这些复杂，而且经常几种动机交织在一起。因此，零售企业要研究顾客的购买动机，根据顾客的购买动机，制定相应的营销组合，刺激消费者购买，加快消费活动的实现。

3.4　零售顾客的消费决策过程

零售商除了要辨别其目标商品的特性之外，还必须对顾客如何做决策有所了解，即顾客如何决定要不要购买、购买何物、从哪儿买、何时买、如何买、多久购买一次等。消费者的需求决策过程大概分为六个步骤，有时六步都会使用，有时则只执行其中几个步骤。

3.4.1　接受刺激

所谓刺激是一个社会的或商业的暗示，或者是一种实际上的动力，去激发一个人的行动。具体刺激如下：

（1）社会暗示。如，一个人和朋友、同事、邻居等聊天时，接收到“明天是星期天，我们在天虹百货见”“我发现一家新的美发店很不错，你有空去试试”“我发现有部电影很不错，明天一起去看吧”。这些暗示可能被忽略，可能被认为不重要，或是可能照着去做，社会暗示是来自人与人之间，并非商业性的。

（2）商业暗示。由零售商、制造商、批发商，或其他商人所产生及传达，主要目的是激起消费者对零售商、产品或服务的兴趣。广告和销售点展示都是商业暗示。如，“情人节当天，美容会员季卡，只要 1 314 元，名额有限，先到先得”。

（3）实质动力。这发生在人的一个或一个以上的感官受到影响时，如饥饿、寒冷、疼痛、恐慌等，都会造成实际的动力，如，“我们已经开了 5 小时的车，真的好渴，想停下来喝点水”。强烈的动力，会导致行为的产生。然而，如果刺激是微弱的，就可能被忽略，行动与否，视动力大小而定。

一个潜在的消费者会处于任何一种或全部的刺激之下，如果他被激发，就会继续决策过程的下一个步骤，如果他没有感觉，就会忽略这些刺激而停止决策过程。

3.4.2 问题察觉

在问题察觉阶段，消费者不仅会受到社会、商业或实质的刺激，也会辨认考虑其中的产品或服务是否可以解决其问题，或实现其愿望。问题察觉主要来自两个维度：

（1）短缺欲望的确认。短缺欲望就是消费者发现某一种产品或服务需要再次购买。产品因磨损而无法修复，如冰箱、衣服等，或是产品已经消耗完，如牛奶、面包、纸张等。服务则是因为产品维修或耗损而产生的。无论是哪种情况，消费者都会再补足其短缺。

（2）未实现欲望的确认。在消费者开始察觉到，某些曾购买过的商品或服务，或是未曾光顾过的零售商的商品或服务，该商品或服务可能将一个人的自我形象、社会地位或外表等，提升到一种新的未曾经历过的境界，或是提供一种新的未曾听过的功能的情况下，消费者会被刺激，去自我提升，而且考虑满足这些欲望的必要性。如，“我们的朋友一星期至少会去一次很好的餐馆大吃一顿，而我们只去速食店吃，偶尔我也想要去有服务生领位的高级餐厅，喝瓶好酒，享受美味”“天气这么热，骑摩托车要戴安全帽，真羡慕开汽车的人”。

大部分消费者对未实现欲望的反应，没有短缺欲望来得迅速。这是因为未实现欲望风险较高且收益难以确定，特别是当消费者有替代方案或物品时，对未实现欲望更不会有所反应。只当消费者察觉到该问题必须要去解决时，消费者才会有所行动，否则决策过程就会中止。

3.4.3 信息搜集

消费者搜集可以解决前面察觉到的问题的不同产品或服务清单，信息搜集是内部的或外部的。有许多购买经验的消费者，很自然地利用他自己记忆内部的搜寻来决定可以解决目前问题的产品或服务。而缺乏购买经验的消费者，经常会用外部搜寻去发展出可能的解决方案。外部搜寻包括商业来源（大众传播媒体、销售人员）、非商业来源（消费者报道、政府公报）以及社会来源（家庭、朋友、同事）。消费者搜寻信息的范围，视其对购买该项产品或服务的知觉风险而定，风险又视个人情况而有所不同。有些风险是微不足道的，有些却相当重要。零售商在消费者搜寻过程中扮演的角色是提供足够的信息，使其做出决策时觉得舒服，进一步减少其知觉风险。

一旦完成信息的搜寻，消费者必须决定是否能从可行方案中选出一个，来解决短缺问题或未实现的欲望。若可以选择出一个可行方案，消费者便会进行下一个步骤，否则将会中断决策过程。

3.4.4　可行方案评估

到评估可行方案阶段，消费者已有足够的信息，来选择可行方案中的产品或服务，当其中有一项方案优于其他可行方案时，这一阶段就会很容易通过。但是情况通常都不会这么简单，所以消费者在做决策前，必须小心地做可行方案的评估。当有两个或两个以上的选择时，消费者就要决定商品评估的属性，以及属性的重要性，然后做出决策。评估的属性包括价格、品质、品牌形象、规格、色彩、耐久性、质保等。属性的重要性由消费者决定，产品或服务的属性对不同的消费者有不同的重要性。

一旦消费者研究过可行方案的属性并做分类之后，就可以选择最满意的产品或服务，若是没有适当的方案，则就会拖延决策时机，或做出不购买的决策。

3.4.5　购买

对零售商而言，顾客的购买行动是决策过程中最具决定性的一个阶段，因为消费者要考虑三个因素：购买地点、购买条件、购买有效性。

（1）购买地点的选择要素，包括店面位置、商店形象、售价水准、相关服务等，而无店面则以形象、价格、时间和便利为选择考虑因素。

（2）购买条件指的是价格和付款方式，付款方式是指付现、短期偿付、长期偿付等。

（3）购买有效性与零食商的手中存货及运送有关，手中存货是指一个购买点所拥有的存货量，运送是指一个商品从订购到收货的时间，以及货物送达的难易与否。一旦消费者在上述三要素上得到满足，商品或服务就会被购买。

3.4.6　购后行为

购买商品或服务后，消费者通常会有购后行为，这种行为分为两类，一类是进一步购买，另一类是评估。在很多情况下，买了商品或服务之后，都会进一步购买互补商品。如，消费者购买一套西装后，通常会再买新衬衫或领带；消费者购进一台计算机，就会再买音响、软件等。另外，消费者也可以再次评估其所购买的产品或服务，如，和原先所承诺的是否一样，商品真正的属性与期望是否吻合等。若是评估满意，能使顾客满足，当产品或服务用完时消费者会再次购买此产品，并对有兴趣的朋友介绍此产品或服务。若评估不满意则会带给顾客不快乐的感受，当产品或服务用完时消费者会到别家购买，也不会对别人称赞。

3.5 不同消费群体的消费特征

3.5.1 青年消费者的消费心理特征

我国的青年消费者人口众多，也是所有企业竞相争夺的主要消费对象。因此，了解青年消费者的消费心理特征，对于店铺的经营和发展具有极其重要的意义。

"码"上看：扫码阅读《洞察"Z世代"消费趋势》

1. 追求时尚和新颖

青年人的特点是热情奔放、思想活跃、富于幻想、喜欢冒险，这些特点反映在消费心理上，就是追求时尚和新颖，喜欢购买一些新的产品，尝试新的生活。在他们的带领下，消费时尚就会逐渐形成。

2. 表现自我和体现个性

这一时期，青年人的自我意识日益加强，强烈地追求独立自主。在做任何事情时，都力图表现出自我个性。这一心理特征反映在消费行为上，就是喜欢购买一些具有特色的商品，而且这些商品最好能体现自己的个性特征，对那些一般化、不能表现自我个性的商品，他们一般都不屑一顾。

3. 容易冲动和注重情感

由于人生阅历并不丰富，青年人对事物的分析判断能力还没有完全成熟，他们的思想感情、兴趣爱好、个性特征还不完全稳定。因此，在处理事情时，他们往往容易感情用事，甚至产生冲动行为。他们的这种心理特征表现在消费行为上，那就是容易产生冲动性购买。在选择商品时，感情因素占了主导地位，他们往往以能否满足自己的情感愿望来决定对商品的好恶，只要自己喜欢的东西，一定会想方设法，迅速做出购买决策。

"码"上看：扫码阅读《2020 年轻人群酒水消费洞察报告》

3.5.2　中年消费者的消费心理特征

中年人的心理已经相当成熟，个性表现比较稳定，他们不再像青年人那样爱冲动、爱感情用事，而是能够有条不紊、理智分析处理问题。中年人的这一心理特征在他们的购买行为中也有同样的表现。

1. 购买的理智性胜于冲动性

随着年龄的增长，青年时的冲动情绪渐渐趋于平稳，理智逐渐支配行动。中年人的这一心理特征表现在购买决策心理和行动中，使得他们在选购商品时，很少受商品的外观因素影响，而比较注重商品的内在质量和性能，往往经过分析、比较以后，才做出购买决定，尽量使自己的购买行为合理、正确、可行，很少有冲动、随意购买的行为。

2. 购买的计划性多于盲目性

中年人虽然掌握着家庭中大部分收入和积蓄，但由于他们上要赡养父母，下要养育子女，肩上的担子非常沉重。他们中的多数人懂得量入为出的消费原则，开支很少有像青年人那样随随便便、无牵无挂、盲目购买。因此，中年人在购买商品前常常对商品的品牌、价位、性能要求乃至购买的时间、地点都妥善安排，做到心中有数，对不需要和不合适的商品他们绝不购买，很少有计划外的开支。

3. 购买求实用，节俭心理较强

中年人不再像青年人那样追求时尚，生活的重担、经济收入的压力使他们越来越实际，买一款实实在在的商品成为多数中年人的购买决策心理和行为。因此，中年人更多的是关注商品的结构是否合理，使用是否方便，是否经济耐用、省时省力，能够切实减轻家务负担。当然，中年人也会被新产品所吸引，但他们更多的是关心新产品是否比同类旧产品更具实用性。商品的实际效用、合适的价格与较好的外观，是引起中年消费者购买的动因。

4. 购买有主见，不受外界影响

由于中年人的购买行为具有理智性和计划性的心理特征，因而他们做事大多很有主见。他们经验丰富，对商品的鉴别能力很强，大多愿意挑选自己所喜欢的商品，对于营业员的推荐与介绍有一定的判断和分析能力，对于广告一类的宣传也有很强的评判能力，受广告这类宣传手段的影响较小。

5. 购买随俗求稳，注重商品的便利性

中年人不像青年人那样完全根据个人爱好进行购买，不再追求丰富多彩的个人生活用品，需求逐渐稳定。他们更关注别的顾客对该商品的看法，宁可压抑个人爱好而表现得随俗，喜欢买一款大众化的、易于被接受的商品，尽量不使人感到自己花样翻新和不够稳重。

由于中年人的工作、生活负担较重，工作劳累以后，希望减轻家务负担，故而十分欢迎具有便利性的商品。如减轻劳务的自动化耐用消费品、半成品、现成的食品等，这些商品往往能被中年顾客认可并促成购买行为。

3.5.3 老年消费者的消费心理特征

20 世纪 90 年代后，中国发生了巨大的变化，人民的生活水平大幅度提高，生活方式和消费习惯也悄然发生变化。老年人的思想观念和行为方式也不可避免地受到影响。许多调查发现，老年消费群体的消费观念、消费方式和消费行为，已经表现出不同于过去的诸多变化。

1. 消费观念年轻化

老年消费群体以前总是被描述为，具有较高的品牌忠诚度，对新生事物的接受程度较低，对时尚和流行不感兴趣，广告和促销活动对他们的影响不大。现今，老年消费者的消费观念已经发生了重大变化，如，更乐意接受新生事物，广告在老年人的消费过程中扮演着越来越重要的角色，越来越注重打扮和穿着，开始接受一些新出现的零售业态。总之，老年消费者的心态越来越年轻，消费观念也越来越向年轻人靠拢。

2. 消费心理成熟化

心理学家认为，人的年龄越大，差别就越大，要找到老年人心理的共同点是不容易的。但是，老年人在心理上还是具有共同点的，如，希望长寿，希望生活安定幸福，希望受到尊重，希望为社会发挥余热，害怕孤独等。通常我们将消费者行为划分为六种类型，即习惯型、经济型、理智型、冲动型、想象型和不定型。通常老年消费者被划分为习惯型和理智型的消费者。老年消费者的习惯性消费特点，是由于他们多年的消费实践造成的。他们既积累了丰富的消费经验，又逐渐形成了固定不变的消费习惯和购买习惯，且不会轻易改变这种习惯。另外，老年消费者也多是理智型的消费者。他们会多家选择并充分考虑各种因素，购买自己满意的商品。我们还发现，经济型的老年消费者占比并不高。老年消费者经历过较长时间的并不富裕的生活，他们生活一般都很节俭，价格便宜对他们有一定的吸引力。但是，老年消费者在购买商品时也不是一味追求低价格，品质和实用性才是他们考虑的真正因素。当质量和价格不能兼顾的时候，老年消费者会更倾向于质量。

3. 家庭消费决策角色弱化

在中国的家庭消费中，个人的购买行为往往取决于家庭中长者的决定，这是对中国传统家庭消费特征的描述。但目前的实际情况是，老年消费者的家庭角色已经明显弱化。这种弱化是由多种因素造成的。一是青年人收入的提高，提升了其在家庭中的经济地位，青年人在家庭购买决策中的地位也得以提升。二是中国传统的尊长观念，已开始不再适用于家庭消费决策中。由于现代家庭的很多用品，越来越复杂，技术含量越来越高，对消费者在购买鉴别和选择上提出了更高的要求，很多老年人不愿意操这些心，就放手让年轻人自己去决定。子女独自对一些家庭用品的购买做出决策，并不表明他们不再尊重长辈。

4. 补偿心理强化

老年消费者的补偿性消费心理，在过去很长一段时间内受到了压抑。而在现阶段，老年人补偿性消费的特征表现得尤为明显。比如，在许多经济发展水平较高地区，出现重新补拍结婚照的热潮，许多20世纪五六十年代结婚的老年人，重披婚纱，感受现代生活气息，以补偿过去年代由于过于朴素而留下的某些遗憾。又比如，很多地区的老年人充分利用退休和子女成人后的闲暇时间，组团去全国甚至世界各地旅游，更好地享受生活乐趣。

5. “隔代”消费比重大

中国老年消费者的补偿心理，还有一个重要而特别的方面，就是“隔代”消费比重大。复旦大学的调查显示，老年消费者用于隔代子女的消费仅次于满足自身需要的消费。由于中国传统观念的影响，许多老年人认为，继续照顾第三代人是他们的责任和义务，所以老年人往往将情感倾注到孙辈身上。为了弥补自己年轻时由于经济能力有限等方面的原因，造成花在子女身上的消费相对较少的遗憾，老年人在对第三代人的消费上显得尤为大方，他们往往不太注重产品的价格等因素，甚至倾向于购买高价格产品。

“码”上看：扫码阅读《2019中国银发经济消费市场研究报告》

3.5.4 男性消费者的消费心理特征

1. 动机形成迅速，具有较强的自信

男性的个性与女性的主要区别之一，就是具有较强理智和自信。他们善于控制自己的情绪，处理问题时能够冷静地权衡各方利弊，从大局着想。有的男性，则把自己看作是能力和力量的化身，具有较强的独立性和自尊心。这些个性特点也直接影响他们在购买过

程中的心理。因此，购买动机形成要比女性果断迅速，并能立即导致购买行为。即使是处在比较复杂的情况下，如当几种购买动机发生矛盾冲突时，也能果断处理，并迅速做出决策。许多男性购买商品时，对某些细节不予追究，也不喜欢花较多的时间去比较、挑选，即使买到稍有毛病的商品，只要无关大局，也不去计较。

2. 购买动机具有被动性

就普遍意义讲，男性消费者不如女性消费者经常料理家务，照顾小孩。因此，购买活动远远不如女性频繁，购买动机也不如女性强烈，比较被动。在许多情况下，购买动机的形成，往往是由于外界因素的作用，如家人的嘱咐、朋友的委托、工作的需要等，动机的主动性和灵活性都比较差。我们常常看到这种情况，许多男性顾客在购买商品时，事先记好所要购买的商品品名、式样、规格等，如果商品符合他们的要求，则采取购买行动，否则，就放弃购买。

3. 购买动机感情色彩比较淡薄

男性消费者在购买活动中，心境的变化不如女性强烈，不喜欢联想和幻想。相应地，感情色彩也比较淡薄。所以，当动机形成后，稳定性较好，其购买行为也比较有规律。即使他们出现冲动性购买，也往往自信决策准确，很少反悔退货。另外，男性消费者的审美观与女性有明显的差别，这对他们消费动机的形成也有很大影响。如，有的男性认为，男性的特征是粗犷有力，因此，他们在购买商品时往往对具有明显男性特征的商品感兴趣，如烟、酒、服装等。

3.5.5 女性消费者的消费心理特征

在现代社会，谁抓住了女性，谁就抓住了赚钱的机会。据统计，在美国，女性是绝大多数家庭中的主要采购者，70%～85% 的日用品和耐用品，如电冰箱等家用电器和汽车等，都由女性购买。除了那些如电子产品、金融服务、科技业等一向锁定男性为核心消费群的行业，其他行业都把女性视为主要的目标客户群。在中国，情况与美国类似。据国内一家女性调查中心所做的调查显示，我国的女性消费者不仅对自己所需的消费品做购买决策，在家庭中，作为母亲、妻子、女儿、主妇等多重角色的她们，也是绝大多数儿童用品、老人用品、男性用品、家庭用品的购买者。女性不仅自己爱美，她们还注意丈夫、恋人、儿女和父母的形象，因此，商品的流行大多是随着女性的审美观变化而变化着。店铺在市场销售中，应当充分重视女性消费者的重要性，研究女性，尤其是新女性，可以洞悉社会消费心理的变化和趋势，挖掘女性消费市场。女性消费者一般具有以下消费心理：

1. 追求时髦

不论是青年女子，还是中老年女性，她们都愿意将自己打扮得美丽一些，充分展现自己的女性魅力。尽管不同年龄层次的女性具有不同的消费心理，但是她们在购买某种商品时，首先想到的就是，这种商品能否展现自己的美，能否增加自己的形象美，使自己显得更加年轻和富有魅力。例如，她们往往喜欢造型别致、包装华丽、气味芬芳的商品。

2. 追求美观

女性消费者还非常注重商品的外观，将外观与商品的质量、价格当成同样重要的因素来看待，因此在挑选商品时，她们会非常注重商品的色彩、式样。

3. 感情强烈，喜欢从众

女性一般具有比较强烈的情感特征，这种心理特征表现在商品消费中，主要是用情感支配购买动机和购买行为。同时，她们经常受到同伴的影响，喜欢购买和他人一样的东西。

4. 喜欢炫耀，自尊心强

对于许多女性消费者来说，之所以购买商品，除了满足基本需要之外，还有可能是为了显示自己的社会地位，向别人炫耀自己的与众不同。在这种心理的驱使下，她们会追求高档产品，而不注重商品的实用性，只要能显示自己的身份和地位，她们就会乐意购买。

“码”上看：扫码阅读《解锁“她经济”》

本章小结

（1）零售顾客的市场细分，主要依据为地理、人口、心理和行为四个变量。

（2）零售顾客的商品消费需求，主要包括对基本功能、质量性能、安全性能、消费便利、审美功能、情感功能、社会象征性、良好服务等维度的消费需求。

（3）零售顾客的消费动机，分为求实、求名、求新、求美、好胜、炫耀、实惠、平等、求便、嗜好等动机类型。

（4）零售顾客的消费决策过程，包括接受刺激、问题察觉、信息搜集、可行方案评估、购买、购后行为六个步骤。

（5）不同消费群体，表现出不同的消费心理特征。青年、中年和老年，男性和女性，不同消费群体的消费特征差异明显。

术语及热词

供应商　给零售店供应商品的个人或法人，可以是农民、生产基地、制造商、代理商、批发商、进口商等。一个零售店的供应商以500～700家为宜。供应商过少，供应链容易被垄断，但供应商过多，则采购量分散，采购价格没有优势，且订单处理程序复杂，流通费用过高。

中产阶级 是指低层次的生理和安全需求得到满足，中等层次的感情和尊重需求也得到了较好满足，达不到追求高层次的自我实现需求的阶级（或阶层）。中产阶级一般受过良好教育，主要靠工资及薪金谋生，具有专业知识、较强的职业能力及相应的家庭消费能力，有一定的闲暇，追求生活质量。

小镇青年 出生在三四线及以下的县城、乡镇，在老家生活工作，或前往大城市及省会周边城市打拼的青年。

都市新蓝领 指工作、生活在二线或以上城市，为城市日常运转贡献力量的基层工作者，包括销售、房产经纪人、保安、美容美发师、快递员等职业人群，也涵盖了部分基层白领工作者。新蓝领人群不包括传统的工厂工人、建筑工人等。

Z世代 意指在1995～2009年间出生的人，又称网络世代、互联网世代。统指受到互联网、即时通信、智能手机和平板电脑等科技产物影响很大的一代人。

单身贵族 指没有固定伴侣、没有子女又富有的人，多指上述情况的白领阶层，即比较年轻且各方面条件比较优越的独身成年人。

潮男 那些拥有强烈的美感触觉，并且会花大量的时间和金钱在他的外表，及生活方式上有任意倾向的都市男性。21世纪初，这个词也被广泛地应用在报纸、杂志等媒体上，泛指注重外表的都市男性。

国货 是本国出产或制造的物品。

数字化生活 数字技术正在改变人类所赖以生存的社会环境，也带来了人类生活和工作方式的巨大变化。这种由数字技术和数字化产品带来的，全新的和更丰富多彩的，具有更多自由度的生活方式，被称为数字化生活。

全渠道 就是为了满足消费者任何时候、任何地点、任何方式购买的需求，企业采取实体渠道、电子商务渠道和移动电子商务渠道整合的方式销售商品或服务，提供给顾客无差别的购买体验。

思考讨论

1. 你喜欢哪个零售商？为什么？
2. 实体零售商的合伙人制度有哪些利弊？能走多远？
3. 名创优品的产业链是如何炼成的？
4. 零售商为顾客提供的附加服务越多越好吗？

小试身手

选择当地一家有特色的零售店铺，结合观察法和问卷调查法，调查并分析该店的顾客消费行为。

课外阅读推荐

[1] 三浦展 . 极简主义者的崛起 [M]. 陶小军，张永亮，译 . 北京：东方出版社，2018.

[2] 陈继展 . 百货零售全渠道营销策略（实体渠道 + 线上渠道 + 移动端渠道）[M]. 北京：企业管理出版社，2017.

[3] 昂德希尔 . 顾客为什么会购买（珍藏版）[M]. 缪青青，刘尚焱，译 . 北京：中信出版集团，2016.

[4] 增田宗昭 . 茑屋经营哲学 [M]. 袁小雅，译 . 北京：中信出版集团，2018.

[5] 郑指梁，吕永丰 . 合伙人制度：有效激励而不失控制权是怎样实现的 [M]. 北京：清华大学出版社，2017.

PART2 第二篇

传统零售管理

第 4 章 CHAPTER4

店铺选址

学习目标

掌握：商圈的调查与分析要点；商圈的测定与划分方法；店址评估的主要考虑要素和方法。

理解：商圈的含义及特征；影响商圈大小的主要因素；不同选址类型的优劣势。

了解：商圈的形态；选址的原则；选址的技巧。

引导案例

当当实体书店的不同定位

当当实体书店设计了 3 条产品线：当当书吧、当当阅界、当当车站。它们分别代表了 3 种不同定位，当当书吧，针对图书层级要求并不高的大众群体，主要选址在超市，平均面积 100～300 平方米。当当阅界，则面向文青白领人群，与购物中心合作，寻求租金减免和装修补贴，平均面积 1 000～2 000 平方米。当当车站，针对需求更广的客群，与大型商业地产合作，面积 3 000 平方米以上，商业模式是由单一经营商品转向经营人群，通过活动形成社交平台，提供个性化服务等。

资料来源：当当，搜狐号，https://www.sohu.com/a/161505785_210196.

传统零售业是地利性产业，商圈与零售商的经营活动有着极为密切的关系。不论零售商主观努力程度如何，零售店吸引顾客或获得营业的地理区域、范围，对零售商的经营效果有着极大的影响。地理位置的优势会给零售商带来高收益，因而店址的选择是零售商的一项重要战略决策。

4.1 商圈的调查与分析

商圈的调查与分析的目的，是了解商圈范围内顾客及竞争对手的状况，以及可能影响销售的其他因素，从而测定店铺的未来销售情况。

4.1.1 商圈的含义及特征

商圈，是指店铺能够有效吸引顾客来店的地理区域，即以零售店铺所在地为中心，沿着一定的方向和距离扩展，吸引顾客的辐射范围。商圈具有不规则性、重叠性、动态性、层次性等特征。

1. 不规则性

交通和购物环境等因素影响着购物者到某个区域购物的可能性，如，公交站点的设立、过街天桥的位置、道路隔离栏的设置、道路的宽窄等，这就使商圈形状并非呈同心圆形，而表现为各种不规则的多角形。

2. 重叠性

有些商圈与商圈之间没有明显的界线划分，经常会在两个商圈的次级或边缘处发生重叠。重叠区域内的顾客，可以有选择性地到任何一个商店购物。这种可能性的大小，取决于该商圈购物的吸引力和抵达该商圈的各种阻碍因素。

3. 动态性

商圈的大小，也不是一直不变的。受到店铺规模、信誉、竞争对手、促销策略、交通状况、顾客购物行为等多种因素影响，同一家店铺的商圈辐射范围，会随时间而发生动态变化。因此，分析零售商圈就是分析顾客。商圈是企业努力争取的，不是别人为企业划定的。另外，同一时间，不同店铺即便位于同一商业区或购物中心内，由于商店类型不同，其商圈的辐射范围也会有所不同。

4. 层次性

顾客到商圈购物会受到多方面的因素影响，若到店购物所受到的阻碍因素增加，其到店消费的可能性随之减小，这便使商圈表现出层次性。商圈通常包括核心商圈、次级商圈和边缘商圈 3 个层次。核心商圈，这是最接近店铺、拥有高密度顾客群的区域，通常店铺 55%～70% 的顾客来自核心商圈。商店附近的常住人口，是核心商圈内基本顾客的主要来源。次级商圈，位于核心商圈之外，是顾客密度较稀的区域，拥有店铺 15%～25% 的顾客。那些不住在零售店附近而工作地点在零售店附近的工作人口，利用上下班就近购买商品，是次级商圈中基本顾客的主要来源。边缘商圈，是位于次级商圈以外的区域，顾客分布最稀少。吸引力较弱、规模较小的店铺，在此区域内几乎没有顾客。交通要道、商业繁华地区、公共活动场所过往的流动人口，是构成边缘商圈的顾客基础。

4.1.2 影响商圈大小的主要因素

1. 店铺的经营特征

经营同类商品的两个店铺，即便同处一个地区的同一条街道，其对顾客的吸引力也会有所差异，相应的商圈规模也不一致。那些经营灵活、产品有特色又齐全、服务周到、形象良好的店铺，商圈大；反之，商圈小。

2. 店铺的经营规模

商圈随着店铺经营规模的扩大而扩大。因为规模越大，供应的商品范围越宽，花色品种也越齐全，因此可以吸引顾客的空间范围也就越大。但是要注意，商圈范围虽因经营规模而增大，但并非成比例增加。

3. 店铺的商品经营种类

经营传统商品和日用品的店铺的商圈，比经营技术性强的选购商品、耐用品和特殊品的店铺的商圈要小。

4. 竞争店铺的位置

相互竞争的两店之间距离越大，它们各自的商圈也越大。如潜在顾客居于两家同行业店铺之间，各自店铺分别会吸引一部分潜在顾客，造成客流分散，商圈都会因此而缩小。但有些相互竞争的店铺毗邻而设，顾客因有较多的比较和选择机会，而被吸引过来，则商圈反而会因竞争而扩大。

5. 顾客的流动性

随着顾客流动性的增长，光顾店铺的顾客来源会更广泛，边缘商圈因此而扩大，店铺的整个商圈规模也就会扩大。

6. 交通地理状况

交通地理条件，是影响商圈规模的一个主要因素。位于交通便利地区的店铺，商圈规模会因此扩大，反之其商圈范围的延伸则受到了限制。自然和人为的地理障碍，如山脉、河流、铁路以及高速公路，都会无情地截断商圈的界线，成为商圈规模扩大的巨大障碍。

7. 店铺的促销手段

店铺可以通过广告宣传、公关活动、人员推销与营业推广活动，不断扩大知名度和影响力，吸引更多的边缘商圈顾客慕名光顾，随之店铺的商圈规模会骤然扩张。

“码”上看：扫码阅读《公园式商业的特点总结》

4.1.3　商圈的形态

商圈的形态是指商圈所具有的地理性形状。它取决于交通枢纽、自然性、社会性、行政区划界线、竞争店铺位置等。商圈通常有以下几种常见形态：

1. 商业区

商业集中的地区。其特色为商圈大、流动人口多、各种商店林立、繁华热闹，其消费具有快速、流行、娱乐性强、冲动购买，以及消费金额较高等特点。

2. 住宅区

住宅区住户数量至少在 1 000 户以上。消费群体较为稳定，讲究便利性和亲切感，家庭用品购买率高。

3. 文教区

文教区附近有一所或一所以上的学校，该区消费群以学生居多，消费金额普遍不高，但果汁类饮品购买率高。

4. 办公区

办公区是指办公大楼林立的地区。其消费特点为便利性、在外就餐人口多、消费水平较高。

5. 工业区

工业区的消费者一般为打工一族，消费水平较低，但消费总量较大。

6. 混合区

混合区分为商住混合区、教住混合区、工商混合区等。混合区商圈往往含有多种商圈类型，消费者具有多元化的消费习性。

案例 4-1

深圳后海汇——圈定“Z 世代”

深圳后海汇，位于深圳南山区后海 CBD，商业面积约 7.2 万平方米。深圳作为我国最年轻的一线城市，会聚了来自四面八方的年轻人。而深圳后海汇所在的南山区，更被喻为我国最具“硅谷气质”的城区生机之地。在 2019 年南山区两会陈述中，南山区在 2018 年 GDP 到达 5 018 亿元，是广东省经济实力最强的市辖区，科技实力也居全国首位。作为南山区未来发展中心的后海是全球企业的总部经济基地，全球领先的科创企业例如腾讯等多家公司总部都驻守于此。深圳后海汇项目 4 千米范围内工作人口约 59 万人，16～35 岁人群数量超百万，包括高知人群、斜杠青年、新潮年轻爸爸妈妈等新式人类代表。这也就意味着，项目周边蕴藏极大的经济消费潜力，其有着更为宽广的商业幻想空间。

资料来源：新N营销，http://www.resinasyfibracancun.com/finance/20190613/4314.html.

4.1.4 商圈调查与分析的要点

在确定商圈之前，要做相关调查和分析，调查与分析的要点如下：

（1）店铺所在地区平面图。以店铺为圆心，半径分别为1千米、3千米、5千米范围内的各居委会辖区、各居民小区、村镇、各大机关团体单位、学校、各业态竞争店、农贸市场、餐饮业所在地等。

（2）各商圈内居委会辖区、居民小区、村镇家庭数、常住人口数及常住人口收入水平、就业位置、主要职业、外来人口数及外来人口大致收入水平、主要购物场所、交通状况等。

（3）新建小区规划情况、入住率、大致收入水平、未来发展趋势。

（4）各商圈内的机关团体、学校、企业，它们的占地面积、性质、职工人数、平均收入、食堂就餐人数、效益情况、距离、职工的以往购物去向。

（5）各商圈内的竞争店、农贸市场、餐饮业，它们的业态、销售额、经营品类、营业面积、结构、客流量、客单价、日均销售额、价格水平、企业性质、停车场规模。

（6）店铺自身营业面积、现有经营品类、历史销售额、各大类所占比重、停车场面积。

（7）店铺自身客流情况、门前客流、车流情况、各时段客流的构成、购买商品构成及大体客单价。

4.1.5 商圈的测定与划分

商圈的划定方法，对于已经建立的商店和新开设的商店，各有不同。

1. 已建商店的商圈测定

对于已经建立的商店，其可以通过会员卡记录、邮寄地址、抽样调查记录、送货上门登记、售后服务登记、顾客意见征询等途径，搜集有关顾客的居住地点资料，并从资料分析中，掌握本商店客流量的大小，哪些是固定消费群体，哪些是流动顾客。商店可根据固定消费者的住址，在地图上加以标明，即可测定商圈的地理范围和形态，并可详细分析出商店的主要商圈、次级商圈和边缘商圈。如，北京当代商城对顾客实行优惠卡制度。凡在一年内购物满5 000元以上的顾客，均可享受北京当代商城的优惠待遇，每个被优惠的顾客均留有详细的档案，记录在该店电脑中。商店便可以根据这些资料了解基本顾客的地址，并将其在地图上标明，将最远点相连，得到的外周边线即是其商圈的边界线。

例如：某商城是一个 30 000 平方米的现代商场，于 1995 年开业。为了测定自己的商圈，该商城 10 月选择了两个节假日和两个工作日进行顾客抽样调查，发放问卷 3 000 份。经过分析问卷，商城了解到其顾客中 50% 来自北京海淀中关村 1 千米区域；30% 的顾客来自朝阳区北三环和北四环附近，其余 20% 的顾客来自京郊北部。因此，该商城的基本商圈为东至北三环，西至中国人民大学西门，北至颐和园，南至动物园约 1～5 千米半径的商圈。

☞ 零售风流人物

谢尔盖·加利茨基

Magnit 的创始人

“很多人都劝我去莫斯科和圣彼得堡这样的大城市做生意，但我觉得小城市一样有广阔的市场前景。”

1967 年，谢尔盖·加利茨基（Sergei Galitsky）出生在索契的郊区，1993 年从俄罗斯库班国立大学经济系毕业。1994 年，谢尔盖在克拉斯诺达尔市创立了 Magnit 的第一家线下门店，当时的主要业务是批发香水和化妆品，这家店很快成长为俄罗斯最主要的香水和化妆品批发商之一。而后，Magnit 开始涉足食品零售业务，并于 1998 年开业了第一家便利超市店。2001 年开始，Magnit 启动了跨省扩张历程，到 2005 年年底已经在全国拥有了 1 500 家门店，并不断强化对运营的精细化管理。在 2006 年成功上市后，Magnit 的战略重点开始由大规模扩张向提升毛利率和探索多元化业态转变，其标志便是大卖场和便利超市双管齐下。到了 2009 年，公司正式成为俄罗斯食品零售行业的龙头企业。2010 年以来，Magnit 将门店扩张到气候颇为恶劣的西伯利亚和乌拉尔地区，让那里为数不多的居民也成为自己的用户。其间，Magnit 还开始自营生产西红柿、黄瓜等蔬菜，并开设了药妆店。发展到今天，Magnit 已经成为集便利超市、大卖场、药妆店与家庭店为一体的零售超级航母，成为俄罗斯最大的超市。而谢尔盖·加利茨基获得成功的主要原因就是自创立起就将俄罗斯农村地区作为主攻对象，有大约 2/3 的门店都设立在人口规模少于 50 万的小村镇之中，可以说，Magnit 是一家名副其实的“农村连锁超市”。

资料来源：电影电视剧娱乐，百度百家号，https://baijiahao.baidu.com/s?id=1623602979407787969&wfr=spider&for=pc.

2. 新建商店的商圈测定

对于新建的商店，没有可借鉴的历史资料，划定商圈主要根据当地市场的销售潜力。具体如下：

（1）人口规模及特征。包括：人口总量和分布密度、年龄结构、平均教育水平、职业构成、人口变化趋势，等等。

（2）经济情况。包括：产业结构、生产总值、人均可支配收入水平、拥有住房的居民百分比、城市化程度，等等。

（3）政策法规。包括：税收、营业限制、最低工资标准、规划限制，等等。

（4）劳动力保障。包括：劳动力供给、管理人员资源、人员结构、工资水平，等等。

（5）供货来源。包括：制造商和批发商数目、供应商的可获得性与可靠性、商品运输成本、运输与供货时间，等等。

（6）促销活动。包括：媒体的可获得性与传达频率、成本与经费情况等。

（7）商店区位的可获得性。包括：城市规划、区位的类型与数目、交通便利情况、自建与租借店铺的机会大小、必要的停车条件，等等。

（8）竞争情况。包括：现有竞争者的商业形式、位置、数量、规模、营业额、营业方针、经营品类、服务对象，所有竞争者的优势与劣势，竞争的短期与长期变化，饱和程度，等等。

案例 4-2

寺库逆袭的背后

寺库是亚洲最大的奢侈品电商。运营 9 年来，寺库注册用户超过 1 800 万，SKU 超过 30 万。寺库的网站成交金额在亚洲在线奢侈品一体化产品和服务市场排名第一。寺库“新生活”的“5+2+1”战略，专注于高端消费人群的极致服务体验，并抓住线下体验与渠道下沉的两大红利。

寺库在国内非一线城市，新增五家体验中心。如今，一线城市奢侈品消费已逐渐饱和，琳琅满目的奢侈品商场随处可见。反观二三线城市，奢侈品的供给远未能满足当地日益高涨的消费需求。五大体验中心落地，恰恰能够填补奢侈品在二三线市场的空白。

寺库携手温德姆和碧桂园两大高端酒店，定制“专属套房”计划，重构高端用户的旅行体验，将高端消费场景扩展至酒店。这意味着，以后用户可以在出发前，提前在 App 下单，购买所需衣物，寺库会将物品放到合作酒店房间，让用户轻松上阵，说走就走。

寺库与范思哲、Diane Von Furstenberg 为代表的近 30 家知名品牌深度合作，将供应链打通，为用户带来线上下单、门店提货的快感，让用户线上线下享受到一样极致便捷的消费体验。

寺库与百盛集团联手，整合各自的优势资源，加速新零售战略，将“概念化”过渡为“实体化”，重构奢侈品的“人、货、场”，进一步优化用户体验。

资料来源：钱皓，搜狐号，https://mp.sohu.com/profile?xpt=MTg5MDEyNDYxNEBzaW5hLnNvaHUuY29t&_f=index_pagemp_1&spm=smpc.content%2F191_3.author.1.1611889718075aoBLjoA.

3. 经典的商圈测定方法

（1）雷利法则。

美国学者威廉 · J. 雷利利用三年时间，调查了美国 150 个城市，在 1931 年根据牛顿的万有引力理论，提出了零售引力规律，总结出都市人口与零售引力的相互关系，被称为雷利法则或雷利零售引力法则。雷利认为，一个城市对周围地区的吸引力，与它的规模成正比，与它们之间的距离成反比。此法则用以解释根据城市规模建立的商品零售区。假定A、B两个城市，有多少消费者会去A城市或去B城市购物？以此表明A、B两城市的零售吸引力有多大。

雷利法则的公式为：

$$D_{ab}=\frac{d}{1+\sqrt{\frac{P_b}{P_a}}} \tag{4-1}$$

D_{ab}为A城市的商圈边界；

d为A城市到B城市的距离；

P_a为A城市的人口数；

P_b为B城市的人口数。

例：假设城市A有15万人，城市B有8万人，两个城市的距离为30千米，那么，两个城市的商圈各是多少？

A城市的商圈：

$$D_{ab}=\frac{30}{1+\sqrt{\frac{8}{15}}}=17.34\text{（千米）}$$

B城市的商圈：

$$D_{ba}=\frac{30}{1+\sqrt{\frac{15}{8}}}=12.66\text{（千米）}$$

雷利法则揭示：大城市的吸引力要大于小城市的吸引力。或者，大城市的商圈要大于小城市的商圈。

雷利法则的假设前提是：①两城市主要道路交通易达性一样。②两城市的零售店经营绩效无多大差异。③两城市人口分布相似。

雷利法则的局限性如下：①只考虑距离，未考虑其他交通状况，如不同交通工具、交通障碍等。若以顾客前往商店所花费的交通时间来衡量会更适合。②顾客的感知距离会受购物经验的影响，如品牌、服务态度、设施等。通常以往的购物经验会使顾客愿意走更远的路。③因消费水准的不同，人口数有时并不具有代表性，改为以销售额来判断，更能反映其吸引力。

（2）科亨·阿普波姆法则。

科亨·阿普波姆法则是雷利法则的改进。日本有关专家认为，雷利法则只适合于计算耐用品、专门用品的商圈分界点，而不太适用于计算日用品商圈。阿普波姆的创新性在于：①把两地的销售场地面积作为影响因素之一，舍弃了人口方面的影响因素；②将两地之间的距离换算为小汽车行驶时间，更符合现代社会的特点。

科亨·阿普波姆法则的计算公式为：

$$D_a = \frac{D_a + D_b}{1 + \sqrt{\frac{P_b}{P_a}}} \tag{4-2}$$

D_a 为 a 地到商圈分界点的时间距离（小汽车行驶时间）；

D_a+D_b 为两地之间的距离（小汽车行驶时间）；

P_a 为 a 地的销售面积；

P_b 为 b 地的销售面积。

例：两地距离时间为 40 分钟，P_a=1 000 米，P_b=9 000 米，则商圈分界点在距离 a 地 10 分钟行车距离的地方。具体计算如下：

$$D_a = \frac{40}{1 + \sqrt{\frac{9\,000}{1\,000}}} = 10（分钟）$$

（3）哈夫模型。

美国加利福尼亚大学的经济学者戴维·哈夫教授于 1963 年提出了关于预测城市区域内商圈规模的模型——哈夫模型。哈夫认为，商店商圈规模大小，与购物场所对消费者的吸引力成正比，与消费者去消费场所感觉的时间距离阻力成反比。哈夫模型区别于其他模型的不同在于，模型中考虑到了各种条件产生的概率情况。

哈夫从消费者的立场出发，认为消费者前往某一商业设施消费的概率，取决于该商业设施的营业面积和时间两个主要要素。一般而言，消费者更愿意去具有消费吸引力的商店购物，这些有吸引力的商店，通常卖场面积大，商品可选择性强，商品品牌知名度高，促销活动更具有吸引力；而相反，如果前往该店的距离较远，交通系统不够通畅，消费者就会比较犹豫。商业设施的营业面积的大小，反映了该商店商品的丰富性、商店的品牌质量、促销活动和信誉等，从居住地到该商业设施的时间长短，反映了顾客到目的地的方便性。同时，哈夫模型中还考虑到不同地区商业设备、不同性质商品的利用概率。

哈夫模型计算店铺吸引力的公式如下：

$$A_{ij} = \frac{S_j^a}{D_{ij}^b} \tag{4-3}$$

A_{ij} 为店铺 j 对顾客 i 的吸引力；

S_j 为店铺的规模；

D_{ij} 为顾客 i 到店铺 j 的距离和花费的时间；

a 为顾客对店铺规模的敏感性参数；

b 为顾客对距离或花费时间的敏感性参数；

P_{ij} 等于店铺 j 对顾客的吸引力除以该地区所有同类店铺对顾客的吸引力之和。

哈夫模型计算顾客到店概率的公式如下：

$$P_{ij}=\frac{\dfrac{S_j^a}{D_{ij}^b}}{\sum\dfrac{S_j^a}{D_{ij}^b}}=\frac{A_{ij}}{\sum A_{ij}} \tag{4-4}$$

P_{ij} 为顾客到店铺 j 的概率。

例：假如一个顾客有机会在 3 个店铺中任何一个店铺购物，这 3 个店铺的规模及与这个顾客居住地的距离如表 4-1（假设 $a=1$，$b=2$）：

表 4-1　店铺规模、距离情况表

项　目	A 店铺	B 店铺	C 店铺
店铺规模（平方米）	6 000	8 000	5 000
店铺与顾客的距离（千米）	4	7	3

A 店铺的吸引力 $=\dfrac{6\,000^1}{4^2}=375$

B 店铺的吸引力 $=\dfrac{8\,000^1}{7^2}=163.3$

C 店铺的吸引力 $=\dfrac{5\,000^1}{3^2}=555.56$

$$\sum A_{ij}=375+163.3+555.56=1\,093.86$$

顾客到 A 店铺的概率

$$P=375\,/\,1\,093.86=0.34$$

顾客到 B 店铺的概率

$$P=163.3\,/\,1\,093.86=0.149$$

顾客到 C 店铺的概率

$$P=555.56\,/\,1\,093.86=0.508$$

哈夫模型的假设前提是：①消费者光顾卖场的概率会因零售店卖场面积而变化，卖场面积同时代表商品的齐全度及用途的多样化。②消费者会因购物动机而走进零售店卖场。③消费者到某一零售店卖场购物的概率，受其他竞争店的影响，竞争店越多，概率越小。

哈夫模型的贡献如下：①哈夫模型的最大特点是更接近于实际，他将过去以城市为单位的商圈理论，具体到以商业街、百货店、超级市场为单位，综合考虑人口、距离、零售面积等多种因素，将各个商圈地带间的引力强弱、购物比率，发展成为概率模型。②哈夫模型是国外在对零售店商圈调查时，经常使用的一种计算方法，主要依据卖场引力和距离阻力这两个要素来进行分析。运用哈夫模型能求出从居住地去特定商业设施的出行概率，预测商业设施的销售额、商业集聚的集客能力，从而得知商圈结构及竞争关系会发生怎样的变化，在调查大型零售店对周边商业集聚的影响力时也经常使用这一模型。

哈夫模型的局限性为：①在哈夫模型中，通常用到卖场的时间距离作为阻力因素，而用卖场的面积来代替卖场的吸引力，但如果仅用卖场的面积来代替卖场引力，那相同面积的百货店、超市、商业街就具有相同的魅力，这显然过于武断。②商业面积的修正值，在运用上不仅必须使用计算机，还必须通过市场调查才能计算出，这得花费相当多的时间和费用。同时哈夫的各个修正参数和具体情况不相适应，不同地区的商业情况和消费文化各有不同，这就使得各地区的参数差异较大，难以正确反映实际情况。

（4）商圈饱和度。

商圈饱和度，是判断某个地区同类商业竞争激烈程度的一个指标，通过计算或测定某类商品销售的饱和指标，可以了解某个地区同行业是过多还是不足，以决定是否选择在此地开店。商家决定是否进入某市场前，首先要测算该市场是否已经饱和，当饱和度较高时，剩余空间有限，不宜进入。但当饱和度较小时，说明市场空间很大，有很大的拓展机会。饱和度的计算，必须基于同一个产品市场或者替代性很大的产品市场。不同产品的饱和度不具有可比性。

商圈饱和度的测算公式如下：

$$\mathrm{IRS}=\frac{C\times \mathrm{RE}}{\mathrm{RF}} \tag{4-5}$$

IRS 为某地区某类商品商业圈饱和指数；

C 为某地区购买某类商品的潜在顾客人数；

RE 为某地区每位顾客的平均购买额；

RF 为某地区经营同类商品商店营业总面积。

饱和度实际上是单位商业面积平均营业额。如果已知 A 区域饱和度为 20 000 元 / 平方米，另一类似 B 区域饱和度为 13 000 元 / 平方米，说明 B 区域还有进一步拓展的空间，商家需要加大推广力度。

例：果品零售店测定零售饱和度，根据调查资料分析得知，该地区购买果品的潜在顾客人数为 14 万人，每人每周在果品店购买 10 元，该地区现有果品店 10 家，营业面积 175 000 平方米。根据上述公式，该地区果品行业的零售饱和度：IRS = 140 000 × 10/175 000 = 8 元 / 平方米

例：现有 A、B、C 三个地区，根据表 4-2 相关资料计算各地区的零售饱和度。

表 4-2 商圈信息表

项 目	A 地	B 地	C 地
潜在顾客数（万人）	15	10	8
每一顾客平均购买额	240	200	150
同类店铺营业面积	35 000	30 000	25 000

A 地区：$IRS=\frac{150\,000\times240}{35\,000}=1\,028.57$

B 地区：$IRS=\frac{100\,000\times200}{30\,000}=666.67$

C 地区：$IRS=\frac{80\,000\times150}{25\,000}=480$

从三个地区的计算结果看出，C 地区的饱和度最低，相对最适合进入，A 地区的饱和度最高，相对最不适合进入。

4.2 店址选择

4.2.1 选址的原则

店址选择对商店经营的成功与否关系重大，许多人把商店经营成功的首要因素归结为选址。选址大概需遵循以下原则：

1. 方便顾客购买

商店地址一般应选择在交通便利的地点，尤其是以食品和日用品为主要经营品种的普通超级市场，应选择在居民区内，以附近稳定的居民或上下班的职工为目标顾客，满足消费者就近购买的要求，且地理位置要方便消费者的进出。除此之外，选址尽量考虑靠近影剧院、商业街、公园、大型文体娱乐场所、旅游景区等人群聚集的地方，靠近人口居住稠密区或机关单位集中的地区，靠近符合客流规律的人群集散地段等，以方便顾客购买。

2. 方便货品运送

选址考虑靠近运输线，能节约成本，并能及时组织货源。零售店达到规模效应的关键是统一配送。在进行网点设置时，要考虑是否有利于货品的合理运送，降低运输成本，既要保证及时供给所缺货物，又要能与相邻连锁店相互调剂。

案例 4-3

华东五金城的选址

华东五金城是江苏省重点培育的现代化五金高级专业市场，是我国占地面积最大、功能设施最为齐全的国家级专业大市场。它位于苏中泰州市姜堰区，占地面积 1 180 亩，建筑面积 45 万平方米，可入驻 3 000 多家商户。城内配套设施齐全，集展示交易、电子商务、物流配送、人力培训、技术研发等功能于一体，面向华东，辐射全球，是中国新兴的国际、国内五金采购和订单中心，国内五金机电产品内销与出口的重要通道。

选址的交通优势：项目旁就是长途客运西站和高速口，距离市政府 2 千米，离苏中机场非常近。京沪高速、盐靖高速、海溧高速、宁启铁路等交织于此，超级发达的高速公路网、环长三角经济圈，造就了本市场得天独厚的区位优势。

资料来源：百度百科，https://baike.baidu.com/item/%E5%8D%8E%E4%B8%9C%E4%BA%94%E9%87%91%E5%9F%8E/7890739?fr=aladdin.

3. 有利于竞争

考虑竞争对手的情况，网点选择应有利于发挥企业的特点和优势，形成综合服务功能，获取最大的经济效益。大型百货商店可设在区域性的商业中心，提高市场覆盖率。而小型便利店越接近居民点越佳，避免与大中型超级市场正面竞争。

案例 4-4

多来店的选址与定位

多来店（Dollar General Corporation）创立于1939年，是美国前三大的折扣零售商之一。到2019年，多来店在美国44个州拥有15 000多家商店。所有这些商店都专注于提供价格低廉的日常生活快消品，例如食品、零食、保健产品、美容产品、清洁用品、基本服装、家居用品和季节性商品等，这些物品的单价大多不到10美元。

当你很难在很多小镇上找到沃尔玛或其他大型食品连锁店时，却可以找到多来店。3/4的平价多来店，位于人口不到2万的小城镇。多来店的大多数客户家庭年收入都在5万美元以下，其中1/3的人年收入甚至不到2.5万美元。其首席执行官托德·瓦索斯（Todd Vasos）就曾经说过："这些目标客户总是面对着经济压力。这也是大多数零售商对他们不感兴趣的原因。"

多来店商场的平均面积为7 400平方英尺[⊖]，比两个常规篮球场还小。沃尔玛超市的平均面积约为18.7万平方英尺，是其25倍。多来店还有几百家商店，面积相当于一个篮球场。这些商店尽管运营在1 000户或更少家庭的城镇里，也能保持盈利。更小的店面面积意味着多来店可以在竞争较少的地方开设门店，并且这样做也能减少成本。

资料来源：十大品牌网，https://www.cnpp.cn/pinpai/116238.html.
豆瓣，https://www.douban.com/note/632464627/.

4. 有利于网点扩充

零售店要取得成功，必须不断在新区域开拓新网点。在网点布局时，选址要避免商圈重叠，或在同区域重复建设，否则相隔太近，势必会造成自己内部相互竞争，影响各自的营业额，最终影响总店的发展。因此，从长远角度考虑，选址要有利于网点扩充。

4.2.2 选址的类型

零售企业要根据自身业态和档次定位，选择商店位置。从大的方面来看，选址可以坐

⊖ 1英尺＝0.304 8米。

落在以下不同类型的区域。

案例 4-5

维特罗斯的定位

作为英国超市圈高贵而冷艳的小公主，维特罗斯（Waitrose）已经拥有 110 多年的历史，以高品质和高价格著称。因为被英国女王和查尔斯王子授予特权，成为给王室提供食品的供应商之一，而自带贵族光环。自带贵族光环的维特罗斯，一般开在高档住宅区、富人区、写字楼和白领聚集的地方，面向的是社会中高层消费群体。得益于英国人根深蒂固的阶级观念，以及维特罗斯绝佳的产品质量和消费体验，英国有很多普通的工薪阶层，宁可勒紧裤腰带，也要成为维特罗斯的铁粉。更有甚者，英国人看一个地区是否是富人区的标志，就看旁边有没有维特罗斯分店。维特罗斯的分店开到哪里，就意味着该地区的房价会飙升，居民的生活水平将提高。

资料来源：英国邦利网，https://www.bangli.uk/post/81654.

1. 孤立商店

孤立商店是指坐落在路旁或小巷内的零售店，这类商店的附近没有同类的其他零售店。

（1）孤立商店的优势。无竞争对手与其争夺客流；租金相对较低；道路及交通的可见度高；经营上具有较大的灵活性；规模较大的孤立商店，如大卖场，能有较大场所的停车场，有利于开展一站式购物，即顾客在此店一次就能买到所需的各种商品。

（2）孤立商店的劣势。如果商店规模不够大，不易吸引远方顾客，商圈较小；需要单独承担促销宣传广告费用；在多数情况下，如无现成建筑场地租，则要新建场地，成本高。

孤立商店要吸引并保持稳定的目标客户群并不容易，因此通常适合开设大型购物中心或适合建立顾客一站式购物的大型综合性超市。而小规模的专业店无法在此立足，因为它们既不可能做到花色品种齐全，又无价格上的优势或形成鲜明的经营特色，很难吸引到大量顾客。

当然，孤立商店依附于某一特殊的设施，如学校、厂矿或加油站，则可以吸引周边的流动顾客。而且孤立商店周围的情况也会发展变化，有些购物中心或商业区最初就是由一家有特色的孤立商店发展而来的。

2. 无规划商业区

无规划商业区，是指两家或两家以上的商店坐落在一起或非常接近，但商业区的总体布局或商店的组合方式，未经事先长期规划。这些商店的布局并非按照一定的模式，而是随着时间的推移和零售业的发展趋势及机遇而定的。无规划商业区主要有以下四种类型：

（1）中心商业区。中心商业区是一座城市或城镇的零售业中心，是市内商业网点最密集的购物区，吸引着来自整个市区的消费者，包括所有阶层的人。在此开店，可以借助商业群体效应吸引较多较远的顾客群，是百货商店和专卖店的首选地址；但开办费用一般较高，难以寻找新店店址。

优势：商品丰富、交通便利、客流量大、靠近商务和社交设施，并可提供多样化的服务。

劣势：开办费用高、交通拥挤、停车困难，难以寻找店址且扩展潜力小。

“码”上看：扫码阅读《世界著名的商业街》

（2）次级商业区。次级商业区是分散在一座城市多个繁华程度较低的购物区域，通常位于两条主要街道的交叉路口，至少有一家百货商店或大卖场、几家专业店或专卖店。此外，周围还聚集了许多小商店。这一商业区主要面向城市某一区域的消费者，以消费家庭用品和日常生活用品居多。

优势：商品花色品种基本齐全，没有中心商业区那么拥挤，相对离住宅区较近。

劣势：供应的商品或服务不均衡、设施老化、货运不便、停车困难。

（3）邻里商业区。邻里商业区是为了满足单一住宅区购物和服务便利的需要，发展起来的无规划购物区。这类商业区位于住宅区的主要街道上，通常以一家超级市场或杂货店为主，由若干小店组成，这些小店大多是干洗店、美容店、理发店、小饭店等。邻里商业区具有营业时间长、环境安静和购买方便等优势，同时存在商品的选择范围有限和价格相对较高等缺点。

（4）商业街。商业街是由若干经营类似商品的商店聚集在一起形成的。在许多历史悠久的城市，往往会自发形成一条条特色商业街，这是城市发展积淀下来的商业文化，极大地丰富和活跃了市民的消费生活。由于这些商业街形成历史较长，有些商业街甚至享誉国内外，如北京的古玩一条街。在这里设店，可与同类商店一起分享商业集聚效应带来的大范围商圈，是小型专业店重要的选址策略之一。缺点是竞争程度较高，能见度低。

“码”上看：扫码阅读《中国著名的商业街》

3. 规划好的购物中心

规划好的购物中心，是由一组统一规划、建在一起的商用建筑所构成的，产权集中，实行集中管理。规划好的购物中心作为一个整体来进行设计和运作，各类商店平衡配制，通常由一家或多家大型商店和许多小商店组成。

优势：有长期规划，商品和服务品种的组合合理；各商店的客流达到最大化；租金通常比 CBD 低；拥有各具特色且统一规划的购物中心形象。

劣势：房产所有者的硬性规定减少了每个商店经营的灵活性，每家商店经营的商品和服务受到一定的限制；租金虽比 CBD 低，但远高于孤立商店；同类商店之间竞争激烈。

规划好的购物中心主要有三种类型：区域购物中心、社区购物中心和邻里购物中心。

（1）区域购物中心。区域购物中心是一种大型购物中心，它至少有一家大型百货商店，并由 50～150 家甚至更多的小零售店组成。区域购物中心以商品为导向，商品品种广而深，同时提供各种服务。在国外，一个典型的区域购物中心服务对象在 10 万人以上，他们居住或工作在距购物中心 30 分钟车程范围内，人们前往购物的车程平均不到 20 分钟。区域购物中心占地大、投资高，因此，发展区域购物中心时必须慎重。

（2）社区购物中心。社区购物中心是一种中等规模的购物中心，一般拥有一家百货商店和大型专业商店，此外有几家小商店。社区购物中心有比邻里购物中心更完善的长期规划，商店配置更均衡。它提供以便利购物为导向的商品和服务，品种结构适中，消费者来自一个或多个邻近的、人口较多的住宅区。服务对象是居住或工作在距中心车程 10～20 分钟范围内的 2 万～10 万人。

（3）邻里购物中心。邻里购物中心是一种以超级市场作为最大商店规划的购物中心，其他商店还包括理发店、美容店、干洗店、快餐店等。邻里购物中心主要向居住或工作在附近的居民提供便利的商品和服务，其服务半径是车程不到 15 分钟范围内的人口。

4.2.3　选址的技巧

（1）商业活动频度高的地区。在闹市区，商业活动极为频繁，把店铺设在这样的地区营业额必然高。这样的店址就是寸土寸金之地。相反如果在客流量较小的地方开设店铺，营业额就很难提高。

案例 4-6

苹果零售店选址，所到之处，就是城市商业最黄金的地方

零售圈的人会这样形容苹果零售店的选址：“苹果零售店所到之处，就是城市商业最黄金的地方。”苹果产品，定位高端，零售店需要很好地体现这一点，才能传达相匹配的品牌形象。因此，苹果零售店的选址是不少果粉津津乐道的话题。苹果对其零售店的选址，都是精挑细选，苹果选择零售店的标准是：第一，人流量大；第二，地标型的购物中心，苹果趋向与一线品牌购物中心合作。

资料来源：重构零售实验室，新浪博客，http://blog.sina.com.cn/u/2161687654.

（2）人口密度高的地区。居民聚居、人口集中的地方是适宜设置店铺的地方。在人口集中的地方，人们有着各种各样的、对于商品的大量需要。如果店铺能够设在这样的地方，收入通常也比较稳定。

（3）面向客流量多的街道。店铺处在客流量最多的街道上，可使多数人购物都较为方便。

（4）交通便利的地区。比如，旅客上车、下车最多的车站或者几个主要车站的附近，也可以是顾客步行距离很近的街道。

（5）接近人们聚集的场所。比如，电影院、公园、游乐场、舞厅等娱乐场所或者大工厂、机关的附近。

（6）同类商店聚集的街区。大量事实证明，对于那些经营选购品、耐用品的商店来说，若能集中在某一个地段或街区，则更能招揽顾客。从顾客的角度来看，店面众多表示货品齐全，可供比较参考，选择也较多，不怕价钱不公道，是购物时的当然选择。

案例 4-7

星巴克在中国开店的选址秘诀

1971年成立的星巴克，是全球最大的咖啡连锁店，近21 300家分店遍布世界各地，仅仅在中国就有2 000多家门店，开店成功率几乎是100%。这套选址系统到底有什么秘诀？星巴克选址的六个关键点：

（1）注重有效客流。星巴克在选定商圈后，会测算有效客流，确定主要流动线，选择聚客点，把聚客点相隔不远的位置作为门店选址的地方。因为客流的主要流动线意味着单位时间里经过的客流量最大；处于聚客点的位置，说明人群会在这里聚集驻足停留。

（2）明确目标客户。星巴克在中国大陆的消费对象定位是追求品位、时尚的中高收入人群，综合群体年龄段大概在16～45岁。星巴克会衡量当地的平均受教育水平、平均家庭规模、平均收入水平、在待选门店约200米的范围内所经过的汽车数量、日间和夜间人口比例，以及很多其他数据。只有一个区域的消费群体的消费实力和生活品位符合星巴克的定位，星巴克才会根据选址的具体要求进行进一步考察。

（3）重视可视性。消费者走在大街上能否一眼就看到星巴克门店，看到店招和橱窗，这对门店招徕客人和增长营业收入非常重要。按照星巴克的选址准则，星巴克是将自己当成人们日常生活必经之路上无法绕过的障碍，而不是让人们改变平素习惯的生活轨迹。这一策略使星巴克选址都尽可能实现最高的可见度，对路人来说“赫然入目”，于是星巴克最理想的选址就是“两条主路的交叉路口”的街角的位置。

（4）注重交通便利性。交通便利和店址的可达性，是消费者选择的重要条件。停车位多少，商圈辐射多大面积，辐射面积内有多少停车位，是星巴克认真考虑的问题，这样考虑的目的是增加客人进店率。另外，星巴克开店部门很早就已认识到，要想在拥堵的交通中左转停到星巴克门前是件费时费力的事情，若是出来之后再次左拐掉头回到原方向，这样掉头会使人感到可能违反交通规则而对星巴克望而却步。将每家门店都开在驾车人的右手方向，会让客户入店消费。

（5）集中式开店。单店的销售额虽然高，但是经营成本也很高，所以星巴克在某地开设第一家店，会在今后连续开店，通过增加门店数量降低物流成本，城市是否有连续开店的可能，也是星巴克区域选择的重要依据。

（6）成熟环境带来长期稳定收益。选择经济发展成熟、商业环境稳定的门店，对于星巴克来说格外重要。

资料来源：搜狐网，https://www.sohu.com/a/130260917_516244.

4.3 店址评估

4.3.1 店址评估的主要考虑要素

1. 客流规律

客流是商店经营成败的关键因素，一家商店若要获得成功，必须有足够的顾客来源。客流由流量、流向、流距、流时四个要素组成，分别表示客流的数量、方向、行程和客流产生的时间。

（1）客流性质。一般来说，任何一家商店的客流都可以分成三种类型：①分享客流。这是指从邻近的其他商店所形成的客流中获得的，而不是本身产生的客流。如邻近大商店的小商店，顾客主要目的不是到小商店选购商品，而是专程到大商店购物，顺便进入邻近的小商店逛逛，这些客流是小商店的分享客流。②派生客流。这是指顾客到某地并不是专程购买商品，而是为其他目的，顺路进店所形成的客流。设在交通枢纽附近及旅游点附近的商店，其大部分客流均是这种派生客流。如设在火车站旁的商店，顾客来此地的目的，主要是乘坐火车，在候车时间顺便进店看看。③本身客流。是指专程到此商店来购买商品所形成的客流。大中型商店的客流大部分属于本身客流。本身客流的形成和发展是零售企业获得经营成功的重要因素。

（2）潜在固定顾客。所有人都是消费者，很自然的也是商店的潜在顾客。要了解商店的客流规律，必须分析当地的人口总数、人口密度、人口分布及年龄构成等。人口最多的区域，能产生最多的潜在顾客。未来人口成长趋势，决定着商店的发展规模。商圈内人口的增长情况、新婚家庭的增加情况、人口年龄结构等，都是开设新商店必须事先了解的。

案例 4-8

Magnit 的选址定位——扎根小镇

Magnit 是俄罗斯最大的农村连锁超市，创立于 1994 年，截至 2016 年 9 月，开店 14 000 多家，在俄罗斯的零售市场份额占据最高，从市值角度来看已经是欧洲最大的零售商。

选择小镇，将近 2/3 的店面铺设在 50 万人口以下的小村镇，坚持在小镇稳扎稳打，是 Magnit 成功的秘诀。Magnit 在俄罗斯 2 436 个城镇中拥有超过 26 万名员工，13 364 家门店，以及 33 个配送中心，大约能服务 1 500～1 600 万户家庭。Magnit 自创立以来，就依靠低价策略主攻俄罗斯农村地区，战略上对农村市场高度重视。一方面，俄罗斯大城市的零售业竞争十分激烈，尤其是 2012 年俄罗斯加入 WTO 以来，以 Auchan、Metro 为代表的外资巨头纷纷入场，加剧了大城市的竞争环境。另一方面，俄罗斯大量农村地区到 2000 年左右几乎还没有超市，往农村下沉将有效规避大城市的惨烈竞争，并且能利用先发优势建立较强的用户忠诚度。但是，农村市场也并不是一块好啃的骨头，低收入、低人口密度，以及物流基础设施缺乏都是非常显著的阻碍因素。所以 Magnit 创始人加利茨基的胆识和长远眼光令人佩服，他敢于花巨资投入到公司的供应链建设中，逐步打通农村地区。

资料来源：一点资讯，http://www.yidianzixun.com/article/0L32BVWz/amp.

（3）过往行人的特点。过往行人是商店客流来源的一个重要组成部分，其流动规律同样不能忽视。首先，要了解行人的年龄结构，因为有些过路者未必是顾客。其次，要了解行人来往的高峰时间和低谷时间。再次，要了解行人来往的目的，以及停留时间。在商业集中的繁华地带，行人一般以购买商品、进行与购买商品有联系的浏览，为以后购买做准备为目的。这些人多表现为流动速度缓慢，停留时间长，希望获得各种商品的价格、品质和式样的全面信息，这种行人对商店最为有利，这也是许多商店愿意设在商业中心的原因。另外，有些地点虽然拥有相当多的过往行人，但行人的目的并不是购物，如车站、码头等交通枢纽，机关、工厂、学校、公园附近、车辆通行干道等公共场所，行人的目的不在购物，只是顺便或临时冲动购买一些商品，这类客流一般停留时间短、流动速度快，是商店的派生顾客，只有进行一些特殊宣传才能吸引他们的目光。

2. 交通地理条件

交通是否便利，位置是否优越，是选址的重要考量因素。具体分析内容包括：

（1）交通便利性。方便的交通要道，如接近公共汽车的停车站、地铁出站口等地，由于来往行人较多，具有开店的价值。交叉路口的街角，因公路四通八达，能见度高，也是开店的好选择。但是，有些地方的道路中间隔了一条很长的中央分向带或栏杆，限制行人和车辆穿越，则会影响开店的价值。

（2）街道特点。由于交通条件、公共场所设施、行走方向习惯、居住区域范围及照明条件等影响，一条街道两侧的客流往往并不均衡。或者同一条街道，也可能因地段不同而客流量不同。因此，在选择店址时要分析街道客流的特点，选在客流较多的街道或地段。

（3）地形特点。新商店通常应开设在能见度高的地方，如两面或三面临街的路口，公共场所的迎面处，其能见度较高，还可通过尽量扩充橱窗面积、增加出入口等方式提高能见度。

3. 零售集聚状况

分析零售集聚的状况和类型，对选址非常重要。一个地区的商店聚集情况可以分为四种类型。

（1）异种零售业的聚集。这是经营商品种类完全不同的零售企业的聚集，如超级市场与服装专卖店、电器专卖店的聚集等。这种聚集，商店之间不仅不会产生竞争，反而会给商家带来更强的市场吸引力。

案例 4-9

小米之家选址，对标快时尚

过去的小米之家，开在写字楼里面，一般只有粉丝才会去，人少、没流量。现在的小米之家，为了获得自然流量，会选在核心商圈，对标快时尚品牌。实践发现，小米的用户和优衣库、星巴克、无印良品的用户高度重合。把店开在地铁站，人流量虽然很大，但是大家不进店；把店开在高档商场，大家购买的心态和频次都很低。所以，小米确定了和优衣库、星巴克、无印良品对标开店的选址策略。目前，小米之家的选址主要是一二线城市核心商圈的购物中心，优先和知名地产商合作，比如万达、华润和中粮等。对于入驻的购物中心，小米还要考察其年收入。在入驻商圈之前，小米之家一定会统计客流，计算单位时间内的人流量。

快时尚品牌，之所以敢选那么贵的地方开店，是因为它们是高频消费产品。而手机是低频消费产品，一两年才买一次。消费频次这么低，却选在这么贵的地方，那不是自寻死路吗？雷军说，这就是小米新零售的关键打法“低频变高频”起作用的地方。在过去几年中，小米投资了不少生态链企业，有充电宝、手环、耳机、平衡车、电饭煲、自行车……多种多样。小米之家现在有 20～30 个品类，200～300 种商品，如果所有品类一年更换一次，就相当于用户每半个月就会进店来买一些东西。虽然手机、充电宝、手环等商品是低频消费品，但是将所有低频消费品加在一起，就变成了高频消费品。

资料来源：星易网络科技，搜狐号，https://www.sohu.com/a/400077152_120153961.

（2）有竞争关系的零售业的聚集。这是指经营同类商品的商店，在同一个地区的聚集。这种聚集使这一商业区的企业之间既产生竞争，又产生集聚效应。一方面，消费者能在同类商店进行商品质量、价格、款式及服务的比较，从而加剧了商店之间的竞争性；另一方面，商店的集聚又会产生集聚效应，吸引更多的消费者来购物，从而有效地扩大购物商圈。

（3）有补充关系的零售业聚集。补充关系，是指两家以上的商店，经营商品互为补充，以满足消费者的连带需求作为目的。如，家电产品与家电配件商品的聚集，即形成相互补充的关系。如，百货商店周围聚集的服装专卖店、饰品专卖店、鞋帽专业店等，它们提供互相补充的、更加全面的商品种类，能共同吸引客流。

（4）多功能聚集。零售业与饮食业、服务业、娱乐业以及银行的聚集，是一种多功能型的聚集，有利于产生放大的聚集效应，从而有效地扩大该地区购物与服务的商圈。

4. 竞争对手分析

商店周围的竞争态势，对零售店经营的成败会产生巨大影响。如果不能有效建立高于对手的竞争优势，就可能在区域内站不住脚。因此，在商店选址时，必须分析竞争对手，对直接和间接竞争对手的情况了如指掌。主要分析内容包括：①竞争店与所开设新店的距离，以及在地理位置上的优劣势；②竞争店的销售规模与目标定位；③竞争店的目标顾客层次特点；④竞争店的商品结构和经营特点；⑤竞争店的实力和管理水平。

5. 城市规划

城市规划也会对商店经营产生重大影响，有些地点从近期来看，可能是店址的最佳选择。但是可能随着城市的改造和发展，将会出现新的变化而不适宜开设店铺。相反，有些地点从近期看可能并不理想，但是从规划前景看可能很有前途。

6. 周围环境

店址周围的环境如何将对零售经营的成功与否产生巨大影响，任何一家新建商店即使规模大得足以支配其环境，也必须对店址周围环境如建筑、治安、卫生等情况进行仔细分析。如，选址地点附近有许多烂尾楼，会令人感到颓废衰落，不愿涉足。还有某些地区被传闻治安状况欠佳，无论是否属实，都会妨碍顾客前来。还有如不良气味、噪音、灰尘多，破旧等不良的环境，都会影响店铺的价值。此外，当地居民的经济状况、年龄、教育、宗教等都对人们的购买习惯有影响，在选择店址时，必须予以注意。

7. 物业成本

商店的租赁和购买成本，对零售商具有决定意义。如果物业成本与销售潜力不相上下，就不值得去开发。物业面积和形状也要与零售商的设计思路吻合。

☞ **零售风流人物**

余惠勇

百果园的创始人

“不受外界变幻竞争的牵引，一切以消费者为出发点，回归商业逻辑的根本，回归顾客价值，创新突变，再度扬帆起航！”

余惠勇，1968 年生于江西农村。儿时因为家里并不富裕，饭量大的他常常会把菜汤都吃得一干二净。20 年前，毕业于江西农业大学农业蔬菜专业的他，带着仅有的 400 元钱，来到深圳水果批发市场闯荡。凭借着出色的能力，2001 年，余惠勇有了 200 多万元的积蓄。这时候，在水果行业摸爬滚打数年的余惠勇发现，市面上有不少批发市场和商超，却没有一家专门的水果连锁店。于是，他想开一家种类齐全、价格划算、服务优质的水果连锁店。2002 年 7 月 18 日，余惠勇的第一家水果店百果园开业了，并以加盟形式快速扩张。到了 2008 年，百果园开到了第一百家。看似一帆风顺，但到了年底算账，公司却在赔钱，已经亏损了 2 亿多元。为什么不赚钱呢？原来这个行业的瓶颈在于：水果这种产品极不标准，而连锁的首要要求是标准化的产品。于是，余惠勇对公司进行了大刀阔斧的改革。首先，他回收了所有水平参差不齐的加盟店。其次，他建立起自己的全品类水果果品标准体系，就是“四度一味一安全”。“四度”是指糖酸度、爽脆度、细嫩度、新鲜度，“一味”是指果香味，“一安全”是指食品安全。然后，他要求对基地供应的所有水果，都按照“四度一味一安全”的标准体系进行考核。如今，百果园已经发展到 4 000 多家门店，成为生鲜水果领域的独角兽。余惠勇和他的百果园，是国产水果零售行业一股传奇的清流。

资料来源：简书 App/ 共享圈，https://www.jianshu.com/p/d7526b4a7df2.
网易号，https://www.163.com/dy/article/FMCRP5250517LV5U.html.

4.3.2 店址评估的方法

零售商店选址的最后一个步骤，是为可供选择的开店地址进行未来经营效益分析，预估新店损益状况。

1. 新店营业潜力分析

新店营业潜力可通过预测商店营业额来确定。这种预测可根据过去在类似环境中经营的同行业的一般水平，或者经过调查后采用统计分析方法计算出来。有一种测算方式比较简单易行，即根据已知的商店商圈内消费者的户数、离店的远近、每月商品购买支出比重以及新商店在该区域内的市场占有率，四个因素来估算。

例：假如新开超级市场的商圈有三个层次：第一层次的核心商圈内居民户数为 2 000 户，第二层次的次级商圈内居民户数为 4 000 户，第三层次的边缘商圈内居民户数为 6 000 户。若平均每户居民每月去商店购买食品和日用品为 500 元。

则：核心商圈的居民支出总额：500 × 2 000＝100（万元）

次级商圈的居民支出总额：500 × 4 000＝200（万元）

边缘商圈的居民支出总额：500 × 6 000＝300（万元）

据调查分析，新开超级市场的市场占有率在核心商圈为 30%，在次级商圈为 10%，边缘商圈为 5%，则：

核心商圈购买力为：100 × 30%＝30（万元）

次级商圈购买力为：200 × 10%＝20（万元）

边缘商圈购买力为：300 × 5%＝15（万元）

该新店营业潜力可估计为：30+20+15=65（万元）

2. 开店投资与经营费用测算

通过商圈调查可以估算新店的营业额，但该新店是否值得经营，还必须将营业额与投资额相比较，评估出损益状况。

（1）开店前期投资预估。开店投资主要包括：①设备。冷冻冷藏设备、空调设备、收银系统、水电设备、车辆、后场办公设备、内仓设备、卖场陈列设备，等等。②工程。空调工程、水电工程、冷冻冷藏工程、保全工程，等等。③商业建筑和停车场费用。如果开店的物业是自己投资建造的，这笔建筑费用也需考虑在前期总投入中。

（2）开店后经营费用预估。经营费用可分为固定费用和变动费用两类：①固定费用。与销售额的变动没有直接关系的费用支出，如，工资、福利费、折旧费、水电费、管理费等。②变动费用。随商品销售额的变化而变化的费用，如，包装费、商品损耗、借款利息、保险费、增值税等。

上述各项费用要控制在多少金额以内无一定标准，但最基本的前提是毛利率要大于费用率。同时应注意：货损控制在4%以内，店员薪资总额不得超过总费用的一半；总费用与销售额的比例，便利店要在18%以内（以25%的毛利率为基础），超市要在12%以内（以17%的毛利率为基础）；总费用与总利润之比要维持在80%之内，固定费用占总费用的比例应为85%以上。

3. 损益平衡点分析

损益平衡点是指店铺收益与支出相等时的营业额，新店预期营业额若超过平衡点营业额即有盈利，若低于平衡点营业额即会亏损。

损益的计算方法如下：

销售毛利＝营业收入－销售成本

税前损益＝销售毛利－变动费用－固定费用

实际损益＝税前损益－分担总部费用

损益平衡点的计算方法如下：

损益平衡点营业额＝固定费用/（毛利率－变动利率）

经营安全率计算方法如下：

经营安全率＝（1－损益平衡点营业额/预期营业额）×100%

此比例是衡量店铺经营状况的重要指标，一般测定为：经营安全率30%及以上为优秀店；20%～29%为优良店；10%～19%为一般店；10%及以下为不良店。

4.4 零售商店选址分析报告

目前，随着国内连锁零售企业的迅猛发展，选址工作越来越受重视，店铺选址也成为一个新兴行业脱颖而出。一般连锁零售企业，总部都设有开发部或拓展部，其中店铺选址的主要工作包括市场调研、选址、谈判等内容。相关部门要对拟开发店铺所在城市的基本情况了如指掌，对于诸如人口、交通、购买力等现状做全面的调查，确定该零售商拟开发店铺的商圈，选择一定的消费群，进行市场定位，并判别该区域的环境能否达到基本要求。同时，还要对城市的规划、投资政策环境、未来经济发展重心、城市土地行情等有所了解。当店铺选址人员在确定一个合适的店址后，需要做一份详细的选址分析报告，以供主管部门经理和公司领导审核。商店选址分析报告的主要内容如下：

（1）新店具体位置及周围地理特征表述（附图说明）。

（2）新店开业后预计能辐射的商圈范围。

（3）新店交通条件评估及物业特征。

（4）新店商圈内商业环境评估和竞争店分析。

（5）新店商圈内居民及流动人口特征、收入和消费结构分析。

（6）新店的市场定位、经营特色以及经营策略建议。

（7）新店的经营风险和效益预估。

（8）新店未来前景分析。

过程中收集到的大量信息，如果只用于选择一家店址就丢弃，实在是一种浪费。除了选址之外，所收集的信息至少有两种用途：

一是为本新店日后的经营活动做参考。选址调查得出的对当地居民职业和消费习惯的分析，能为新店经理带来很多实际的帮助。对顾客行走路线的考察，可以直接决定今后的促销宣传和户外广告设在哪个方向。

二是为下一次选址做参考。许多国内连锁零售企业，在选址方面往往要求选址人员每次都付出全力去找寻最完美的店址。但是，公司方却没有足够多的信息积累给他们作支持。常见的一种不良现象是，每一次都得几乎从零开始。因此，为了防止选址信息的遗失，最好在选址过程中，企业把每次选址的详细信息都保存下来，供以后选址工作参考。

本章小结

（1）商圈，指以零售店铺所在地为中心，沿着一定的方向和距离扩展，吸引顾客的辐射范围。商圈具有不规则性、重叠性、动态性、层次性等特征。

（2）影响商圈大小的主要因素，包括店铺的经营特征、经营规模、商品经营种类、竞争店铺的位置、顾客的流动性、交通地理状况、店铺的促销手段等。

（3）商圈有商业区、住宅区、文教区、办公区、工业区、混合区六种常见形态。

（4）已建的商店和新建的商店，商圈划定和测定方法各有不同。已建商店，可以通过各种方式，搜集现有顾客的居住地点资料，并分析和测定商圈的地理范围和形态。新建的商店，主要根据当地市场的销售潜力划定商圈。经典的商圈测定方法，有雷利法则、科亨·阿普波姆法则、哈夫模型、商圈饱和度等。

（5）店址选择，主要遵循方便顾客购买、方便货品运送、有利于竞争、有利于网点扩充等原则。

（6）不同的选址类型，如，孤立商店、无规划商业区、规划好的购物中心，有不同的优劣势，零售企业要根据自身业态和档次定位，选择商店位置，并注意适当运用选址技巧。

（7）店址评估，主要考虑客流规律、交通地理条件、零售集聚状况、竞争对手、城市规划、周围环境、物业成本等要素。

（8）店址评估，有新店营业潜力分析、开店投资与经营费用测算、损益平衡点分析等方法。

术语及热词

可视性 指顾客是否可以从街上看到商店和安全进入停车场。

市场调查 零售企业要在一个新地区经营某一个业态，必须先经过专业的市场调查，调查的范围包括：人口数、人口密度、人口素质、人力资源、居民生活习惯、商圈大小、人均可支配收入、商业竞争情况、商业发展状况、社会商品零售总值、交通条件、市政基础建设、各级政府支持力度、商品货源、银行融资条件、气候等。

市场定位 是指零售企业为求得合理的投资回报率，为自己所设定的服务功能，如：把何种商品卖给何种目标顾客群，是有店铺还是无店铺经营，送不送货，等等。每家零售企业都有其不同的市场定位。

概念店 这个词汇源于欧美，流行于日本，用来形容那些风格独特、创意鲜明的店铺。概念店一般采用全程顾问销售模式，根据顾客的需求，为其介绍、推荐量身定做的配套产品。

快闪店 指在商业发达的地区设置临时性的铺位，供零售商在比较短的时间内推销其品牌，抓住一些季节性的消费者。它的特点是快速吸引消费者，经营短暂时间，旋即又消失不见。

下沉市场 指的是三线以下城市、县镇和农村地区的市场。下沉市场是我国人口基数最大、面积最大、潜力最大的市场之一。范围大而分散，且服务成本更高是这个市场的基本特征。

亚太市场 全称为亚洲及环太平洋地区市场，主要由美国、日本、澳大利亚等少数国家组成的成熟市场。由于近几年发展中国家的逐步崛起，印度、中国、东盟等一些国家被称为亚太新兴市场。

思考讨论

1. 选择一家你熟悉的商店，结合它的店铺类型和目标市场选择，谈谈这家店店址选择的好坏。

2. 谈谈餐饮店选址的技巧和新趋势。
3. 在选择店铺具体位置时，应该如何仔细研究客流量？
4. 研究学校附近的一家店铺，描述它的商圈规模和形状。

小试身手

计划拿 100 万～1 000 万的启动资金，在你所在的城市开一家素食餐饮店，请撰写一份选址分析报告。

课外阅读推荐

[1] 黄汉城．谁是中国城市领跑者 [M]. 北京：东方出版社，2020.
[2] 宫路秀作．地理上的经济学 [M]. 吴小米，译．杭州：浙江大学出版社，2020.
[3] 何磊．重构 [M]. 北京：中信出版集团，2020.
[4] 金毅．中国重点城市商圈分析与商家选址参考 [M]. 北京：化学工业出版社，2016.

第5章 CHAPTER5

店铺规划

学习目标

掌握：商品的磁石点布局；商品陈列的原则。

理解：中央卖场的通道与货架布局的三种主要类型——格子式布局、岛屿式布局、自由流动式布局，以及各自的优缺点；卖场商品布局的面积分配和位置确定方法。

了解：店面外观设计和内部氛围设计的原则与技巧；商品陈列的方式。

引导案例

雍福会的店铺设计

雍福会，位于上海永福路，房子是20世纪初建造的欧式风格建筑，2001年被现在的老板汪兴政看中，精打细凿了整整3年，雍福会才诞生。这幢小洋楼隐在上海人都不太知道的永福路上，一道小小的门后却是又一片天地。

雍福会重新打造了一个过去，把握的是那个年代特有的“当东方遇到西方”。大户人家客堂间里的牌匾和对联，安在了新派人家里的欧式壁炉上。明代千金小姐的床和20世纪60年代的Fendi沙发，相安无事。印有毛泽东头像的陶瓷杯和大红底色的英式茶杯放在一起。雍福会本身就是一个艺术品，有种令人不忍打扰的深闺气质。来这边的人，想到的只是怎样使自己安安静静地融在其中，也许只是在二楼的阳光屋靠着窗，喝着茶。案上的台灯是镶拼玳瑁壳的，墙纸是深蓝色丝绒的，垂幔是深红色孔雀毛手工缝制的，墙上13块椭圆镜子仿自汪兴政收藏的一块维多利亚时期的镜子，在意大利精心打磨、做旧。主人这般的奢华打造，谁都不忍丝毫改变它。

屋——中西合璧

很少能够看到把东方文化与西方艺术结合得非常好的建筑，但雍福会绝对算一个。其主楼建于20世纪30年代，是西班牙风格建筑，在1980～2001年期间曾是英国领馆，此前是苏联、越南的领馆。2001年起，经雍福会主人汪兴政三年多的精心策划和建造，这里俨然成为一家近乎博物馆的花园餐厅。主楼共三层，供应传统上海佳肴，品的是本帮地道口味，享的是精准西式服务，意在让宾客重拾十里洋场的典雅生活品位。用餐区包括一楼主厅、一楼两个包房和紧邻庭院的户外露台，二楼中厅、小厅、两个包房和会员专用的阳光屋，以及三楼一个包房。

园——游园惊梦

庭院内的中心区域——六艺堂，是会员私人宴请活动的舞台。这里完整迁移自清初江南木造大宅院的厅堂，正中央有块“六艺堂”的匾，为明代书法家杨逸所写。一条从浙江东阳“搬”来的楠木木雕饰顶，细致地雕刻花鸟虫鱼人物故事。据说这木雕饰顶当初像积木一样被拆下来，在每一个构件上编上号码，然后煞费苦心地在上海重组，屋顶上还特意为院子里那棵老柿子树留下一格空间。与之对应的墙，是大老远从西藏运来的藏布墙面，上面的纹饰用油漆手工绘就。

堂——雅俗共赏

酒吧区密训堂，据说是旧时相夫教子、“不与外人语”的地方，这里却有一扇完全现代化的自动门，走进去，紧挨着门的左手是摆放祭祀用品的地方，巧妙地变成了吧台。酒吧里摆放着各色仿古的家具，吧台上有20世纪30年代大美烟公司的招牌，和五六十年代的电话机。一旁西式的贵妃榻静静地挨在中式雕花窗边，仿佛蕴藏着一个大家族的神秘史。

享——私享奢华

只对会员提供的顶级雪茄吧莱香书屋，主要以英式下午茶与晚间私人聚会为主。步入这间雪茄吧，中国古代的天然“冰箱”映入眼帘。而那绿色的20世纪60年代的Gucci沙发，更是成龙、张曼玉每次来必坐的地方。与之相对应的是明代的太师椅和八仙桌，上面铺着清代的金绣。不远处，一张明代的富家千金小姐床占据房间的一角，让人联想到小姐的闺房，加上Fendi的沙发，东西方结合，带来古今家私的视觉冲击。墙上、天花板上、桌上的灯，盏盏不同，柔和的灯光，幽幽的爵士乐，这里的氛围与情致最适合与最重要的人分享。

藏——美到极致

雍福会的成功，很大一部分源于它的主人汪兴政。他是上海第一代华人服装设计师，以设计男装为主。2001年，汪兴政租下上海永福路上原本是英国领事馆的一处宅院，开始筹建雍福会。将中国悠久文化底蕴，以“美术”这种国际语言进行传达，是汪兴政最得意之举。雍福会整个院落陈列了大小近千件艺术精品及古董，全部出自主人的个人收藏，将金、木、水、火、土等各元素运用到极致的效果。

资料来源：百度百科，https://baike.baidu.com/item/%E9%9B%8D%E7%A6%8F%E4%BC%9A/10469642?fr=aladdin.

店铺规划是指零售商通过店面设计、卖场布局和商品陈列，创造一种最佳气氛的购物场所，让消费者在舒适的环境里享受购物的乐趣，进而选购更多的商品，以提高店铺的经营效益。

5.1 店面设计

5.1.1 店面外部环境设计

店面外部环境设计的主要内容包括建筑物的造型与外观、店门和出入口设计、招牌设计、停车场设计、橱窗设计等内容。外观是零售店铺的外部形象。

案例 5-1

茶颜悦色，设计围绕“中国风”

与北欧简约风的网红茶饮店不同，茶颜悦色在中国大陆首创中国风主题定位。在企业形象上，茶颜悦色始终围绕“中国风”的概念，展现着中式古风的高贵和典雅，传递出一种女为悦己者容的唯美情愫。在店铺装修上，深色的砖墙、深色的木质楼梯、木质的桌椅、古代美人、戏剧的挂饰、吊灯等，都透露着复古的气息，与店铺的古典风格搭配和谐。在产品包装上，中式插图蕴含着各式各样的历史典故、古风美女、风景名胜等，其中更有花重金购买版权的插花样式。“幽兰拿铁”“声声乌龙”“抹茶菩提”，配上鸟、木、水、花的包装，宛如一个艺术品。茶颜悦色，独树一帜的设计制作风格，将传统美与现代工艺相结合，使中式情怀贯彻到每一个细节中。复古装帧成为都市审美中的一股“清流”，这样高颜值的茶颜悦色，自然会让乐于表达自我、爱分享的年轻人愿意传播，也就达到了品牌传播的目的。

资料来源：艺境文传，搜狐号，https://www.sohu.com/a/250330789_100156219.

1. 建筑物的造型与外观

商业建筑物，商业性应该放在首位，必须将商业的氛围营造出来，在不破坏周围环境的前提下尽量扎眼，以达到吸引人气的目的。同时配合广告牌、Logo、橱窗、灯光等，打造比较浓的商业氛围。

案例 5-2

钟书阁永庆坊店，“中国最美书店”与老西关文化相遇

钟书阁不只是一家简单售卖图书的书店，而是以书籍为载体的综合性文化休闲概念书店，是为读者提供休闲、阅读、交友、探索、交流等的文化平台，在业内有“中国最美书店”之称。2020 年 5 月，钟书阁华南首家店进驻广州永庆坊，与老西关文化“迎面相遇”。钟书阁永庆坊店面积约 600 平方米，是一座古朴书屋造型的 2 层小楼，书店外立面采用红砖墙墙面，搭配印有不同国家经典文字与建筑图案的透明落地玻璃窗、黑底金字的木质门头，有消费者形容其为“很像有历史底蕴的藏书阁”。书店一层如街巷般长长延伸，黑金色为主色调，镜面天花板和地面相互映衬成很酷的空间感。岭南趟栊门、菱形拼花地板、镬耳屋造型的阅读区、华丽水晶吊灯，大量岭南建筑元素展现出西关大屋的气派洋楼质感。

资料来源：养老耆福居，搜狐号，https://mp.sohu.com/profile?xpt=MTA0Mjk4NTUxNzIwMjk1NjI4OEBzb2h1LmNvbQ==&_f=index_pagemp_1&spm=smpc.content%2F191_4.author.2.1611909500868FYZJQR3.

（1）建筑物的形状。完美地融入周围场地，建筑结构合理，又有特色的异形体商业建筑，有更强的艺术感，求新求异，往往会有更强的吸引力。

（2）建筑物的外观。零售建筑物的外观，可以通过材料、形式等方面的处理，达到新奇的效果，以此来突出建筑的性格。好的建筑物外观，能够保证在相对规整的布局下，获得惊艳的立面效果。

2. 门面设计

如果把零售店比作一本书，店面就是书的封面。门面是一个商店或企业的主要“外部标志”，很大程度上代表了其性质与特征。对整个店面的装饰起到“画龙点睛”的作用。设计精巧的门面对零售顾客具有很强的吸引力。门面设计应遵循以下原则：①准确体现商店的类别和经营特色；②材料、造型形式、流行色彩搭配等要有时代特征；③设计时可利用橱窗、门头、灯箱、招牌、霓虹灯等各装饰构成元素，进行图案、文字和造型的设计，全面宣传商店及品牌；④注意与周边环境之间的呼应性，要因地制宜。

案例 5-3

见福便利店的门面设计

见福便利店的视觉形象，由“见福便利店”“FOOK”“微笑福哥”组成。见福便利店的“福”字，“口”和“田”都进行了圆润化处理，对“FOOK”则进行了演化，不仅在两个 O 的里面加了双微笑的眼睛，还在上方加了个小屋顶；“微笑福哥”通过两只圆溜溜的大眼睛跟人们相视交流，通过微笑的嘴巴传递幸福。

资料来源：见福便利店官网，http://www.fook.cc/page_about_61.aspx.

3. 出入口设计

出入口设计应与店铺的市场定位相吻合。一般情况下，零售店出入口要分设，布局时入口设计为先。出入口大小要综合店铺营业面积、顾客流量、地理位置、经营商品品种及安全等因素，合理设置。如果设计不合理，就会造成人流拥挤，或商品没有被顾客看完便到了出口，从而影响了销售。

（1）入口。入口位置合理、标志明显，入口处不要有太多岔路，要利于进店。一般设在客流量大、交通方便的一边。入口设计一般在店铺的右侧，宽度不少于 2 米。通常入口较宽，出口相对较窄一些，入口比出口大约宽 1/3。应根据出入口的位置，来设计卖场通道及顾客流向。在入口处为顾客配置购物篮或购物车，以及存放区。

（2）出口。原则上出口必须与入口分开，便于管理和防窃，出口通道应在 1～1.5 米。

出口处设置收银台。按每小时通过50～60人的标准来设置1台收银台。出口附近，可以设置一些单位价格不高、具有常用性的冲动性商品，供排队付款顾客选购。

4. 停车场设计

现在有车的消费者越来越多，店铺设有设计合理的停车场，能吸引更多的顾客，特别是繁华地段，停车位不好找的地段，这是一个特别具有诱惑的因素。停车场设计应该注意以下几点：

（1）便于顾客停车后，便利地进入商店卖场。购物后，又能轻松地将商品转移到车上，这是对停车场设计的总体要求。

（2）邻近路边，易于进出，入口外的通路要与场内通路自然相接。场内主干和支干通路宽度，以能让技术不十分熟练的驾驶者安全地开动车辆为宜。

（3）步行道要朝向商店，场院内地面应有停车、行驶方向等指示性标志，主停车场与商店入口应在180度范围内，便于顾客一下车就能看到商店。

（4）出入口的位置车流量较大，所以出入口应该位于非主干道上，以避免影响正常交通。若必须将出入口位置设置于车流较大的路口，商家可将出入口位置向后退，以起到缓冲作用。

（5）进出口和收费位置不宜设在坡路位置上。机动车在坡路位置起车不便，这样会降低车辆进出和收费效率，不利于高效流通。

5. 橱窗设计

橱窗是展示品牌形象的窗口，也是传递新货上市以及推广主题的重要渠道。人们对客观事物的了解，70%靠视觉，30%靠听觉。橱窗陈列，能最大限度地调动消费者的视觉神经，达到诱导、引导消费者购买的目的。一个构思新颖、主题鲜明、风格独特、手法脱俗、装饰美观、色调和谐的商品橱窗，不仅起到美化商店和市容的作用，还能向消费者推荐、介绍店内商品。橱窗设计要注意以下细节：

（1）橱窗横向中心线最好能与顾客的视平线相等。商品摆放在适应消费者视线的部位上。一般置于消费者的视平线最好，不宜放在离视平线较上或较下的部位。否则，过度的仰视或俯视，都会导致消费者观察商品不清楚。

（2）陈列本店最畅销和最富特色的商品。橱窗设计目标是向目标顾客传递商店经营特色、经营范围，让消费者易于识别商店，达到招揽生意、吸引目标顾客进店购物的目的。一般橱窗选择的商品通常是流行性的商品、新上市的商品、反映经营特色的商品、适时应季的商品、新颖美观的商品、构造独特的商品、连锁性的商品和试销商品。

（3）紧跟潮流，橱窗展示要及时更新。橱窗展示要随季节、重大节日等而经常更新。如果一家商店的橱窗陈列长期不变，顾客就会熟视无睹，久而久之觉得这家商店没有新意，没有新商品。相反，经常变换橱窗展示，给顾客一种常来常新的感觉，顾客会认为这家商店总有新的东西，会有一种愿意进入光顾的冲动。

（4）充分展示商品的美，满足消费者的观赏需要。橱窗是一种天天与消费者见面的街头艺术。消费者观看商店橱窗的目的，大多数是为了欣赏、了解和评价橱窗的商品。所以，橱窗设计应以最佳的形式和角度来充分展示商品的美使消费者在观赏中形成深刻的记忆，产生购买欲望。

（5）光线、照明、色泽设计。橱窗的灯光照射，既要有足够的亮度，又不能刺眼。应当把灯光照在橱窗的主要部分或重点商品上，形成一种特别的气氛；还要注意灯光与商品颜色、橱窗背景色调的和谐，避免消费者对商品色泽的错视。

（6）全方位展现商品，使消费者了解商品性能。让消费者不仅看到造型，还在浏览观赏中掌握商品用途和使用功能。比如，通过电视机直接播放，消费者能够了解这种电视机的画面效果。商家还可以利用电子灯光技术不断变换文字成商品造型，借助道具、背景装饰、色彩灯光塔进行艺术处理，制造视觉上的动感。动态的橱窗布置能收到良好的效果。

案例 5-4

三只松鼠投食店的外观设计

三只松鼠成立于2012年，是中国第一家定位于纯互联网食品品牌的企业，也是当前中国销售规模最大的食品电商企业。三只松鼠2017年在武汉开设了首家实体店——三只松鼠投食店（Feeding Store）。区别于常规门店，该店外观极具特色，现代感的弧形玻璃外立面造型凸出于武商广场，与商场整体白色建筑形成反差。门面采用统一风格，由绿色英文字母“Feeding Store”和白色汉字“三只松鼠 · 投食”组成，简洁明了，易辨识。门口小美、小酷、小贱三只网红松鼠叠加而立，与站在另一端的松鼠萌动漫里的形象猫夹道欢迎“主人们”的到来。300平方米的空间里，五棵大松树林立，各种小松鼠形象穿梭其间，货架设计成松树造型，灯光也是绿色叶子形状，整个场景打造成一座欢乐的小森林。这间投食店已不再是一个简单的零食店，它通过产品的组合以及场景空间的打造，成为一个多元立体化的体验中心。

资料来源：知乎，https://zhuanlan.zhihu.com/p/267361164.

5.1.2 店面内部氛围设计

1. 表面的修饰

零售店表面的修饰，是指从地面一直到天花板的所有装饰，既提升商品的价值感，也产生整体视觉效果。

（1）地面。在卖场中，地板是店堂内基本装潢设施中和顾客接触最直接、最频繁的地方。因此，地面设计时要注意，不仅要让地板带给顾客良好的触觉印象，还要顾及商品陈列与它的配合效果。具体有以下说明：

1）地板在图形设计上有刚和柔两种选择。以正方形、矩形、多角形等直线条组合为特征的图案，带有阳刚之气，比较适合经营男性商品的零售店铺使用；而以圆形、椭圆形、扇形和几何曲线形等曲线组合为特征的图案，带有柔美之气，比较适合经营女性商品的零售店铺使用。

2）地板的装饰材料一般有瓷砖、塑胶地砖、石材、木地板以及水泥等，商家可以根据需要选用。考虑的主要因素是，零售店铺形象设计的需要、材料费用大小、材料的优缺点等。没有任何修饰的地板，让人觉得出售的应该是比较低廉的商品；涂料地板，根据颜色、质量、图案不同可以营造出从低到高各种档次的购物环境；地毯会给顾客家的感觉或高档的感觉；大理石地板会显得高档次、昂贵和独特。

（2）墙壁。大型卖场内的墙壁设计装潢，总体要求是坚固、便宜与美观。其使用的材质一般是灰泥，再涂上涂料或进行墙面喷塑。对墙面装潢的这种要求，是因为大型卖场的墙面绝大多数被陈列的货架和物品遮挡。因此，大型卖场的商品陈列与墙面配合的效果要低得多，所以在大型卖场墙面装潢上，店铺可以尽可能节约一些费用，但墙面必须坚固。大多数大型卖场都经营冷冻类食品或生鲜食品，由此产生的水汽对墙面会有侵蚀作用，此时可选用瓷砖作墙面保护，同时也方便清洁。其他形式的零售卖场则应根据销售的商品和顾客特征等来设计墙壁，可以选择天然材料墙面、木材墙面、镜面、壁纸等材质。

（3）天花板。天花板的作用不仅仅是把卖场的梁、管道和电线等遮蔽起来，更重要的是创造美感，创造良好的购物环境。零售卖场的天花板，力求简洁，在形状的设计上通常采用平面天花板，也可以是简单地设计成垂吊型，或全面通风型天花板。天花板的高度根据卖场的营业面积来决定，如果天花板的高度太高，顾客就无法在心平气和的气氛下购物；高度太低，虽然可以让顾客感到亲近，但也会使其产生一种压抑感，无法享受视觉上、行动上的舒适感及自由浏览的乐趣。所以，合适的天花板高度对卖场环境是非常重要的。天花板可以选用木板、石膏板、金属板、玻璃纤维板等材质装饰。

2. 灯光设计

灯光照明是对卖场的软包装，也可以向顾客传递信息，吸引顾客对商品的注意。商场内明亮、柔和的照明，可以准确地传达商品信息，消除陈列商品的阴影，展现商品魅力，制造情境。同时，还可引导顾客入店，便于顾客选购商品，缩短选购时间，增加效率。所以，照明是营造商场气氛的一种经济有效的装饰手段。灯光主要有三种类型：

（1）基本照明。基本照明是为了使整个商店的各个部分能获得基本的亮度而进行的照明，也是商店最重要的照明。由于许多店铺是向消费者提供家居日常用品，且采用消费者自选方式，为了使消费者能看清商品的外观和标价，商店基本的照明要求就是明亮。只有灯光够亮，才能吸引顾客。店内照明度不一定平均分配，一般在出入口、主要通道以及营业场所最里面的地方，照明度要有所增强。出入口的照明，主要为了达到吸引一般过往行人的注意，诱导他们进入店内。营业场所最里面的照明，是为了把入店的顾客，进一步诱导到商店的深处，使他们在行走过程中产生冲动购买。这几个关键地方的照明应保持高瓦数照明。此外，灯光在天花板上的排列走向十分重要，应与货架保持一致，呈自然走向，这样才能最大范围地照亮商品，消除阴影。

（2）特殊照明。特殊照明是为了突出某一特定商品而设置的照明，多采用聚光灯、探照灯等照明设备。特殊照明既要考虑如何吸引顾客注意力，又要与商品色彩协调烘托。一般来说，白光易展示商品本色，色光易调节视觉的丰富感。灯光的近效果易展示商品的品质，使顾客看得清晰。灯光的远效果，易于引起视觉的注意，渲染商品外形美。在百货商店或专卖店，以聚光光束强调珠宝、首饰、工艺品、手表等贵重精密商品的耀眼，不仅有助于消费者观看欣赏、选择比较，还可以显示出商品的珠光宝气，给消费者强烈的高贵、稀有感觉。而在超级市场，特殊照明主要用于生鲜食品，尤其是瓜果蔬菜，柔和的有色灯光照明既能起到装饰作用，又能让顾客产生丰富的联想，爱不释手。

（3）装饰照明。装饰照明对商店光线没有实质性的作用，主要是为了美化环境、渲染购物气氛而设置的，多采用彩灯、壁灯、落地灯、霓虹灯等照明设备。一般大型百货商店多使用装饰照明来突显其富丽堂皇，而超级市场如果规模不大应注重简洁明快，但若用装饰照明在节假日点缀一下，也能用鲜明强烈的光亮及色彩，给人留下深刻印象。

3. 色彩设计

色彩在现代商业中起着传达信息、烘托气氛的作用。通过色彩设计，可以创造一个亲切、和谐、鲜明又舒适的购物环境。不同的色彩环境，能引起顾客产生不同的联想和不同的心理感受，激发人们的消费欲望。

色彩的选择和搭配是一门艺术。人们对色彩的感觉，来自物理、生理和心理的几个方面的综合反应。因此，零售商根据卖场的定位、商品的属性以及顾客的行为特点，选择不同的色彩进行搭配，充分地展现卖场特色、商品的质感和量感，进而增加顾客对销售商品的信任感。具体细节如下：

（1）若向顾客提供大众化的商品，店铺一般要求采用较清新明亮的色彩。

（2）利用色彩装饰不同的空间，使卖场空间有纵深感，从而扩大空间的感觉，给顾客留下舒展开阔的空间感。

（3）天花板的颜色一般采用反射率高的色彩，不要让天花板转移顾客的注意力，从而冲淡了店内陈列商品对顾客的吸引力。

（4）墙壁被陈列商品的货架所倚靠，一般采用较淡的色彩，如白色或淡绿色，这样显得比较远，给人以面积扩大的感觉。

（5）地板也不要分散顾客的注意力，一般采用反光性较低的色调，避免喧宾夺主。

（6）大类商品的习惯色调分别为：服装，除大路货和童装外，均取高雅的色调；男性时装，明快的色调显示活力强、有气魄、粗犷有力；女性时装，则取和谐、柔和的色调。食品与营养品，多采用暖色系列。化妆品和护肤美容用品，多用中性色调和素雅色调。机电产品，多用稳重、沉静、朴实的色调，给人以坚固耐用的感觉。玩具和儿童文具，讲求调动兴趣与活泼感，多用鲜艳活泼的对比色调。药品，讲求安全与健康，多采取中性色彩系列。

4. 气味设计

气味设计，是卖场设计不可或缺的添加剂。宜人的气味，会对顾客的生理和心理产生影响，有效地刺激顾客的购物情绪；而不良的气味，则会适得其反。人们曾经对纽约的两家超市进行过一个试验，一家超市空气中弥漫着柠檬与薄荷的芳香，而另一家却没有。得到的顾客反映是，第一家商店比第二家更友好、更高级，管理也更好。美国国际香料公司，将各种人工香料装在精美的罐子里销售。根据定时设置，香料罐子每隔一段时间，会将香味喷在零售店内，以引诱顾客上门，试验结果表明，这种方法效果奇佳。

商店中的气味大多与商品相关，特别是在专业店中更为突出。良好的气味会引起顾客购买这些商品的欲望。有些商店现场制作食品，利用气味能收到很好的销售效果，如烤新鲜面包、烤鸡等。在现实生活中，许多顾客是从商品散发的气味，来判断其商品的质量状况。在水果店中，水果的清香气味可使顾客认定水果是新鲜的；花店中的花香气味、皮革店中的皮革气味、茶叶店中的清香气味等，均是与这些商品协调的，对促进顾客购买有帮助的。

气味有正面影响也有负面影响。不良气味会使人反感，有驱逐顾客的副作用。令人不快的气味，包括发霉的味道、抽烟散发的烟味、燃料味、油漆味、洗手间的气味等，这些味道都会使顾客感到极不舒服。

5. 音响设计

在商店里，利用背景音乐营造令人愉快的氛围，刺激消费者的购买欲望，十分普遍。在零售店的空间中，音乐的音响、和声、旋律作为一种信号，能刺激大脑的神经细胞，起到促销、减轻销售人员的疲劳、调节工作节奏以及缓解噪声的作用。

音乐可以成为控制顾客行为的直接方式。如，舒缓的音乐可以使顾客移动得更加缓慢，从而促使顾客浏览商品，而节奏快的音乐可以用来加快这一过程。在购买高峰时，播放一些奔放的音乐，以加快消费者流动。在购买低峰时，播放一些舒缓的轻音乐，留住消费者的脚步。晚上，商店快关门时，就播放快节奏的摇滚乐，使顾客早点离开。

如果一家零售店在入口处经常有悦耳的音乐，门外的顾客会更多地进入店内。对不同的零售空间，应该选播不同情绪色彩的音乐，以帮助表现其特性。如，书店宜高雅，服装店宜轻松，儿童用品店宜活泼，家具店宜温馨，等等。

5.2 卖场布局

依据位置与需要，店面布局的主要项目包括前方卖场、中央卖场和后方卖场。前方卖场布局主要包括设计规划停车场、卖场外观、橱窗展示、出入口、进货通道等；中央卖场布局主要包括设计规划顾客休息区、服务柜台、收银台、售卖区、视觉导引、商品分类配置、顾客动线规划、气氛营造等；后方卖场布局主要包括设计规划验货区、管理办公室、员工休息区、储存仓库、加工作业区、机电设施房等。

案例 5-5

玩具反斗城的卖场区域设置

玩具反斗城（Toys“R”Us）是全球最大的玩具及婴幼儿用品零售商，通过整合各类品牌，向消费者提供全方位及一站式购物的体验。它在美国和波多黎各有 873 家玩具反斗城和宝宝反斗城的店铺，还在其他国家拥有 600 多家店铺，并在 35 个国家和地区拥有超过 140 家特许专卖店。为使顾客购物更方便，玩具反斗城每间分店都会分为 7 个主题区域，不同区域都有不同的主题颜色，每个区都乐趣无穷。

反斗一族：玩具车迷及活泼好动男孩的动感地带。区内有超级英雄模型、手伴模型、电影和卡通主角、遥控车、模型车、玩具卡车、玩具飞机、玩具直升机、玩具组合等。

女孩至爱：让女孩的粉色童话梦想成真。该区布置不同类型的洋娃娃，包括时装造型娃娃、婴儿娃娃、绒毛娃娃、绒毛玩具、洋娃娃服装、首饰、造型衣服、玩具组合、角色扮演玩具等。

合家欢游戏：该区有最齐备的纸板游戏、家庭游戏、策略游戏和其他游戏，适合一家人玩乐。

益智玩具：最多种类的教育和学习玩具。积木、手工艺用品、电子学习辅助玩具和软件、泥胶、拼图、互动玩具、科学玩具、光学玩具、显微镜，还有学习用品，如书包、文具、书籍、蜡笔。最优良的教育玩具，适合帮助孩子的健康成长和早期学习。

潮流新领域：热卖的电子产品、收藏玩具、游戏、DVD/VCD 影碟、数码影碟，适合任何年龄段的孩子。此外，还有 Xbox、Play Station、手掌上游戏机、最新颖的电子游戏机和软件。

户外运动站：球类、自行车、游戏屋、滑梯、电动自行车、折叠踏板车、攀爬组合、冲浪板、滑水板、风筝、水上玩具、沙滩玩具、水池玩具、园艺玩具、环境游戏，每一件都给你无穷的户外乐趣。

宝宝反斗城：精选的初生婴儿用品、婴儿安全及护理产品、最齐备的婴幼儿玩具及早教玩具。婴儿手推车、提篮、汽车椅、加高椅、摇篮车、婴儿床、游戏床、安全栏、婴儿食品和奶粉、婴儿床玩具、沐浴玩具、音乐玩具、摇铃。

资料来源：中外玩具网，https://news.ctoy.com.cn/show-4426.html.

5.2.1　卖场的通道与货架布局

中央卖场的通道与货架布局，应当引导顾客走过商店大部分的地方，并引发额外的购买，以增加购买量。此外，布局应在给予顾客足够的空间购物与运用有限、珍贵的空间放置更多的商品之间，取得平衡。中央卖场通道与货架布局主要有三种类型——格子式布局、岛屿式布局、自由流动式布局。

☞ **零售风流人物**

英格瓦·坎普拉德

宜家的创始人

“跟饥肠辘辘的人是做不了生意的。”

1926年，英格瓦·坎普拉德（Ingvar Kamprad）出生在瑞典南部的埃耳姆哈耳特，父亲是农场主。坎普拉德的幼年生活无忧无虑，家中并不缺钱，但是他从小就展示了精明的商业天赋，简直是日后人生的缩影。五岁那年，他发现从斯德哥尔摩买入成捆的火柴非常廉价，转手就散装卖给了附近的居民，赚来了不少利润。发现了这一规律后，坎普拉德又开始贩卖鱼类、圣诞节装饰品和圆珠笔。17岁那年，坎普拉德拿着父亲奖励自己的第一笔财富创办了宜家。最初宜家的主要产品是坎普拉德叔叔自己制作的柜子，接着他将目光投到了生活中必需的小物件上，手表、尼龙袜、相框……通过邮寄订购的方式，一步步拓展自己的家居市场。截至2020年，这座世界最大的家居王国已经建立了近80年了。庞大的营业数据，让人惊叹不已。

资料来源：和讯网，http://futures.hexun.com/2018-01-29/192340806.html.

1. 格子式布局

格子式布局是指商品陈列架与顾客通道都呈长方形状分段安排，而且主通道与副通道保持一致，所有货架相互成平行或直角排列。这是传统的店面布局形式，在超级市场中常可看到。当购物者在走道上推着购物车，转弯就可以走到另一条平行的走道上。这直直的走道和90度的转弯，可以使顾客依着同一方向有秩序地移动下去。格子式布局可以根据卖场规模、卖场特点、顾客习惯而采取各种具体形式。

（1）格子式布局的优点：①布局井井有条且有效率；②走道依据客流量需要而设计，可充分利用销售空间；③由于商品货架的规范化安置，顾客可轻易识别商品类别及分布特点，便于选购；④易于采用标准化货架，可节省成本；⑤有利于营业员与顾客的愉快合作，简化商品管理及安保工作。

（2）格子式布局的缺点：①卖场氛围较为单调；②当较拥挤时，易使顾客产生被催促的不良感觉；③室内装修方面创造力有限。

2. 岛屿式布局

岛屿式布局是在营业场所中间将货架布置成不相连的岛屿形式，在岛屿中间陈列商品。这种形式一般用于百货商店或专卖店，主要陈列体积较小的商品，有时也作为格子式布局的补充。

（1）岛屿式布局的优点：①布局富有创意，采取不同形状的岛屿设计，可以装饰和美化营业场所；②商场气氛活跃，能增加顾客的购物兴趣，并延长逗留时间；③容易引起顾客冲动性购买；④满足顾客对某一品牌的全方位需求，对品牌供应商具有较强的吸引力。

（2）岛屿式布局的缺点：①布局过于变化会造成顾客迷失，顾客会因无耐心寻找而放弃一些计划内购物；②不利于最大限度地利用营业面积；③现场需要较多人，不便于柜组营业员的互相协作；④货架不规范，货架成本较高。

3. 自由流动式布局

自由流动式布局是以方便顾客为出发点，试图把商品既有变化又较有秩序地展示在顾客面前。自由流动式布局综合了格子式布局和岛屿式布局的优点，根据商场的具体地形和商品特点，有时采用格子式，有时采用岛屿式，是一种顾客通道呈不规则路线分布的布局方式。

（1）自由流动式布局的优点：①货位布局十分灵活，顾客可以随意穿行各个货架或柜台；②卖场气氛较为融洽，可促成顾客的冲动性购买；③便于顾客自由浏览，不会产生急切感，增加顾客的滞留时间和购物机会。

（2）自由流动式布局的缺点：①顾客拥挤在某一柜台，不利于分散客流；②顾客难于寻找出口，难免心生怨言；③不能充分利用卖场，浪费场地面积；④这种布局方便了顾客，但对商店的管理要求却很高，尤其要注意商品安全的问题。

案例 5-6

宜家的动线设计

如何让顾客在“巨无霸”的展场中饶有兴趣而不会逛得眩晕？如何把品种繁多、档次不一的产品有序而不遗漏地卖出去？在宜家，顾客根本不需要担心“迷路”。这种自信来自“一线式”动线设计对人流高效的引导和分割。宜家的“一线式”动线设计能让消费者“不知不觉”地逛遍卖场的每个角落。宜家对逛店路线进行相对固定的规定，但是提示性很好，随处可见“你现在所处的位置”的提示及地下的箭头提示。宜家卖场的每一个关键的节点都设立了醒目的“路标”，上面有整个卖场的动线平面图，每块指示牌上都写着“捷径至”的字样，这无形中方便了老顾客的购物。

一位从事商业卖场设计的建筑设计师认为，宜家卖场的这种“动线”看起来很简单，但实际上动用了很多心思，宜家对消费者心态的精确把握也主要体现在随“动线”而变化的产品排布上。“动线”只是“隐形的骨架”，而真正让宜家丰满起来的，还是那琳琅满目的产品。宜家的卖场和大部分零售卖场不一样，也和大部分家居卖场不一样，它从不把相同产品进行大集纳，而是根据人的正常活动需求来分类，每类产品只出现一次，从而节约场地，更体现产品的多样性。不同类的产品在一个区域内出现，达到对其产品功能的完美阐释，却需要到其他地方购买。宜家根据消费者在家的活动情况进行产品摆放：做饭、吃饭、休息、床上活动、不同的灯光使用、读书、收纳……有什么样的活动，就摆放什么样的产品，这也是宜家独特的布展方法。

尤其值得注意的是，宜家在设计卖场时，充分调查和考虑了当地人的居住现状和消费习惯，卖场的高度、灯光以及走廊的宽度、样板间的户型及面积大小等都是对大部分家居环境的再现，避免顾客因为参照物的原因对产品产生思考偏差。

资料来源：百度文库，https://wenku.baidu.com/view/5d2a557190c69ec3d4bb7509.html.

5.2.2 卖场的商品布局

零售企业在完成中央卖场通道与货架布局之后，就必须对其商品进行布局。在布局时，必须确定各类商品按什么样的结构比例配置，每种商品应配置在卖场中什么位置。如果商品配量不当，会造成顾客想要的商品找不到、不想要的商品却太多的假象。这样不仅浪费了陈列货架，而且造成商品周转不畅、资金挤压，最后导致经营失败。

案例 5-7

联华鲸选：借助“品类集合馆”驱动大卖场转型

2017年8月15日，世纪联华旗下新业态鲸选未来店在杭州正式开业。鲸选店约有20 000平方米，定位为面向“90后”客群的一站式消费综合业态。从业态组合上来看，它似乎与诸多试水“超市＋餐饮”的新零售差异不大，即在超市业态中扩大餐饮比重，以堂食集客，并带动相关食材售卖。但从其运营模式来看，鲸选实际上属于世纪联华推动大卖场转型的新尝试，即以专业店思维运营不同品类，根据商圈特性、消费习惯等因素在不同卖场中组合呈现，使大卖场趋向“购物中心化”。鲸选将不同品类划分为“精品馆”形式运营，并非简单的商品分区，而是以专业店思维对商品结构、商品品质、卖场服务等要素进行升级。

进入鲸选门店，卖场被两条动线划分为超市部分与餐饮部分，均采用模块化经营。所谓模块，是指鲸选按照乳制品、家居用品、休闲食品、美妆用品等品类，将商品划分为独立区域，类似于品类专业店。而在餐饮部分，则是根据日料、海鲜、牛排、生鲜食材等品类设置不同的美食体验区。在这里，卖场不再是单纯的购物场所，还是集家庭消费、社交体验、时尚消费、文化消费等一站式潮人购物体验为一体的实体店。

资料来源：第三只眼看零售，微信公众号。

1. 商品布局的面积分配

各类商品的布局面积分配，可以采用两种方法：

（1）需要法。就是卖场根据各类商品必需的面积来定，服装类和鞋类商品适宜采用此方法。

（2）利润法。就是卖场根据顾客的购买比例，或各类商品单位面积的利润率来定，零售超市和书店适宜采用此方法。如，超市卖场内的商品面积配置就是与顾客日常支出的商品比例相同。

2. 商品布局的位置确定

卖场商品的种类繁多，商品布局位置的配置，按顾客的购买习惯来确定较好，并且需要相对固定下来，以方便消费者寻找。在规划商店货位分布时，可以采用如下几种方法：

（1）交易次数频繁的商品摆放。交易次数频繁、挑选性不强、色彩艳丽、造型美观的商品，适宜设在出入口处。如日用品，放在出入口，顾客进门便能购买；某些特色商品，布置在入口处，也能起到吸引顾客、扩大销售的作用。

（2）贵重商品、构造复杂的商品摆放。贵重商品、构造复杂的商品，以及交易次数少、选择性强的商品，适宜设置在多层建筑的高层或单层建筑的深处。

（3）关联商品摆放。关联商品可邻近摆放，相互衔接，充分便利选购，促进连带销售。如，将妇女用品和儿童用品邻近摆放，将西服与领带邻近摆放，将果蔬与肉禽蛋等邻近摆放。

（4）冲动性购买商品摆放。将易产生冲动性购买的商品放于明显部位，吸引顾客，或在收银台附近摆放些小商品或时令商品，顾客在等待结算时可随机购买一两件。

案例 5-8

屈臣氏收银台，你可能不知道的秘密

收银台是顾客付款交易的地方，也是顾客在商店最后停留的地方，对于任何一家零售卖场来说，重要程度都不言而喻。屈臣氏的收银台是所有零售卖场中最复杂的，也是最多学问的。

第一代屈臣氏商店的收银台设置在店铺的最里面，原因是收银台设置在店铺门口会给顾客造成压力，导致顾客不愿意进入店铺，同时收银台在商铺里面可以引导顾客进入商场最里面。

后来屈臣氏发现，收银台在最里面，顾客不容易找到付款的地方，而且不方便付款。结合超市的特点，屈臣氏将收银台设置在店铺的入口靠墙的地方，以方便顾客付款，这就是第二代的屈臣氏店铺。

然而，随着生意红火，屈臣氏的管理者发现，收银台设置在入口处对客流造成阻碍，同时结合"屈臣氏发现式陈列"，收银台放在店铺的中间是最合理的。在屈臣氏第三代以后的店铺都一直遵循这种标准。

屈臣氏的收银台除了付款功能，还有服务台功能，包含开发票、广播中心、顾客投诉接待、商品退换，收银台还是一个商品促销中心、宣传中心。这样一个多功能的枢纽之地，屈臣氏有一套完整的独特操作方案。

（1）收银台的设计：屈臣氏的收银台不像其他超市的，很特别，高度为 1.2 米，据说这是顾客在付款时感觉最舒适的高度，不会因太高而显得压抑，在每个收银窗口处有个凹槽，这个设计是专门方便顾客在买单时放置购物篮的，在收银台上装置有一些小货架，摆放一些轻便货品如糖果、香口胶、电池等一些可以刺激顾客即时购买意欲的商品，一切都非常人性化。

（2）收银台的商品陈列技巧：收银台是一个促销中心，在屈臣氏促销活动中，一直都保持着三种特惠商品，顾客在一次性购物满50元就可以加多10元超值换购其中任一件，所以在收银台前面摆放有三堆商品，就是这三种特惠商品。当顾客在付款的时候，收银员会在适当的时候向顾客推介优惠的促销商品，让顾客充分感受到实惠。在收银台的背后靠墙位置，主要陈列一些贵重、高价值的商品，或者是销售排名前10名的商品。

（3）收银台的宣传中心功能：屈臣氏收银台的布置，必须体现当期正在进行促销的活动，如陈列大促销挂画、发放促销赠品、促销宣传手册，当收银员稍微有时间，必须安排广播促销商品推介。

屈臣氏赋予收银台如此多的功能，其主要目的就是尽量提高工作效率，做好销售服务工作。

资料来源：新连锁，https://m.sohu.com/a/205266961_713550.

（5）商品性能特点摆放。要把相互影响大的商品货位适当隔开，如串味食品，熟食制品与生鲜食品、化妆品与烟酒、茶叶、糖果饼干等。

（6）客流量相间摆放。将客流量大的商品部、组与客流量较少的商品部、组相邻摆放。一方面可以缓解客流量过于集中，另一方面可诱发顾客对客流量较少商品的连带浏览，增加购买机会。

（7）顾客行走规律摆放。我国顾客行走习惯于逆时针方向，即进商店后，自右方向左观看浏览，可将连带商品顺序排列，以方便顾客购买。

（8）方便搬运摆放。体积笨重、销售量大、续货频繁的商品，应尽量设置在储存场所附近。

3. 商品的磁石点布局

磁石点理论认为，店铺中最能吸引顾客眼光、最能引起冲动性购买的地方，是磁石点。根据其对消费者吸引力大小，可将其分为第一磁石点、第二磁石点、第三磁石点、第四磁石点及第五磁石点。运用磁石点理论进行商品布局，就是在各个吸引顾客注意力的磁石点布局合适的商品，来不断刺激他们的购买欲望，最大限度地增加顾客购买率，以此提高店铺的销量和坪效。具体布局如下：

- 第一磁石点

店铺位置：卖场中主通道的两侧；

主要特点：顾客的必经之地；

配置商品：主力商品、购买频率高的商品、采购力强的商品。

- 第二磁石点

店铺位置：主通道的末端；

主要特点：引导消费者走到商场最里面，要突出照明度及装饰；

配置商品：流行商品、色泽鲜艳、引人注目、季节性强的商品。

- 第三磁石点

店铺位置：超市中央陈列架的两端；

主要特点：顾客接触频率最高，盈利机会大，应重点配置；

配置商品：特价商品、高利润商品、季节性商品、厂家促销。

- 第四磁石点

店铺位置：卖场副通道的两侧；

主要特点：吸引顾客一段一段向前走，走向卖场货架纵深处，提高顾客接触商品机会；

配置商品：热门商品、有大量陈列的商品、广告宣传的商品。

- 第五磁石点

店铺位置：收银台前（旁）的卖场区域；

主要特点：达到在即将付款时再次刺激顾客、留住顾客的目的；

配置商品：陈列随机购买性强的个人及家庭日常备用小商品。

5.3 商品陈列

商品陈列是指将商品经过艺术性地处理，并直接展现在顾客面前，它对美化商店环境和促进商品销售都起到十分重要的作用。商品陈列通过视觉上的冲击，为商品增加附加价值。据有关调查显示，87% 的顾客是由于商品陈列的刺激而形成了购买行为。由于商店种类不同，它们对商品陈列的要求也不同，即使是同一类专卖店，也有必要形成自己的陈列特色。

“码”上看：扫码阅读《水果的商品陈列技巧》

5.3.1 商品陈列的原则

1. 易见易取原则

易见，是使商品陈列容易让顾客看见，一般以水平视线下方 20 度为中心往上 10 度和往下 20 度范围为易看见部分。易取，就是要使商品陈列容易让顾客触摸、拿取和挑选。与此关系最密切的是，陈列的高度及远近。

依陈列的高度可将货架分为三段：中段为人的手最容易拿到的高度，男性为 70～160 厘米，女性为 60～150 厘米，这个高度为黄金位置，一般用于陈列主力商品或有意推广商品；次上下端为人的手可以拿到的高度，次上端男性为 160～180 厘米，次上端女性为 150～170 厘米，次下端男性为 40～70 厘米，次下端女性为 30～60 厘米，一般用于陈列次主力商品；上下端为人的手不易拿到的高度，上端男性为 180 厘米以上，上端女性为 170 厘米以上，下端男性为 40 厘米以下，下端女性为 30 厘米以下，一般用于陈列低毛利、补充性和体现量感的商品，上端还可以有一些色彩调节和装饰陈列。

有关远近的问题，放在前面的商品要比放在后面或里面的更容易拿到手。为使里面的商品容易拿取，常用的办法是架设阶层式的棚架。但要考虑到其安全性，以免堆高的商品掉落下来。

☞ 零售风流人物

苏黎晖

元初食品创始人

“我们希望继续为厦门市民提供健康三餐的生鲜食品，坚持最大程度原生态、少处理、少添加。”

1989 年，苏黎晖从厦门大学法律专业毕业。毕业后没有从事与法律相关的工作，而是一直跟食品打交道。1999 年，苏黎晖毕业后就职的外贸企业倒闭了，她也失业了。那年，她开启了创业之路。本着为海外华人提供家乡美食的初衷，她成立了天酬公司，专业经营中国食品出口，并且发展到拥有六大自有品牌，产品多达 1 000 多个品种，与近 500 家遍布中国的出口食品生产厂商合作，出口美洲、欧洲、澳洲及日本等国家和地区。2004～2007 年，苏黎晖侨居游学加拿大。“十年来，我只做一件事，就是把中国的优质食品出口到世界各地，为什么不能让国内的消费者也享受到这些高质量的出口食品呢？”因此，自加拿大回国后，做了 10 年出口贸易的苏黎晖，萌生了开超市的想法，销售自己在国外同步上市的自有品牌食品，与更多国内同胞分享符合欧美日等发达国家食品安全标准的食品。2011 年 9 月，第一家元初食品超市在槟榔小区开业。这家全新的超市一开始亮相时，苏黎晖在店里制作香菇炖鸡、凉拌木耳等食品，并提供试吃服务，新颖的体验式销售，得到了消费者的认可。但是很快，苏黎晖发现店里的业绩开始下滑，因为店里的商品大多是干货，属于低频消费品类，消费者还需要更多高频消费的日常必需品，如蔬菜、肉、蛋等。但是，这类食品并不是苏黎晖熟悉的领域。如何确保上架食品不含农药残留、转基因、添加剂这些有害物质？不得不说，虽没有走上法律专业的道路，但是，法律专业素养使苏黎晖更为严谨，对产品的要求更为严苛，这一点对从事食品行业尤为重要。食品的安全，对她来说就是一条不可逾越的红线，始终如一。苏黎晖建立自己的食品安全内控机制，严格筛选合作农场。除此之外，苏黎晖还让员工深入基地管控种植过程，与厦门大学共建食品安全研究发展中心，主动导入第三方检测机制，这些措施都是为了确保食品的安全和品质。大米、五谷、麦片、食用油、香菇、坚果等，超过 50% 的商品，都纳入元初超市自有品牌的开发和管理。而消费者也更愿意为高品质的安全食品买单。在过去几年里，元初超市的会员贡献了 70% 的营业额，实现了专业零售人士非常羡慕的复购率。元初食品以其健康食品的理念受到消费者青睐。

资料来源：全景网，搜狐号，https://www.sohu.com/a/207265060_115124.
联商网，http://www.linkshop.com.cn/web/archives/2016/352051.shtml.

2. 分区定位原则

所谓分区定位，就是要求每一类、每一项商品都必须有一个相对固定的陈列位置。一经配置后，商品陈列的位置和陈列面就很少变动，除非因某种营销目的而修正配置。这既是为了使商品陈列标准化，也是为了便于顾客选购商品。分区定位应注意：

（1）向顾客公布货位布置图，并按商品大类或商品群设置商品标示牌，使顾客一进门就能初步了解自己所要购买商品的大概位置。

（2）为便于消费者购买日常生活小商品，可在开架陈列区外，设立便民服务柜，实施面对面销售。

（3）将同类商品纵向陈列，即从上而下垂直陈列，使同类商品平均享受到货架上各段位的销售利益。

（4）商品货位要勤调整，分区定位并不是一成不变的，要根据时间、商品流行期的变化随时调整。但调整幅度不宜过大，除了根据季节以及重大的促销活动而进行整体布局调整外，大多数情况不做大的变动，以便于老顾客凭印象找到商品。

3. 先进先出原则

当商品第一次在货架上陈列后，随着时间的推移，商品就不断被销售出去。这时就需要进行商品的补充陈列。补充陈列时，要遵循先进先出原则来进行。

（1）要将原先陈列商品取下来，用干净的抹布擦干净货架。然后，将新补充的商品放在货架的后排，原先的商品放在前排。因为商品的销售是从前排开始的，为了保证商品生产的有效期，补充新商品必须是从后排开始。

（2）当某一商品即将销售完毕时，暂未补充新商品，这时就必须将后面的商品移至前排陈列，绝不允许出现前排空缺的现象。

如果不按照先进先出陈列的原则，那么后排的商品将会永远卖不出去。超市的食品是有保质期限的，因此，采用先进先出的方法来进行商品补充陈列，可以在一定程度上保证顾客购买商品的新鲜度。

4. 量感陈列原则

量感陈列一般是指商品陈列数量的多寡。超市的商品，做到放满陈列，可以给顾客一个商品丰富、品种齐全的直观印象。同时，也可以提高货架的储存功能，相应地减少超市的库存量，加速商品周转速度。放满陈列可提高销售额。

量感陈列具体要做到以下要求：货架每一格至少陈列三个品种，畅销商品的陈列可少于三个品种，保证其量感；一般商品可多于三个品种，保证品种数量。按每平方米计算，平均要达到 11～12 个品种的陈列量。当畅销商品暂时缺货时，要采用销售频率高的商品来临时填补空缺商品的位置，但应注意商品的品种和结构之间关联性的配合。

目前这种观念正在逐渐发生变化，从只强调商品数量改变为注重陈列的技巧，从而使顾客在视觉上感到商品很多。如，所要陈列的商品是 50 件，那么通过量感陈列会让人觉得不止 50 件。所以，量感陈列一方面是指实际很多，另一方面则是指看起来很多。量感陈列一般适用于食品杂货，以亲切、丰满、价格低廉、易挑选等特点来吸引顾客，在低价促销、季节性促销、节庆促销、新产品促销等情况下使用。量感陈列的具体手法有店内吊篮、店内岛、铺面、平台、售货车及整箱大量陈列等。

5. 纵向陈列的原则

系列商品的垂直陈列，称为纵向陈列。纵向陈列能使系列商品体现出直线式的系列化，使顾客一目了然。人的视觉规律是上下垂直移动方便，其视线是上下夹角 25 度。顾客在离货架 30～50 厘米距离时挑选商品，就能清楚地看到 1～5 层货架上陈列的商品。而人视觉横向移动时，就要比前者差得多，因为人的视线左右夹角是 50 度。顾客在离货架 30～50 厘米距离时挑选商品，只能看到横向 1 米左右距离内陈列的商品。因此，系列商品纵向陈列，会提高 20%～80% 的商品销售量。而横向陈列，顾客在挑选系列商品某个单品时，就会感到非常不便。

案例 5-9

茑屋书店的生活场景关联陈列法

1983 年，第一家茑屋书店在枚方成立，定位于日本年轻一代的消费群体，开创了集书籍、唱片和录像带于一体的综合连锁书店经营模式的先河，消费者可以在书店内同时找到爱听的音乐、爱看的小说和电影，极大地方便了消费者购书、淘歌的过程。2003 年，公司与星巴克合作，在京东都港区开设“Tsutaya Tokyo Roppongi”，消费者在阅读的同时可品尝咖啡，这一全新的“Book & Cafe”模式迅速在日本流行起来。2011 年，代官山茑屋书店成立。作为旧式茑屋书店的进化版，代官山店考虑到日本人口结构和收入水平，将目标客户群体调整为 50～60 岁的中高收入阶层，也恰好与茑屋成立之初的第一代客户群体高度重合。书店主营书籍、唱片和电影，但对空间进行了重构，将咖啡、饮食、亲子、文体活动和慢生活融入其中，打造生活方式提案场所。随着电商崛起和电子阅读工具创新，越来越多消费者选择网购和阅读电子书，根据《朝日新闻》的相关数据，我们估计日本每年有 300 余家书店面临倒闭风险。但茑屋书店通过“书 X”的全新经营模式，从 1983 年成立第一家书店起，一路逆势发展，截至 2016 年年底，在日本共开设 1 459 家门店，2016 年书籍和杂志的销售额创历史新高，约 1 300 亿日元（合 79 亿元人民币），现已成为日本最大的连锁书店。

作为“图书 + 文创”模式的先行者，茑屋书店值得大家学习的地方很多，其中，场景化陈列已经做到了炉火纯青的地步。茑屋书店将场景化陈列与卖场空间有机融合在一起，将书店打造成自家书房的感觉。不同于传统书店按照书的属性（参考书、漫画书、旅游指南等）进行分类的方式，茑屋书店将书按照内容和生活场景分成人文文学、艺术、建筑、汽车、料理和旅行等板块，并随生活场景放置关联产品。比如，在“旅游”的主题陈列中，书店将关于旅行的图书、唱片、地图甚至用品等组合在一起，暗示读者，“关于旅行你在这个角落可以买到所有关联商品”。并且在旅游区域，书架后设有旅行咨询台，顾客在书店即可了解出行的相关信息甚至制订具体的旅游计划。再以“料理”主题为例，茑屋书店同样会将关于烹饪的图书、调味品、食品甚至酒水组合在一起。在稻米主题的展台上，消费者可以购买到各种品种和规格的大米；在菜谱展示台上，消费者甚至可以买到料理所需的工具及调料等。生活场景的关联陈列，极大地增加了阅读的趣味性，调动消费者的消费冲动，并使之转化为实际购买行为，提高客单价。

资料来源：赵向阳，微信公众号 / 第三只眼看零售（ID：retailobservation）。

5.3.2 商品陈列的方式

商品陈列能向消费者提供商品信息并发挥宣传作用。下面介绍一些常用的商品陈列方式。

1. 分类陈列

分类陈列是根据商品质量、性能、档次、特点或消费对象，分门别类地展示陈列。如，电器商品按冰箱、洗衣机、彩电、电脑等大件商品以及电饭锅、微波炉、榨汁机等小型电器分类展示；化妆品按价格档次从低到高分类排列；食品按糕点、饼干、面包等分类排列等。分类陈列有利于消费者在不同的花色、质量、价格之间比较挑选。分类陈列最适合周转快的商品，是超市中最常用的陈列方法。

2. 主题陈列

主题陈列是将待售商品布置在一个主题环境或背景之中。一个主题能使零售商营造一种独特的气氛或情绪，并集中陈列该主题下的各种连带性商品，如，开学时陈列学生学习用品；中秋节辟出专门场地，集中陈列水果、月饼等；奥运会期间集中陈列有运动会标志的产品等。每个主题，都是为了吸引顾客的注意力，使选购变得轻松愉快。

3. 端头陈列

端头即货架两端，这是销售力极强的位置。端头陈列可以是单一品项，也可以是组合项，以后者效果为佳。端头组合陈列品项不宜太多，一般以 5 个为限。品项之间要有关联性，绝对不可将无关联的商品陈列在同一端头内。在几个组合品项中可选择一个品项作为促销品，以低价出售，目的是带动其他品项的销售。

4. 突出陈列

突出陈列是将商品放在篮子、车子、箱子或突出板内，陈列在相关商品的旁边销售，主要目的是诱导和招揽顾客。突出陈列应注意：①突出陈列的高度要适宜，既要能引起顾客的注意，又不能太高，以免影响货架上商品的销售效果；②突出陈列不宜太多，以免影响顾客正常的路线；③不宜在窄小的通道内做突出陈列，以免影响通道顺畅。

5. 悬挂陈列

用固定或可以转动的装有挂钩的陈列架，陈列缺乏立体感的商品，一般适用于日用小商品，如剃须刀片、袜子、手套、帽子、小五金工具、头饰等。

6. 箱式陈列

将非透明包装商品的包装箱上部切除，或将包装箱的底部切下来作为商品陈列的托盘，以充分显示商品包装。这是一种节省费用的陈列方法，超市和折扣商店经常开箱陈列商品。优点是能降低陈列费用，树立低价的形象。

7. 岛式陈列

运用陈列柜、平台、货柜等陈列工具，在卖场的适当位置展示陈列商品。这种陈列能强调季节、时令和丰富感。应注意：陈列工具应与商品特征相配合；陈列工具一般适宜放置在卖场的前部和中部，这样就能向顾客充分展示岛式陈列的商品，如果陈列在后部往往会被货架挡住视线；陈列工具不宜太高，以免影响顾客的视线；陈列工具最好装有滑轮和搁板，以便根据需要而调整；陈列工具要牢固、安全。

案例 5-10

胖东来超市商品陈列值得借鉴的细节

好的陈列方式，不但能够增加视觉上的美观度，更重要的是提升销量，并且能够在最大程度上，控制损耗，提升商品毛利。一直以来，胖东来除了好的商品和服务，陈列也备受推崇。胖东来的商品陈列与商品说明，一直是业内独树一帜的存在，下面介绍一些胖东来超市生鲜陈列值得借鉴的细节。

量感：无论是蔬菜，还是水果，都能绝对地体现量感，显然，这种陈列看到就有购买的欲望。

品种齐全：世界各地产的小众水果应有尽有，部分单品可能需求量较少，全部采取打包陈列方式，冷藏很好地控制了商品的损耗。

部分瓜类开边陈列：很多人在买西瓜的时候，喜欢象征性地掂一掂、敲一敲。其实到底如何判断一个西瓜的成熟与品质，他们可能并不知道。胖东来对西瓜、哈密瓜、柚子等水果，开边陈列，这样顾客就不用担心质量，可以放心大胆地购买。除了瓜类大量开边陈列，在打包包装上还增加了趣味性，让水果陈列出艺术美感。

水果拼盘陈列：精致的水果鲜切在近几年备受欢迎，尤其是大批的年轻客群对此需求十分高。胖东来门店，水果拼盘绝对是顾客视线能看到的现场制作的，没有使用任何残次水果；绝对新鲜，不会隔夜，或许他们规定的时间会定在几个小时内；便利，清楚标明有小叉子自取；水果拼盘花样花色多，满足不同的购买需求。

贴心的商品说明：如，柚子的挑选，大家习惯选分量重的。但真实的甜度如何，商家也说不清楚。胖东来用数字标明了柚子的糖度最高为16，其所售柚子的糖度为10.8。如，柿子的售卖区，胖东来会做出说明，柿子空腹是不能吃的，并且柿子皮也不能吃，更不能与螃蟹、虾同食。如，胖东来会提醒消费者，果味果冻生产原料中并没有果汁果肉，而是果味香精和食用色素，营养价值不高，建议孩子不要多吃。如，草莓的清洗小妙招，巧克力的储存和食用说明，粮食的选购和家庭存储方法，等等。

资料来源：万象云鼎，百度百家号，https://baijiahao.baidu.com/s?id=1646804596968671503&wfr=spider&for=pc.

5.3.3 商品陈列的检查要点

连锁公司的督导员、店长、组长等，对商品陈列负有检查、指导、督促的责任，检查的主要事项有：

1. 产品

（1）按销量排名推荐适合的商品。

（2）快销产品多重陈列面。

（3）主要品牌陈列在视线高度。

（4）尽可能使用货架标签、特价标识。

（5）进口商品应贴有中文标识。

（6）主推品项及新品加大陈列货位。

（7）产品包装正面面向顾客。

（8）注意陈列产品的清洁度及促销产品的美观度。

（9）检查陈列产品的生产日期，对保质期过半的产品加以关注。

（10）永远记住新货应补在陈列产品的后面。

（11）破损产品即时下架。

2. 位置

（1）最好卖的产品放到最好的位置上。

（2）高利润商品应陈列在目视同等高度的货架上。

（3）将商品陈列在顾客所期望的区域及拿得到的地方。

（4）尽可能做大量陈列。

（5）替代性商品应陈列在一起。

（6）促销、主力销售的商品应陈列在入口等优势位置的货架上。

（7）每一种商品不能被其他商品挡住视线。

3. 价格

（1）所有产品都要有相应的商品价格标签。

（2）商品价格标签清晰醒目。

（3）商品价格标签应与商品相对应，位置正确。

（4）标识必须填写清楚，产地名称不得用简称，以免顾客不清楚。

（5）商品价格标签的打贴位置应在商品正面的右上角，如遇右上角有商品说明文字，可打贴在右下角。

（6）罐头商品价格标签贴在右上角，绝不允许贴在罐盖上方，因为罐盖上方容易积灰尘，不便理货员整理清洁商品。

（7）瓶装商品价格标签贴在商品正面的右上角，如酱油、酒瓶等。

（8）高档商品、礼品的标签打贴位置，在商品正面右上角的侧面。

（9）商品因季节、时令价格调整时，必须将原价格标签撕掉，重新打贴价格标签。

（10）商品品名和贴有价格标签的商品正面要面向顾客。

4.促销

（1）根据市场需求安排促销陈列。

（2）促销陈列不能替代正常货架陈列。

（3）有效使用促销品。

（4）过期、破损的促销品及时更新。

（5）把促销品放在最能吸引消费者的地方。

本章小结

（1）店铺规划是指零售商通过店面设计、卖场布局和商品陈列，创造一种最佳气氛的购物场所。

（2）店面外部环境设计，主要包括建筑物的造型与外观、门面和出入口设计、停车场设计、橱窗设计等。

（3）店面内部氛围设计，主要包括地面、墙壁、天花板的表面修饰，灯光、色彩、气味和音响设计。

（4）卖场的通道与货架，主要有格子式、岛屿式、自由流动式三种类型的布局。

（5）卖场的商品布局，主要考虑面积分配和位置确定问题。

（6）商品陈列，遵循易见易取、分区定位、先进先出、量感陈列、纵向陈列等原则。

（7）常用的商品陈列方式，有分类陈列、主题陈列、端头陈列、突出陈列、悬挂陈列、箱式陈列、岛式陈列等。

（8）商品陈列的检查，可以从产品、位置、价格、促销四个维度罗列要点。

术语及热词

布局 是指门店各大小商品组及部门的相关配置位置。具体布局最好以货架鸟瞰图表示。一个合理的布局最好不要有死角产生，同时要考虑存货周转的速度、商品与周转仓之间的距离，避免高回转商品在距离周转仓最远的地方。

主通道　是指门店内 4～7 米宽、供客人大量流动的走道，一个门店通常各有两条直向及横向的主走道，以疏散人流。

饰面　是商品的表面，如：长方形的货品有六个饰面。

颜色控制　就是将货品最佳的饰面面向顾客陈列。

色彩搭配　利用色彩带来心理及生理方面的效果，进行色彩搭配和调和，刺激顾客的购买欲望。搭配应注意以下五点：

（1）对需要进行色彩配搭的商品的整体色彩、形象和背景进行平衡。

（2）决定商品整体的主色彩。

（3）适度体现色彩配搭的个性。

（4）不胡乱使用过多的色彩。

（5）注意明暗度和彩色度的对比。

展示　将商品和装饰品在零售空间里表示，目的是提高店铺及商品形象，达到最终促销的作用。展示有以下五方面要求：

（1）综合考虑经济现状、消费动向、社会热门话题等。

（2）综合考虑地区商店的顾客层次，展示要符合顾客感知水平。

（3）展示需醒目：商品本身的色彩、背景的装饰等。

（4）正确介绍商品的设计、材料、价格等。

（5）给顾客带来愉快感和提高其审美意识。

保质期　是指供应商在法律上对商品质量负责任的最后期限。每一种商品品类的保质期是不同的，鲜奶等生鲜类食品保质期最短，一般为 3～5 天，较长的罐头等加工食品，一般为 1 年左右，最长的日化洗涤用品一般有 2～3 年的保质期。消费者常有一种错误的认知，就是以为一旦过了保质期后，商品就不能吃或不能再使用了。事实上，过了保质期后，商品在正常储存条件下，至少还能延长 50% 的时间而不变质。

整洁　指商品、设备、备用品都光亮照人，给人愉快的感觉。整洁不单是指扫除和清理垃圾。

先进先出　在补充商品陈列的时候，先进库的货物应先安排出库，后进的货物推后出库陈列。这是防止商品积压，并保证提供新鲜商品的重要措施。

最小陈列量　是指如果在此基础上陈列继续减少的话，就可能造成销售活动中断。因此，必须保证在最小陈列量时就补充商品。

季节性商品　是指在生产、收购和销售上有显著季节性特点的商品。如农副产品、夏凉商品、冬令商品等。为了保证应季商品的正常供应，零售企业对季节性商品一般是根据生产和销售特点，提前做好商品上市前的货源准备工作。

商品组合　指按顾客需要，进行的货场商品调配。如，烹煮用具，如果按照金属制品、玻璃制品、陶瓷制品来划分的话，对厂商有利，但非常不便于消费者购买商品，这种做法在零售行业是不允许的。

选购商品 是指购买频度低的商品，以及各购买因素中主要受个人的喜好来决定的商品。如：部分仪器、家居用品、牛仔裤、衬衣等。

关联商品 指顾客在购物时附带购买的商品。在商品部门的构成中，首先要考虑是否有利，然后要考虑是否相关，因为相关销售是提高购买数量的有效方法。

季节商品 特别指适应最佳季节性的商品，如西瓜，销售的最佳时期应与食品出产量的高峰时期保持一致。季节商品在商场及时销售可以给顾客季节性的感受。

重点销售商品 零售企业为确保一定的销售额及毛利，特别计划重点向顾客推销的商品或商品群。通常这类商品陈列于主要通道两旁，来吸引顾客的注意力。

缺货 应有而没有的商品。通常这种情况是由于订了货而未能收到货，或没有及时发觉无货而补充货源，而不是指存货量为“零”的意思。

思考讨论

1. 为什么商店氛围是影响顾客购买行为的一个重要因素？
2. 音乐在什么情况下会给店铺经营带来负面影响？
3. 爆款是如何打造的？
4. 宜家在商品陈列上有哪些特色及成功之处？

小试身手

去一家购物中心，研究该购物中心的店面设计，并绘制其布局图。分析该购物中心在设计、布局和视觉营销方面有哪些可取之处和需改进的地方，并给出改进方案。

课外阅读推荐

[1] 张志安 . 新零售时代的实体店营销 [M]. 北京：电子工业出版社，2018.

[2] 新山胜利 . 服务的细节：完全商品陈列 115 例 [M]. 扈敏，译 . 北京：东方出版社，2011.

[3] 福田博英 . 服务的细节 068：有趣就畅销！商品陈列 99 法则 [M]. 王高婷，译 . 北京：东方出版社，2018.

[4] 阿福先生 . 好陈列胜过好导购（升级版）[M]. 北京：北京联合出版公司，2015.

[5] 张耀引，任新宇，李鸿明 . 商业展示设计案例精选 店面设计 [M]. 北京：中国电力出版社，2013.

[6] 摩根 . 视觉营销：橱窗与店面陈列设计 [M]. 毛艺坛，译 . 北京：中国纺织出版社，2019.

[7] 陈根 . 图解陈列设计手册 [M]. 北京：化学工业出版社，2018.

CHAPTER6 第6章

商品规划与采购

学习目标

掌握：商品分类的方法；商品结构调整的依据；商品采购流程；自有品牌商品的开发实践。

理解：商品的组合结构；商品结构的类型；商品组合应遵循的原则；自有品牌的发展及竞争优势。

了解：商品分类的含义与标准；确定商品结构的考虑因素；新商品的引入、滞销品的淘汰、畅销品的培养；商品采购方式。

引导案例

好命天生，让“铲屎官”过上精致养宠生活

好命天生，一直在“精致养宠生活”的生态搭建上，不断地为“铲屎官”提供更个性化的养宠生活选择。品牌定位的目标消费人群是“泛95后”（“90后～00后”）新养宠人群，他们看重颜值，对产品品质有一定的要求，同时这部分人群大多刚刚走出校园或参加工作，经济上并不十分宽裕，消费时更倾向于平价产品。所以品牌的选品，是为消费者提供高颜值、高品质的平价产品。

（1）**高品质**。如，品牌最具代表性的尿垫产品，使用了无纺布工艺和日本住友高分子吸水材料。虽然材质简单，但在实际生产中具有一定难度，目前还没有看到其他使用这种工艺的尿垫产品。

（2）**高颜值**。如，2019淘宝购物节上，好命天生展示的鲸鱼猫砂盆、化身鲸鱼尾的猫砂铲、马卡龙蓝色的潜水艇猫包、游艇猫抓板、灯塔猫爬架等，获得无数年轻人的青睐。

（3）**贴心价格**。品牌没有用传统的成本－利润的定价策略，而是守住颜值和品质的底线，消费者能接受多少，就去定什么价格。好命天生把买流量、买通道的这部分费用拿出

来，让利给消费者，由此打造平价产品。

总之，好命天生致力于给产品设计注入新鲜的活力，不断地丰富产品背后的故事，同时也让精致养宠生活成为当下的一种理念、一种生活方式的追求。

资料来源：宠业家，搜狐号，https://www.sohu.com/a/333693821_99982343.

6.1 零售商品规划

6.1.1 零售商品分类

1. 商品分类的含义

商品分类是指零售商为了一定目的，按照一定的分类标准，科学地、系统地将商品分成若干不同类别的过程。商品分类不仅是商品管理的基础工作，也直接影响到零售店的市场定位和各项经营策略。将商品按不同标准进行分类，不仅是出于管理上的需要，也是出于更好地满足目标顾客的需要。

2. 商品分类的标准

（1）按顾客群划分。可以根据顾客的性别、年龄、职业、个性等标准，对顾客所需要的商品进行分类。如，根据顾客的性别可以将商品分为男士用品和女士用品，根据顾客的年龄可将商品分为老年用品、青年用品和儿童用品，根据顾客的职业可以分为学生用品、军人用品等。

（2）按商品特点划分。可以根据商品本身的特征、用途、生产等情况，对商品进行分类。如，根据商品的用途，可以分为吃、穿、用的商品；根据商品使用的季节性，可分为夏季商品、冬季商品、春秋季商品；根据商品的使用目的，可以分为礼品、自用品、集团消费品；根据商品的品质和价格档次，可分为高档商品、中档商品和低档商品。

案例 6-1

博克斯通的新奇特商品

博克斯通（Brookstone）是一家成立于1965年的美国的专业零售商，供应各种质量好、功能多、设计独特新奇、在市面上较难找的消费产品。1965年，博克斯通在*Popular Mechanics*杂志上刊登广告，销售“难找的工具”。之后，博克斯通的邮购业务正式起步。其邮购目录册，演绎了博克斯通经营商品的发展历程，从难找的工具到创意生活产品，样样俱全。1973年，随着邮购业务逐步壮大，博克斯通在新罕布什尔州的彼得伯勒，开了第一家零售店。直到2016年，博克斯通在美国和波多黎各的众多高档购物中心和主要机场，经营着近300家门店。2014年，三胞集团与赛领资本、GE Capital合作，收购运营博克斯通，利用自身渠道优势，使博克斯通进入全球发展的新时期。2016年，中国首家博克斯通旗舰店，在南京开业，标志着博克斯通正式进驻中国。博克斯通（中国）计划将在国内一线城市核心购物中心、机场及高铁站，开设多家直营体验店，销售博克斯通品牌及其他全球知名品牌的新奇特产品。产品系列主要分为三大类：社交生活系列，主要包括酒具、食品、娱乐、冲动消费品、归纳整理工具类；健康生活系列，主要包括床上用品、舒适家居、按摩椅、个人护理、床垫、枕头、按摩器等；商务/技术影音系列，主要包括旅行类、技术、移动技术、影音等。

资料来源：百度百科，https://baike.baidu.com/item/Brookstone/6427020?fr=aladdin.

（3）按顾客对商品的选择程度划分。据此可将商品分为：①便利品。便利品是指消费者经常购买，比较熟悉，且不必花过多时间进行选择的商品，一般价值较低，如饮料、面包、纸巾等。便利品主要有日常生活消费品、易耗品、应急品等。②选购品。选购品的价值相对较高，需求弹性较大，挑选性强。顾客对商品信息往往掌握不多，如时装、电器等。购买这些商品，大多数顾客希望获得更多的选择机会，以便对其质量、功能、样式、色彩、价格等方面进行详细比较。③特殊品。特殊品通常指有独特功能的商品或名贵商品，拥有特定的消费对象，如工艺品、高档名牌商品等，顾客往往经过周密考虑，购买目的性较强，品牌忠诚度较高。

（4）按商品之间的销售关系划分。按商品之间的销售关系划分，可以分为：①独立品。自身销售不受其他商品影响。②互补品。一种商品销售增加，必然引起另一种商品销售的增加。③条件品。一种商品的购买，要以另一种商品的前期购买为条件。④替代品。一种商品销售增加，会降低另一种商品的潜在销售。

案例 6-2

宠物大卖场（Pet Smart）的产品线

宠物大卖场，是美国最大的宠物用品商店，诞生于美国宠物市场爆发增长的 20 世纪 80 年代。到 2018 年，宠物大卖场拥有约 55 000 名员工，在美国、加拿大和波多黎各 3 个国家，拥有 1 600 多家宠物店，提供商品零售、美容沙龙、自助洗狗等服务。其中，200 多家店内还设有“Pet Smart Pets Hotel”狗和猫寄宿场地。它们的产品线如下：

（1）猫狗粮及用品：宠物大卖场集成了市面上各种品牌，共 8 000 多种商品，比如 Great Choice（主要售卖狗粮及猫狗用品）、Authority（中高端猫粮、狗粮品牌）、Simply-Nourish（高端有机猫狗粮罐头、干粮）。

（2）鱼鸟等小型宠物及周边产品：宠物大卖场推出了售卖水族箱、观赏台、鱼缸等水族类宠物用品品牌 Top Fin，鸟类、仓鼠等其他小型动物则置于 All Living Things 品牌下。

（3）马匹类相关产品：集成在宠物大卖场的 State Line Tack 品牌下，售卖的商品包括马鞍垫、马具、勒马绳等。

（4）宠物寄宿酒店：宠物大卖场在 2000 年从 David Mackstellar and Rodger Ford 手中

收购了连锁宠物寄养酒店（Pets Hotel），并继续将其完善，这些酒店面积在7 000平方英尺[⊖]，24小时营业。如今，宠物大卖场在美国和加拿大至少开设了1 500家寄养酒店。

（5）宠物医院：公司部分控股的宠物医院Banfield在850多家宠物大卖场商店内提供全套的宠物医疗服务。

（6）宠物领养慈善会：为爱宠人士免费领取宠物。

另外，还有宠物美容美发、洗浴护理等服务。

资料来源：lingboziben，微信公众号 / 凌波资本。

（5）按商品对经营的重要程度划分。从商场经营管理的角度，按照商品对经营的重要程度，可将商品分为主营商品类、一般商品类和辅助商品类。①主营商品类，在销售额中占主要比重，反映商店的经营特色，是商店利润的主要来源。②一般商品类，是为了配合主营商品的销售，满足顾客的连带需要和例外需要的商品，在销售额中的比重较低。③辅助商品类，是商场为了吸引顾客，提高商场规格，促进主营商品类和一般商品类的销售而配置的商品，在销售额中占有的比重最低。

（6）按商品销售的顺畅程度划分。可以将商品分为三类，即畅销商品、辅助与从属商品、平销与滞销商品。①畅销商品，是销售频率较高，社区居民日常生活必需的商品种类，这些商品在经营的商品品种构成中，只占有较小的比重，而所实现的销售额，在销售总额中占有绝对大的比重。②辅助与从属商品，在总销售中占有较小的比重，由于这些商品是居民生活必需的消费品，尽管销售频率不高，但是否经营直接关系到消费者对企业的评价。③平销与滞销商品，商品本身不符合大多数消费者的需求，在经营中难以形成规模效应。

案例6-3

7-11的商品结构

7-11的成功跟它强大的品类管理能力密不可分。7-11主要经营的品类包括个人护理、生活用品、烟酒、便利食品、快餐、服务性商品、医药用品等。其中，食品销售占比近70%，是非食品销售的2倍多。以食品为核心的商品结构，是7-11品类结构的基本特点。食品类商品的特点是，复购频次高、单价低、易损耗、对即食性要求很高。这些特点非常契合便利店渠道，可以有效抵御线上电商的冲击。另外，高频次的进店消费，也可以带动其他品类的消费。在一线城市如上海、北京，由于家庭住房面积较小，人们生活节奏快，便利店消费逐渐成为年轻白领的一种生活方式。便利店提供的大量鲜食和半成品，使人们的日常生活更便利，特别是日式便利店所提供的快餐产品，已经成为年轻人解决日常生活需求的一种方式。

资料来源：黑马网，http://www.iheima.com/article-16359.html.

⊖ 1平方英尺＝0.092 9平方米。

3. 商品分类的方法

（1）美国式分类。美国全国零售联合会（NBF）制订了一份标准的商品层级分类方案，该方案详细界定了各层商品的范围以及它们的组合方式。目前，美国许多大型百货商店和低价位竞争的折扣商店，都采用这一分类方法，其分类是：

1）商品组。在NBF的商品分类方案中，最高级别的商品分类是商品组。商品组是指经营商品的大类，类似国内的商品大分类。如，一个百货商店可能会经营服装、家电、食品、日用品、体育用品、文具用品、化妆品等。一个商品组管理着下面的几个商品部。

2）商品部。商品分类的第二级是商品部。商品部一般是将某一大类商品按细分的消费市场进行再一次分类，如服装类商品可分为女装、男装、童装等。

3）商品类别。商品分类的第三级是商品类别，即品类。这是根据商品用途或细分市场顾客群，而进一步划分的商品分类，在大型零售组织，一般每一类商品由一位采购员负责管理。

4）同类商品。同类商品是商品类别的下一级。一般来说，同类商品是指顾客认为可以相互替代的一组商品。

5）存货单位。存货单位是存货控制的最小单位。当指出某个存货单位时，营业员和管理者不会将其与任何其他商品相混淆，它是根据商品的尺寸、颜色、规格、价格、式样等来区分的，也称之为单品。

（2）日本式分类。日本零售业对商品的分类方法有些不同，它是根据商品概念来分类的。日本零售业将商品主要分成食品相关商品和居住相关商品。

1）食品相关商品，分为生鲜食品、加工食品和一般食品。生鲜食品又分为蔬菜水果、水产、畜产；加工食品分为日配和各类加工品；一般食品分为糖果饼干和各类加工品。

2）居住相关商品，分为家庭杂货和居住文化品。家庭杂货又分为日用品、家庭用品、化妆品、医药品、生活文化品。居住文化品又分为家具、寝具、电器。

（3）中国式分类。

1）大分类。大分类是超级市场最粗线条的分类。大分类的主要标准是商品特征，如蔬菜水果、冷冻食品、加工食品、一般食品、畜产、水产、日用杂货、日用百货、家用电器等。为了便于管理，超级市场的大分类一般不超过10个。

2）中分类。中分类是大分类中细分出来的类别。其分类标准主要有：①按商品功能与用途划分。如糖果饼干这个大分类下，可分出炒货类、糖果类、饼干类、蜜饯类等中分类。②按商品制造方法划分。如畜产这个大分类下，可以分出肉制品的中分类，包括熏肉、火腿、香肠等。③按商品产地划分。如蔬菜水果这个大分类下，可以分出国产水果与进口水果的中分类。

3）小分类。小分类是中分类中进一步细分出来的类别。其分类标准主要有：①按功能用途划分。如一般食品大分类中，调味品中分类下可进一步细分出酱油、盐、味精等小分类。②按规格包装划分。如一般食品大分类中，饮料中分类下可进一步细分出听装饮料、盒装饮料等小分类。③按商品成分划分。如一般食品大分类中，食用油中分类下可进一步细分出大豆油、菜油、芝麻油等小分类。④按商品口味划分。如糖果类中分类下可进一步细分出口香糖、奶糖、润喉糖、水果糖等小分类。

4）单品。单品是商品分类中不能进一步细分的、完整独立的商品。如，中华多效155克装牙膏，美加净复合中药100克装牙膏，就是两个不同单品。

6.1.2 零售商品组合

商品组合，是指一个商店经营的全部商品的结构，即各种商品线、商品项目和库存量的有机组成方式。简言之，是经营商品的集合，商品组合一般由若干个商品系列组成。

1. 商品线的概念

商品线就是一个产品类别，是由使用功能相同，能满足同类需求而规格、型号、花色等不同的若干个产品项目组成的。

（1）商品线的深度。商品线的深度是指一条商品线内拥有商品品种的数量多少，如电视商品线拥有的各种规格、尺寸、品牌的电视机。

（2）商品线的宽度。商品线的宽度是指零售商店提供的商品线的数量多少，即具有相似的物理性质、相同用途的商品种类的数量，如化妆品类、食品类、家具类等。商品线数量越多，宽度越宽；反之，商品线宽度越窄。

（3）商品线的关联度。商品线的关联度是指不同的商品线在性能、用途、渠道等方面可能有某种程度的关联。如电视商品线与DVD商品线的关联度较强，而电视商品线与西装商品线的关联度很弱。

一家零售商店的商品结构，实际上就是由不同的商品线组成的。商品线的宽度和深度的不同组合，形成了商店商品结构的不同配置，这些配置形成商店的经营特点，甚至决定了商店的业态。

2. 商品结构的类型

（1）宽而深的商品结构。零售商选择经营的商品线多，而且每条商品线包括的品牌、规格、尺寸等也多。这种结构为大型综合超市和大型百货商店所采用。由于大型综合商场的目标市场是多元化的，常需要向顾客提供一站式购物，必须备齐广泛的商品类别和品种。

这种结构的优点有：目标市场广阔、商品种类繁多、选择性强；商圈范围大，能吸引较远的顾客专程前来购买，顾客流量大；基本上满足顾客一次进店购齐一切的愿望，能培养顾客对商店的忠诚感，易于稳定老顾客。

这种结构的缺点有：商品占用资金较多，而且很多商品周转率较低，导致资金利用率较低；这种商品结构广泛而分散，试图无所不包，但也因为主力商品过多而无法突出特点；企业必须耗费大量的人力用于商品采购上，为保持一定的新品比率，企业必须花大量精力用于新商品的开发和采购。

（2）宽而浅的商品结构。商店选择经营的商品线多，但在每一条商品线中花色品种选择性少。在这种结构中，商店提供广泛的商品种类供消费者购买，但对每类商品的品牌、规格、式样等给予限制。这种结构通常被杂货店、折扣店、中小百货商店等业态所采用。

这种结构的优点有：目标市场比较广泛，经营面较广，能形成较大商圈，便于顾客购齐基本所需商品；便于商品管理，资金周转较快。

这种结构的缺点有：每条商品线包含的花色品种相对较少，顾客的选择余地有限，满足顾客需要的能力差；只能满足大众化需求，不适应多样化、个性化需求趋势。

（3）窄而深的商品结构。商店选择较少的商品线，而在每一条商品线中经营的商品品种、规格、花色很丰富。这种结构体现了商店专业化经营，主要为专业店、专卖店所采用。一些专业店，通过提供精心选择的几条商品线，每条商品线中配有大量的品牌、花色、品种和规格，以此吸引相关消费者。

这种结构的优点有：专业商品种类充分，品种齐全，能满足顾客较强的选购愿望，不会因花色品种不齐全而丢失商机；能稳定顾客，增加重复购买的可能性；形成商店经营特色，突出商店形象；便于商店专业化管理，树立专业形象。

这种结构的缺点有：过分强调某一大类，不能实现一站式购物，不利于满足消费者的多种需要；很少经营相关商品，风险较大。

案例 6-4

美食界宜家 Eataly，阿里永辉都在偷学的超市

Eataly 的名字来源于英文吃（Eat）和意大利（Italy）的组合，是全世界规模最大、品种最全的意大利食品超市，被称为“美食界宜家”。Eataly 餐饮和商超完全融合，以意大利美食文化（食材、书籍、厨具、培训）为主线，餐饮以主题特色菜为亮点，空间分布也没有明显区分，消费者逛吃一体。在品类配置上，绝大多数主流超市认为，能够提供品类齐全的商品，是获得顾客信赖的一种方式。但 Eataly 在意大利国内，专注提供个性化的手工产品，而在其他国家则专注能体现意大利特色的少量品类，将每个品类做深做精，从而更加凸显自身的专业化水平。

资料来源：红商网，http://www.redsh.com.

（4）窄而浅的商品结构。商店选择较少的商品线，在每一条商品线中又选择较少的商品品种。这种结构主要被一些小型商店所采用。这种结构的商店，适宜于经营一些价格低廉的日常生活用品，消费者无须挑选，商店地处居民区或人流集聚地，购物方便。

这种结构的优点有：投资少、成本低、见效快；商品占用资金不大，经营的商品大多

为周转迅速的日常用品，便于顾客就近购买。

这种结构的缺点有：种类有限，花色品种少，挑选性不强，难以满足个性化、多样化需求；商圈较小，吸引力不大，难以形成商店经营特色。

3. 确定商品结构的考虑因素

☞ 零售风流人物

约翰·麦基

全食超市的创始人

“我们想改变世界，我们希望这种购物哲学在各种层次的文化间传播，更吸引主流购物者，说服所有人都来买全食的东西。”

约翰·麦基（John Mackey）大学时期主修宗教和哲学，但他并不是一位好学生，涉猎专业范围极广，却未拿到过学位。他在上大学的时候，参加了一个素食主义者组织，从而接触到了改变这位有点偏激的年轻人一生的事物。极其挑剔的约翰·麦基被素食概念深深吸引，他希望更多的素食主义者可以吃到安全的素食。1978 年，25 岁的约翰·麦基在美国得克萨斯州奥斯汀大学城开了一家素食店面。1980 年，他和朋友们用借来的 45 000 美元，开了一家专卖当地农民产的蔬菜和面食的小店，叫作全食（Whole Foods），销售有机食品和天然产品。一开始，大家并不看好全食，因为店里的东西不但很奇怪，有些商品甚至很少人认识，而且价格昂贵。不过第一年，这个小店的销售额高达 400 万美元，小店表现远远高于人们预期。随后，约翰·麦基将一个家庭作坊式的沉睡产业变为一个 500 亿美元规模的市场。他的高明之处，在于抓住了欧美逐渐兴起的偏爱有机健康食品的机遇。麦基通过对有机农业供应链的整合与质控，将“有机生活方式”塑造成日益扩大的中产阶层渴望享有的生活品质。

资料来源：百度百科，https://baike.baidu.com/item/%E7%BA%A6%E7%BF%B0%C2%B7%E9%BA%A6%E5%9F%BA/8392711?fr=aladdin.

豆瓣，https://www.douban.com/group/topic/14044036/.

零售企业在选择自己的商品结构组合时，如果是一家已经开业的老商店，商品结构组合可以根据过去的销售业绩，以及市场预测得出的消费需求变化，进行不断调整和优化。如果是规划一家新店，商店在确定商品结构时需要考虑以下几方面：

（1）商店的业态特征。商品经营的结构组合，首先取决于商店的业态。业态对经营范围有一个基本的规定。不同业态的商店，其商品经营范围有不同分工。一旦商店的业态确定下来，就要研究和框定其大致的经营范围。在既定的业态下，零售商对商品线选择的自由度是有限的，不可能随意发挥、随意设置。与现行业态完全背离的商品设置，将得不到消费者的认可，失去顾客。

（2）商店的目标市场。商店的地址和商圈范围确定以后，其顾客来源及基本特征也就随之确定了下来。商店目标顾客的职业构成、收入状况、消费特点、购买习惯等，影响着商店商品经营结构的选择。处在城市中心的商店，由于商圈大、目标顾客的流动性强、消费层次复杂，因而经营的商品在品种、花色和式样上应比较齐全；处在居民区附近的商店，消费对象比较稳定，主要经营人们的日常生活必需品，种类比较单纯；处在办公区、文教区、郊区、农业区的商店，由于这些地区消费者的特殊职业，形成其特殊需要，在确定商品经营结构时，也要充分考虑这些地区的消费者需求特点。

案例 6-5

快餐巨头本土化套路又升级，争夺中国 8 000 亿元早餐市场

针对中国人早餐用餐习惯，洋快餐巨头在早餐这一时段，不断进行本土化尝试和商品优化，来争夺 8 000 亿元中国早餐市场。肯德基有豆花、油条和粥，这些是主流的早餐单品。之后又加入了饭团、蛋卷和茶叶蛋，来提供更丰富的早餐选择。麦当劳紧随其后，除了油条、豆浆、粥的常规操作，还把馒头一分为二，加上肉饼和蔬菜，做成馒头汉堡。麦当劳上了早餐新品肉夹馍，老对手肯德基也不甘落后，在超过 100 家武汉肯德基开卖热干面，仅在 6:00～9:30 的早餐时段限量供应。为了卖热干面，肯德基第一次提供了筷子。星巴克也试图降低身价来抢占早餐份额，推出了 15 元早餐组合，14 款烘焙产品和 3 种口味蒸汽奶组合，再加钱还可以将饮品升级为咖啡，在上海和台州试水后，早餐组合现已覆盖整个苏浙沪地区以及深圳地区。当下的早餐市场仍需精耕细作。快餐巨头们正勤勤恳恳深耕着，用产品连接情感，用数字化提高效率，更用诱惑人心的价格策略打出高性价比。

资料来源：蔡大柒，餐饮老板内参，https://www.sohu.com/a/447054996_120044126?spm=smpc.author.fd-d.3.1611797366651jcCkM11.

（3）竞争对手情况。邻近的同行竞争对手的状况，也影响着商店商品经营范围的确定。在同一地段内，相同业态商店之间，经营特点不宜完全一致，应有所差别，实现错位经营，其差别主要体现在商店主力商品的种类上。每家商店为突出自己的特色，都会选择一个最适合自己形象的主营商品大类。因此，商店只有弄清楚周围竞争对手的经营策略、商品齐全程度、价格和服务等状况，才能更好地确定自己的商品经营结构。

（4）零售商的商品策略。在商品策略上，零售商可以选择齐全的商品策略，或市场细分化的商品策略，两种不同的商品策略影响经营商品的结构。

1）齐全的商品策略，是指商店经营的商品种类齐全、无所不包，基本上满足消费者进入商店后一站购齐的愿望。大型综合超市、大型百货商店、购物中心一般采用这一商品策略。任何一个规模庞大的商店，要做到经营商品非常齐全是不可能的。对于大型综合超市和百货商店来说，齐全的商品策略也只能是在自己业态范围内的齐全。齐全商品策略的完美程度取决于卖场的面积，但面积是有限的，因此该策略在商品线具有足够

宽度的前提下，可能会牺牲商品线的深度，也就是每一类商品的花色品种不可能太多。

2）市场细分化的商品策略，是指把消费市场按各种分类标准进行细分，以确定商店的目标市场。按消费者的性别、年龄、收入、职业等标准进行划分后，各类顾客群的购买习惯、特点以及对各类商品的购买量是不同的，商店可以根据不同细分市场的特点，来确定适合某一类消费者的商品策略。如，百货商店经营以中青年顾客为主，因为这部分顾客对时装的需求非常强烈，借此形成自己独特的个性化商品系列。细分化的商品策略看起来面对的顾客范围缩小，但实际上加强了商品线的深度，极大丰富了花色品种，对目标市场产生很大的吸引力，能取得非常好的销售效果。

（5）商品的相关性。顾客在购买商品时往往是有备而来的，一次购物计划会购买许多相关性的商品。零售企业在商品的选择上应考虑这种相关性可以促进销售的增长。根据商品消费连带性的要求，把不同种类但在消费上有互补性，或者购买习惯上有连带性的商品，一起纳入经营范围，既方便顾客挑选购买，也可增加销售额。这就要充分分析商品的相关性，不能只考虑高利润的商品，以至于把毫无关联的商品放在一个商场中，违反顾客的购物规律。良好的搭配可以相得益彰、相互促进。零售企业应该通过对市场和消费者的深入研究来决定商品结构。

案例 6-6

喜茶，城市寻味计划

如今，茶饮市场已经逐渐趋于饱和，一个个网红品牌都渐渐进入了稳定期，进一步增长的空间受限，缺乏盈利增长点。寻求破局的茶饮企业纷纷开始求新求变，正如喜茶，开始做咖啡、软欧包和酒饮，试图增加更多的消费场景。

喜茶的“城市寻味计划”，将各个具有城市特色的地域菜品与软欧包结合。在软欧包里夹特色菜，来打通地域市场。鱼蛋、担担面、京酱肉丝……这些原本与面包风马牛不相及的产品，却出现在了面包里。相较于其他品牌，喜茶在推出新品类时更为聪明，通过主打地域限定和品牌联名，提升消费者尝鲜欲望。联名不仅能让喜茶借力于其他品牌，更能通过本地品牌背书，给产品打上正宗的标签，以此扭转被固化的网红品牌形象。

“城市寻味计划”的第一站是广州。在越秀区起义路附近，匠人之手做出了无论从口感还是香味、色泽，都更能还原香港本土的鱼蛋滋味。喜茶以此作为灵感联手“广州裕苑”，推出鱼蛋包——夹咖喱鱼蛋的软韧欧包。

第二站是上海。风靡沪上的蟹宴餐厅蟹尊苑，已经在点评上被列入2018上海必吃餐厅，老师傅手工拆蟹，每一只蟹都出自传统的人工拆蟹手法。受此启发，喜茶联手“上海蟹尊苑”，推出蟹黄包，将欧包做成螃蟹钳的形状，并在饱满的蟹钳中塞满蟹黄和蟹腿肉，给顾客带来独特的美食体验。

此后，在北京，喜茶通过与传统本地品牌“姥姥家春饼店”联名，推出京酱肉丝包；

在宁波，与传统美食品牌“缸鸭狗”合作推出汤圆包；在南昌，联手新赣菜美食代表“老三样”，推出灵感产品麻辣吃藕包；在杭州，和当地老字号“知味观”联名推出过龙井虾仁包。

通过推出城市特色的产品，拉近距离感，喜茶进军长沙时，推出了臭豆腐蛋糕、担担面包、麻婆豆腐包；在武汉开首店时，推出热干面包等。欧包，也可以很中国风。

资料来源：新京报，http://epaper.bjnews.com.cn/html/2019-11/05/content_770077.htm?div=0.

4. 商品组合应遵循的原则

商品组合应遵循的原则，是正确的产品、正确的数量、正确的时间、正确的质量、正确的状态以及正确的价格，以下分别对这六个原则做详细的说明。

（1）正确的产品。在整个计划中商品组合是否合理；商品广度和深度的结合，是否可以完全满足顾客的需求；选择的产品是否在国家法律法规所允许销售的商品范围内；这些商品是否符合本企业的企业形象及企业政策。

（2）正确的数量。所提供的商品数量是否合理，商品的广度和深度的结合是否平衡，在满足顾客对选择性需求的同时，又不会造成品种过多和重复。第一，对于顾客来说，品种过多或重复，会使顾客无法有效地进行购买决策，或花费太多时间做决策而没有足够的时间购买其他商品，两者都使企业损失销售。第二，门店的销售空间和人力资源是有限的，过多或重复 SKU 会造成资源浪费和增加运营费用。第三，SKU 过多或重复的结果是某些商品滞销，造成库存过多。所以，商品的数量一定要根据顾客的实际需要及门店的实际面积结合决定，并分解到具体的小分类中，保证整体的数量及各小分类的数量分配都是最优化和平衡的。

（3）正确的时间。商品组合计划必须正确掌握时间性。第一，季节性，整个商品组合必须有明确的季节性，向顾客传递着强烈的季节性信息。如，在夏天来临的时候，是否有充足的消暑产品。第二，对市场趋势和市场变化的捕捉，商品组合是否符合市场的潮流趋势、顾客的喜好变化等，并且对一些突发事件是否有及时的积极的应对。如，在非典疫情期间，是不是第一时间增加口罩、消毒水等相关产品。第三，对一些特别事件有充分的准备，如在奥运会前推出配合奥运主题的商品。第四，要在合适的产品生命周期引进新商品。不是任何新产品都适合马上引进，而是要视零售企业的目标顾客对新产品的认知及接受程度决定，否则会造成新产品滞销、库存积压。如，对于一些技术含量较高的电器产品，在刚投入市场的时候，大型超市就不适合马上引进。由于此时只有少量非常关注新技术、追求新体验的消费者会购买这类新商品，而通常大型超市的目标顾客并不是这类消费者，而且大型超市在人员及环境两方面，可能都不具备进行介绍和推广这类新产品的条件，所以大型超市应在产品的成长期引进，此时产品已被普遍认知，目标顾客开始产生需求，并且不需要太多的介绍即可进行选择和决策。

（4）正确的质量。正确的质量包括产品的安全性、可靠性及质量等级三方面。第一，零售企业销售的任何商品，都必须保证对消费者的生命和财产不存在安全隐患，所以在选择商品的时候，必须要对产品的安全性进行评估，要求供应商提供相关的证明文件、安全认证等。随着食品安全事件的不断发生，消费者对食品安全的关注程度也越来越高，零售企业在选择食品的时候，更应该遵循严格的标准。第二，产品使用功能及可靠性也是需进行评估，如果产品本身存在缺陷，无法在合理的时间内提供其所宣称的功能，作为负责任的零售商，不应该让这类商品流入自己的门店，损害消费者的利益和企业的形象。第三，对于产品质量等级的选择，采购经常会陷入一种误区，认为质量越高越好，其实选择什么质量还应考虑商品的性价比以及消费者的需求。如，沃尔玛在刚进入大连市场的时候，采购认为，袋装酱油虽然符合商品的质量要求，但相对级别太低，顾客不会购买，所以没有把袋装酱油引进店内。但是，顾客实际上是接受和需要这种品质的商品的，最后在顾客强烈的要求下，沃尔玛引进了这个产品，结果发现有非常不错的销售表现。

（5）正确的状态。正确的状态是指产品的自然状态或物理状态。很多商品由于其本身的特点，对储存环境、售卖环境、销售人员等有特殊的要求。因此，在选择商品的时候，需要考虑门店的环境、设备、人员、安全、陈列、空间等各方面是否有能力销售该商品。如，店内是否有足够冷藏柜存放冷冻的食品；产品的包装是否适合店内的陈列要求，是否有效地预防偷盗的发生；是否会影响门店的营运效率；等等。另外，产品的包装及标签等都应该符合相关的法规，并且能够保证产品质量在正常情况下保持稳定。

（6）正确的价格。整个商品组合的定价，应该从顾客、竞争对手、供应商、价格政策以及企业自身的定价策略多个方面考虑。第一，考虑顾客对该商品的价格敏感度，以及该商品的需求价格弹性。第二，不仅要考虑单个商品，而且要考虑整个商品类别的整体价格形象和综合利润率，在保证商店获得良好价格形象的同时，保持合理的利润水平。

以上几个原则，是相互结合、缺一不可的，管理人员在做商品组合计划时，应该遵循这些原则。

案例 6-7

生鲜品类独角兽百果园成功的秘密

第一，供应链靠“数智化”管控

生鲜竞争的核心是供应链，好的水果是种出来的，不是在市场上买到的。因此，百果园在供应链端建立了一套完善的从产业端到消费端的全链路交付体系，从商品产地、供应商到配送中心，通过百果园干线物流，再到百果园一体化门店。

通过渗透到上游，百果园建立了自己的数据系统，“生鲜＋大数据”“生鲜＋电商”。在百果园华南配送中心的办公室中，你能看到全国各个区域的天气状况和每家线下门店的实时数据。百果园可以根据天气情况和门店各品类水果的数量决定当天配送到该门店的水果品类、数量。通过对供应链全路的把控，数字化和智能化系统成为百果园的尖刀利器；而更“数智化”的系统又反作用于百果园的供应链，让其更加透明，批次可追溯、标准更清晰、计划更准确，从而达到更高的标准和更高的效率。

第二，门店既“专”又“宽”

每 24 个小时，全世界就会有 4 家百果园的线下门店开业。在资本寒冬和电商的冲击下，达到如此迅速的扩张速度，百果园有什么秘诀？秘诀是线下门店做“专”，战略聚焦；线上门店做“宽”，增值服务。坚持没有专家不做、没有行家不做、没有源头不做的原则。

首先，百果园把水果做“专”。“专”体现在门店上：“成熟的标准化系统 + 精准提炼的单店盈利模式 + 精确”的管控模式，让百果园可以平稳扩张。“专”体现在品类上：“一生只做一件事，一心一意做水果。”在水果的新鲜程度上，通过数字化和对供应链的把控，百果园可以将水果的损耗率控制在很低的范围内；在独特性上，百果园有数百人的专家采购团队，深度开发了 20% 的产品。从上游的实验田到配送中心的实验室，可以独自开发符合市场需求的水果品类。

其次，百果园把水果做“宽”。现阶段百果园的大生鲜战略是在线下专注高品质水果的同时，在线上商城增加蔬菜、鸡蛋等品类的供应，不去混淆线下门店的专业性定位。例如线下门店的原生态坚果和干果占比不会超过 10%。

资料来源：连锁商业，知乎专栏，https://zhuanlan.zhihu.com/p/94799116.

6.1.3 商品结构优化

商店的商品结构和经营范围确定之后，并非可以一劳永逸。消费者的偏好在变，生产技术在不断发展，人们的收入水平在不断提高，竞争对手的商品策略在变化，企业自身的经营目标也在不断变化。要适应这些变化，零售商就必须经常性地对商品规划进行审视，不断调整商品结构，引入新产品，淘汰滞销品，寻求和保持商品组合最佳化。

1. 零售商品结构调整的依据

商品结构的调整，应首先审视和调查商品结构本身的合理性，然后，再调整具体的单项商品。可以根据企业过去的销售记录进行调整，这一记录来自企业信息系统。目前，国内所有的连锁企业都安装了信息管理系统，该系统将前台收银作业的每一笔记录都及时传到企业后台的管理系统中，并与库存系统相联结，后台计算机系统能够即时整理出店铺销售中每段时间的商品销售情况。

（1）商品销售排行榜。定期对商品销售额情况进行排名。排在前面的商品，属于畅销商品，应予保留；排在后面的商品，属于滞销品，应列为淘汰考察对象。然后，再调查每一种商品滞销的原因。如果无法改变其滞销的情况，就应撤柜处理。在处理这种情况时应注意：对于新上柜的商品，需要有一定的熟悉期和成长期，不要急于撤柜；对于某些日常的生活必需品，虽然其销售额很低，但由于此类商品的作用不是盈利，而是通过此类商品的销售来拉动商店的主力商品的销售，不要撤柜。

（2）商品贡献率。单从商品销售排行情况来挑选商品是不够的，还应看商品的贡献率。销售额高、周转率高的商品，不一定毛利高，而周转率低的商品，未必利润就低。没有毛利的商品销售额再高，也没有什么用。毕竟商店要生存，没有利润的商品短期内可以存在，但是不应长期占据货架。看商品贡献率的目的，在于找出门店中贡献率高的商品，并使之销售得更好。

（3）损耗排行榜。这一指标不容忽视，它将直接影响商品的贡献毛利。如，超市经营的鲜奶等日配商品的毛利虽然较高，但是其风险大、损耗多，可能会赚的不够赔。曾有一家卖场的涮羊肉片在某地占有很大的比例，但是，由于商品的破损特别多，一直处于亏损状态。最后的办法是，提高商品价格，降低供货商品的残缺率，不然就将一直亏损下去。对于损耗大的商品，要通过少订购、改进包装等方式进行调整。

（4）周转率。商品的周转率也是优化商品结构的指标之一，谁都不希望某种商品挤压占用流动资金，所以，周转率低的商品不能滞留太多。

（5）其他因素。除了利用上述信息进行商品内部的调整外，零售商还要考虑一些其他因素，如节假日因素。随着一些特殊节日的到来，也应对商店的商品进行补充和调整。例如，元宵节和冬至期间就应对汤圆和饺子的商品品种的配比和陈列进行调整，以满足消费需求。

2. 新商品的引入

许多零售商会制定一些硬性指标，以保证商品的更新，如规定新商品引入的数量或新商品更新率，周期性地增加商品的品种，补充商店的新鲜血液，以稳定自己的固定顾客群体。商品的更新率一般应控制在10%以下，最好在5%左右，过多或过频繁的商品调整，容易让固定顾客失去对商店的印象，有时效果会适得其反。另外，需要导入的新商品应符合商店的商品定位，不应超过其固有的价格范围。对于价格高、无销量的商品和价格低、无利润的商品，应适当地予以淘汰。

需注意，本节中所描述的新商品，是指本零售商店未曾经营过的商品，而不是市场上新开发的产品。有些商品对其他商店可能已经是旧商品，但对本商店而言就可能还是新商品。新商品的引入程序如下：

（1）编制新商品引入计划。商店必须对每一年度的新商品开发做出系统的规划，内容包括增加新分类、增加新项数、增加商品组合群、商品组合群里每一分类的利润标准、制订季节性重点商品计划、制订自有品牌商品开发计划等。

（2）新商品评估。不论是厂商主动报价，还是基于市场需求而由零售商店主动询价，商店有关人员都应就新商品的进价、毛利率、进退货条件、广告宣传、赞助条件等予以初评，以确定该新引进商品能给公司带来的收益。这一收益可参照目前公司同一类畅销商品所获得的收益，如规定新引进商品在进场试销的3个月内，销售额必须达到目前同类畅销商品销售额的 80%，或至少不低于替代的淘汰商品销售额。初评之后，还需经过具有商品专业知识的人员所组成的采购委员会进行复评，对拟引进的商品进行筛选。

“码”上看：扫码阅读《家佳乐超市新商品开发引进评估表》

（3）新商品试销。对连锁商店而言，贸然将新商品引入所有门店，销售风险很大。所以，企业通常是选择部分门店，先进行试销，再就试销结果，做出是否推广到所有门店的决策。根据新产品在引入卖场试销期间的实际销售业绩（销售额、毛利率、价格竞争力、配送服务水平、送货保证、促销配合等），对其进行评估，评估结果优良的新商品正式进入销售系统，否则中断试销，不予引进。

（4）正式引入的准备工作。引入一项新商品，需要做好许多准备工作，如条码输入、定价、陈列、促销、库存定位、商品知识培训等。

（5）新商品引入后的跟踪管理。新商品引入后，要专门对其销售状况进行跟踪观察、记录与分析，不能以为新产品引入之后就万事大吉了。新商品销售额必须达到同类商品的平均额，方可列入企业的采购计划商品目录中，成为正式经营商品。引入失败的新商品，要分析原因，防止日后出现同样的失误。

3. 滞销商品的淘汰

零售企业一般每年要淘汰相当数量的滞销品，作为商店管理者，应该尽可能避免滞销商品的产生，如加强促销管理、进行限量采购、压低库存、调整商品结构等，但有时滞销商品的出现是不可避免的。滞销商品的淘汰程序如下：

（1）列出滞销品清单。商店依据制定的淘汰标准，列出淘汰商品清单，并进行数据分析。如，以销售额排行榜最后的 3% 为淘汰基准，以每月销售额排在最后 50 位为基准，以商品品质为基准，找出销售不佳、周转慢或品质有问题的商品，作为淘汰品。

（2）查明滞销原因。进一步分析滞销商品的真正滞销原因，究竟是商品不佳还是人员作业疏忽，如补货订货不准确、陈列定位错误等，然后再确认是否淘汰。

（3）制定淘汰策略。淘汰策略有两种：一种是立即淘汰，对于具有明显质量问题的产品、生命周期进入衰退期的产品、销售业绩很差的产品，应该采取立即淘汰的策略。另一种是逐步淘汰策略，对于市场供大于求的产品，销售业绩不理想的产品，可以采取逐步淘汰的策略。逐步淘汰是防止立即淘汰引起的经济损失，避免在消费者中产生突然断货的印象。

（4）确定淘汰方式。商品淘汰方式主要有两种：一种是退回厂家，另一种是自行处理。采购合约上注明可以退换货的商品，应在规定时期，如食品保质期前半年将商品及时退回供应商；如果属于商店买断的商品，不允许退换货，或无法退回给供应商的商品，如进口商品、远距离采购的商品等，可自行处理，常采用一次性削价处理的方法，或者作为促销的赠品送给顾客。

（5）统一淘汰作业。淘汰滞销品之前，连锁总部应提前向商店告知滞销品的项目及退换货作业程序。滞销品如退给厂商，应及时通知厂商取回退货；如要各门店自行处理，总部应将处理方式及时告知各门店。总部最好确定统一的淘汰日期，淘汰商品最好每个月固定集中处理，不要零散处理。例如，可以规定每月的某一天为淘汰日，所有柜台或店铺在这一天把淘汰商品下架清理。

（6）做好淘汰记录。淘汰作业结束后，应做好淘汰商品的记录工作。每月汇编成总表，整理成档案，以避免重新将滞销品引进。

4. 畅销商品的培养

畅销商品是指市场上销路很好、不会积压滞销的商品。任何商品，只要受到消费者欢迎、销路好，都可称作畅销商品。

（1）畅销商品的选择。零售商培养和开发畅销商品，与生产厂家有明显的不同，它不直接涉及商品的设计与生产，而主要任务是在选择畅销商品及其市场促销上，具体选择方式如下：

1）从畅销的各因素出发选择畅销商品。当一种商品出现在市场上时，考察其市场销售潜力，从其功能、质量、价格、包装等方面进行综合评估。常见的是采用打分法，将多种因素按不同程度，折成数字来评估该商品。

2）从过去的销售记录中选择畅销商品。商场可将每一时期销售排列在前面的商品，列为重点畅销商品来培养，同时应建立商品淘汰机制。香港百佳超市的做法值得借鉴。百佳总部每年都要制订详细的滚动商品计划，其步骤是：首先，收集上一年超市发展形势、顾客购买频率、购买金额、消费心理和要求等资料；其次，对过去5年的营业额增长率和发展趋势做出统计；再次，在销售的商品中找出最受欢迎的商品，在做出全面分析的基础上确定下一年的商品计划。

3）从竞争对手的营销推广中选择畅销商品。零售商的竞争对手很多，不仅包括同一业态的零售企业，还包括同一类市场的其他零售业态，这些商店同样也面临培养开发畅销商品的问题。因此，从竞争对手的营销推广活动中去发掘新的畅销商品也是一条捷径。一般来说，几乎所有商店总会把销路最好的商品陈列在最显著的位置，或为了推广某种商品，卖场内往往会贴有各种各样促销的POP广告。经常到竞争对手的商店里仔细观察，可以知道正在流行何种商品，或何种商品较为畅销。

4）从发达地区和流行起源地选择畅销商品。一般来说，流行趋势从欧美发达国家传到亚洲的日本、我国香港和台湾地区，再到大陆；在国内则是从沿海传到内地，从大城市传到小城市，从都市传到乡村。但不是每个人都有机会去欧美考察。同时，照搬国外流行的商品在国内不一定适用，比较可行的是，到国内流行起源地，如上海、深圳等地去考察，这些城市的超级市场或百货商店，大多销售比较超前的流行商品，对开发畅销商品有一定的借鉴作用。

（2）畅销商品的推广。

1）商品陈列。在开架自选的商场里，商品陈列的位置对激发顾客的购买欲起到很大的作用。通常，商场的前端和入口处，是消费者流动频繁的地区，也是价值最高的黄金地带，因而也成为商店摆放获利高商品的最佳地点。不过，为了培养畅销商品，可考虑将一部分黄金地段，让给正在扶持的这些商品，引起消费者的注意。

2）价格策略。价格策略是零售商促销不可忽视的重要工具。将培养的畅销商品，用特价品、限时特卖、特惠包装等形式推出，更容易被消费者接受。

3）促销策略。商场对畅销商品的促销，可以结合价格促销，POP 广告促销和其他方式一起进行。如，在店墙四周贴满不同颜色的 POP，采用 DM、端架促销、动线推头、演示促销等，配合现场背景气氛的调控，从心理和技术上营造畅销商品的印象。

☞ **零售风流人物**

曹和平

长春欧亚的掌门人

“我们现在很多企业家都急着把事做大，很少想到要传承。在有的国家，一个很小的、不起眼的门店，就可以有几百年的历史，在吉林更是缺少能够传承的企业和品牌，所以我就想要做一份可以传承的产业，能够给子孙后代留下些什么。”

曹和平，1956 年 1 月出生于山西平顺。6 岁前，曹和平在平顺县的小山村里生活，由外婆照顾。儿时生活过的山村，朴实的民风，慈祥的外婆，深深印入他的心底，影响着他的一生。1984 年，28 岁的曹和平被派到欧亚集团的前身——长春汽车城百货大楼，任总经理和党委书记。从那时起，欧亚就像是曹和平的孩子一样，被悉心照料着，不断进步和成长。从无到有、从有到优，孩子大了，父亲的头发也白了。曹和平首开吉林省跨行业兼并之先河，兼并了长春的朝鲜族百货商店、秋林公司、电影机械厂、橡胶八厂、中兴大厦、燃料一公司、沈阳的联营公司、嘉濠商厦等近 40 户企业，实现低效资产高效化。用“三星战略”，和新崛起的欧亚益民、欧亚新发、欧亚四平商贸、欧亚万千缘、欧亚农安商贸、欧亚沈阳联营等，打造了欧亚集团这艘民族商业航母。欧亚被誉为“吉林商界的一面旗帜”和“买方市场条件下崛起的中国民族商业典范”。而曹和平，被誉为“传统零售的守望者”。

6.2　商品采购

零售商品采购是零售企业在对市场进行调查研究的基础上，为满足消费者需求，选择商品和办理商品购买手续，取得商品所有权的一种经营活动。它是零售企业开展经营活动的开始和夺取经营主动权的第一步，也是企业降低成本的重要手段。在零售企业中，购进物美价廉的商品，就跟生产企业生产出质优而低成本的产品一样，直接关系到企业的生存与发展。

6.2.1 采购方式

零售企业的采购方式有很多种，按照不同的分类标准，可以进行不同的分类。零售企业在经营活动中，应根据企业自身的经营特点、经营范围、规模大小等情况，选择合适的采购方式，为企业节省更多的人力、财力、时间和空间。

1. 按采购方式分类

按照采购方式的不同，可以分为市场选购、合同订购、预购。

（1）市场选购。是零售企业在经营活动中根据市场需要，直接通过市场向生产制造商或其他供货商协商定价，自由选购商品的一种采购方式。比较适用于花色品种复杂、规格不一、市场需求变化快、易于更新的商品采购。这种采购方式有利于生产企业以需定产、避免商品积压或脱销。

（2）合同订购。是零售企业为了掌握某些商品的货源，通过与生产商协商签订的合同，预先订购一定数量商品的采购方式。在合同签订之后，生产商必须按照合同规定的品种、规格、数量、质量进行生产并按期交货。零售企业按照合同规定的内容、标准，验收商品和交付货款。合同订购的产品，可以是生产商现在正生产的产品，也可以是由零售企业提出自己的样品、设计或要求，由生产企业专门生产的产品。这种订货方式一般适合于商品生产周期较长，或商品市场生命周期较长且销量较大的商品。

（3）预购。指零售企业在商品生产前，同生产商签订预购合同，并预付一定数量订金的采购方式，比较适合于农副产品采购。

2. 按采购的交换形式分类

按照采购交换形式的不同分为现货采购、期货采购、先售货后付款采购。

（1）现货采购。也称现货交易，是指商品采购时供货方有现成的商品，零售商可以直接或在极短期限内提货的采购形式。这种采购交易方式成立后，双方立即进行商品与货款的相互交换。

（2）期货采购。是指采购时供货单位尚没有现成商品，交易成立后，双方约定一定期限内，实行商品与货款相互接受的一种买卖活动。这种采购方式购销双方承担的风险比较大。

（3）先售货后付款。即代销采购方式，是购销双方经过协商，在合同契约的基础上，零售商先进货，待商品售出之后再结算货款的方式。这种采购方式供货商需要承担大部分费用和经营风险，而零售企业一般不需要支付产品进货费用和承担经营风险。

3. 按采购组织分类

按照企业内部进货管理层次不同，分为集中采购、分散采购，以及集中与分散相结合的采购。

（1）集中采购。是指采购工作集中于一个部门，即由企业的业务部门统一组织进货。一般情况下，零售企业商品部和柜组只负责销售，不拥有采购权限。企业设置专职采购部门，负责采购企业经营范围内的各种商品。集中采购的优点是力量集中、控制严格、形象一致，有利于采购人员全面熟悉货源情况，对外建立固定联系，以及得到大批量购买的高折扣。可能存在的缺点是缺乏弹性、时间拖延及过度的一致性造成商品适销率低。

（2）分散采购。是将采购工作分散给各个商品部、营业柜组自行采购的方式。采用分散采购的零售企业，不设置专门的采购部门和人员，企业按商品类别核定资金，各商品部、营业柜组在定额资金范围内，直接组织货源、运输、保管。其优点是可以有效地适应地方市场需求，保证商品的适销率，订购过程迅速，符合勤进快销原则，同时还可充分发挥各部门的工作积极性。潜在的缺点是采购业务分散、形象不统一，企业难以管理控制。

（3）集中与分散相结合的采购。由企业统一组织外地货源、主要货源的商品采购，其他货源由商品部、营业柜组直接进货。这种方式结合了上面两种方式的优点，又避免了两者的不足，既可以使零售企业相对统一地使用资金和采购力量，又可充分调动商品部、营业柜组的积极性，保证商品的适销率，扩大商品货源。

案例 6-8

梅西百货，通过“我的梅西”战略满足消费者的地域需求差异

2009 年，梅西百货开始根据各门店顾客的地域特点来配置商品种类，通过“我的梅西”战略，满足消费者的地域需求差异。如，寒冷的北方，门店在夏天也会准备外套、毛衣等商品，而气候偏炎热的南方，门店则会配置更多的白色牛仔服饰。又如，在美国首都华盛顿，因公务员集中，门店则出售更多的职业装，而在以赛马会闻名的美国肯塔基州，门店会出售与赛马相关的商品，等等。此外，门店还会根据地区特点来调整尺码和颜色。

为实现这一战略，梅西对其内部采购和商品的配置流程，实行了“既集中，又分权”的采购，及商品配置模式，即“地方提需求，总部来统筹”。一方面，梅西通过设置一个全国整合的采购部，集中采购来实现总部统筹。同样，商品规划、门店管理、市场营销、人力资源、财务、物流等职能也都被集中到总部。另一方面，则通过分店规划来实现门店地域性差异。为了在集中采购的同时，保持各个门店商品的地域性，梅西将 800 多家门店重新划分成 8 个区域、69 个小区。区域这一层级没有采购的权利，只配备商品规划经理，各自负责不同的业务线。在各个小区层级，配备商品专员，他们在负责商品规划和配置的同时，还要了解和洞察当地顾客的喜好和需求，并且反馈给总部的采购和商品部门，请它们进货和规划。由于小区所管理门店的数目（10～12 家门店），要比重组以前（16～23 家

门店）大大减少，所以，各分区的管理人员能够更经常地走访各门店，从而更好地了解当地顾客的需求。而且各小区管理人员的薪酬，也与所管辖门店的销售业绩和利润挂钩，以调动他们的积极性和管理水平。

资料来源：MBA 智库文档，https://doc.mbalib.com/.

4. 按企业外部联合采购形式分类

按照企业外部联合采购形式的不同分为采购中心集中采购和联合采购。

（1）采购中心集中采购。就是由采购中心集中采购商品，然后按计划向中心所属成员分配的采购方式。这种方式在连锁商店采购商品时运用比较多。连锁组织由总部设立配送中心，接受各分店要货计划，负责统一对外订货，然后由配送中心分装、整理、向各分店配货与运货。这种采购方式的最大优点是可以降低经营成本。采购中心设有专门的采购部负责整个联销组织的商品采购，可以在全国乃至世界范围内选择适销对路的商品。由于进货量大，可以得到厂家和供货商的价格优惠，同时，也减少了各分店进货的资金占用以及人员支出，从而有效地降低了连锁店的经营成本。

（2）联合采购。指由若干个零售企业联合组织进货，按事先协商的比例分配，各自销售的一种采购方式。联合采购有两种具体做法：一是由若干零售商成立固定的联购分销机构，由少数人员组织采购，负责牵头分成；二是由一些较大型的零售商负责组织采购，然后分配给其他联购成员并收取一定的手续费。这种采购方式是先凑零为整，后拆零分销，能发挥协作精神、节省人力、降低进货费用等。不足之处是组织工作比较复杂。

案例 6-9

苏宁易购与天猫的联合采购，3 年破 1 000 亿元

“猫宁联采”合作，始于 2017 年，在 3 年时间内，联合采购的商品金额已达 1 000 亿元。到 2020 年 8 月，联采范围已扩大到华为、苹果、小米、OPPO、TCL、西门子、创维、酷开、海信、新科、美的等品牌。为满足消费者对趋势新品，尤其是创新国货品牌的需求，助力形成国内大循环为主体的新发展格局，未来“猫宁联采”的核心策略重在新国货。此外，未来“猫宁联采”的主力商品，将聚焦在智慧家庭、5G、环保节能、居家健康、家庭娱乐等趋势新品。

资料来源：李洋，电商报，http://www.dsb.cn/125322.html.

6.2.2 采购流程

采购业务流程是零售商从制订采购计划到商品入库并进行验收的一系列整合而系统的步骤。了解采购流程，有利于掌握零售商采购的每个环节的工作，这些工作对零售商的采购控制而言是非常重要的。常见采购业务流程如下所述。

1. 制订采购计划

零售商在商品采购上需要对采购什么、采购多少、从哪里采购、什么时候采购等一系列问题进行抉择，并以此制订采购计划，以便加强采购管理。采购计划是企业经营计划中的重要组成部分。一般包括年度采购计划和月度采购计划，采购员在掌握年度采购计划的基础上根据月度计划执行采购任务。

采购计划的制订要细分到商品的小分类，对一些特别重要的商品甚至要落实到品牌商品的计划采购量。采购计划要细分到小分类，其意图就是控制好商品的结构，使之更符合目标顾客的需求。同时，采购计划的小分类也是对采购人员的业务活动给出了一个范围和制约。

在制订商品采购计划的过程中，关键是采购员要通过各种渠道，收集顾客需求信息，以便采购适销对路的商品。通过分析目标市场的人口统计数据、生活方式和潜在购物计划，零售商就可以直接研究消费需求。如果零售商无法直接得到消费者数据，也可以通过其他途径。例如，零售商可以向供应商征询有关资料，有些供应商会做出有关自己产品行业的消费需求预测和营销研究；零售商也可以通过销售人员直接与顾客打交道，了解顾客的需求动态；零售商还可以通过对竞争对手的调查研究、政府公布的行业经济发展数据、新闻机构的消费者调查，或者向有关商业咨询机构购买商业数据等方式收集和分析消费者需求信息，使采购计划建立在科学、充分的市场调查的基础上。

2. 确定零售商的进货来源

零售商的进货来源包括制造商、当地批发商、外地批发商、代理商和经纪人、批发交易市场、附属加工企业等。由于零售商的类型和规模不同，进货渠道也会有所不同。为确保进货及时畅通，商品品种、花色、式样的丰富多彩，零售商必须广开货源渠道。零售商最好建立固定的进货渠道和固定的购销业务关系，这样做有利于互相信赖和支持。由于彼此了解情况，商品易于符合进货要求，可以减少人员采购，节约费用。在保持固定进货渠道的同时，零售商还要注意开辟新的进货渠道，以保持商品品种的多样化。

（1）选择供应商。

零售企业受卖场面积和经营品种的限制，必须对希望进入连锁系统的众多供应商进行选择。设立供应商准入制度，目的是从一开始就筛选和淘汰不合格供应商，节约谈判时间。供应商准入制度一般由采购业务部制定，商品采购委员会审核，总经理签发后实施。

案例 6-10

信誉楼的诚信文化

信誉楼创建于 1984 年，是一家民营股份制商业企业，经过三十多年的探索与实践，创造了具有广泛社会影响力的“信誉楼现象”。当下很多百货实体店经营惨淡，信誉楼各店经营态势良好，焕发出勃勃生机，其中一个很重要的原因是能够做到诚信的最高层次，切实为所有利益相关者着想。如，信誉楼把维护供应商的利益写进了企业经营宗旨和经营信条中，认真履行。并做到四不原则：

1. 不拖欠供应商货款，即时结算。
2. 不向供应商转嫁经营风险。
3. 不接受供应商回扣、赠品，保持纯洁合作关系。
4. 不接受供应商的吃请，避免给供应商造成麻烦。

资料来源：河北省企业家协会，搜狐号，https://www.sohu.com/a/195768780_99939234.

选择供应商是采购流程中的重要环节，也是关键环节。因为供应商是企业外部影响企业运作最直接的因素，也是保证企业产品质量、价格、服务的关键因素。企业可以根据需求，在原有供应商中选择合作良好的厂商，通知其报价，或以登报公告、招标等方式公开征求供应商。决定是否和某个供应商进行大量业务往来需要一系列合理的标准。采购方对供应商能否满足自己的质量、数量、交付、价格、服务目标等标准将支配决策结果。一般选择供应商应考虑以下几点：

1）供应商的资信。首先是供应商的法人资格和法人能力审查。如果没有疑义，零售商再调查供应商的信用情况，了解其资信和履约能力。零售商必须了解供应商以前是否准时收款发货、遵守交货期限以及履行采购合同的情况，以便同诚实、信用好的单位建立长期合作关系，稳定货源。对供应商资格的要求包括供应商的资金实力、技术条件、生产能力等。这些条件是供应商供货能力的基础，也是将来履行供货合同的前提保证。零售商可要求供应商提供这些基本的背景资料，并可通过银行、咨询公司等中介机构加以核实。

2）供应商的素质。第一，供应商企业的设备与技术力量、生产流程、组织与管理、员工的工作态度、企业的凝聚力等。第二，供应商的历史记录、声誉等。供应商是否给有知名度的零售企业供过货。第三，供应商企业是否通过了国际质量体系认证、国际环境管理体系认证，或者是否达到了行业内的质量标准等。

3）供应商的服务。供应商的服务包括售前、售中和售后服务。售前服务是指为宣传产品、推广业务进行的一些活动，包括向可能的采购企业定期发放宣传资料，介绍产品的品质、制造流程、价格、售后服务等。这是采购方了解供应商情况的渠道之一。售中服务是指直接发生在交货过程中的服务活动，包括向采购方快速、准确地提供所购商品的库存信息、预计的运送日期、订货周期稳定、向采购方提供特殊货运等。售后服务是指在双方达成合作意向之后，供应商向采购方提供免费的安装调试、操作培训、维护修理、退货换货、更新换代等，有的也包括产品的运送等物流服务、技术难题的咨询服务等。服务越是细致周到，说明供应商企业越正规，对于采购方来说也更方便、更放心。

4）商品价格。供应商价格，也是选择供应商的一个重要的指标。一般零售商在审核供应商价格前，就应该对价格有一个预算。在审核时以此价格为依据。对于具体供应商，在选择时还要依据成本结构和当时的市场情况。成本结构是指影响价格的内在因素，包括生产流程、原材料价格、劳动力价格、技术水平、设备折旧程度等。市场情况是指所采购货物的供求关系。采购人员要弄清楚供应商的定价方法，据此判断供应商定价的主要依据，然后对这个依据进行分析，借此评定供应商所提供的价格是否合理。

5）其他因素。第一，供应商所处的位置是否交通便利，对于送货时间、运输成本、紧急订货反应速度等都有影响。采购人员要比较不同供应商、不同地区的进货费用和进货成本，进行选择。第二，供应商的生产规模及生产能力，决定了其能否及时按量提供采购方所需的货物。尤其是在大型项目采购中，供应商的生产能力是需要准确了解的信息，这将决定采购方应该与几家供应商合作。第三，供应商的订单反应系统、存货管理体制等，决定了供应商对于采购方紧急需求及对突发状况的反应能力。如一些大型零售企业，面对瞬息万变的市场，商品的供应容易出现预料之外的情况，这就要求它的供应商具有相应的应急能力。

（2）确定商品要求。

在供应商资格达到基本要求后，零售企业应向供应商提出对具体供货要求的要点，初步询问供应商是否能够接受。若对方能够接受，方可准入并且将这些要点作为双方进一步谈判的基础。这些要点主要包括：商品的质量和包装要求；商品的送货、配货和退货要求；商品的付款要求等。无论选择什么样的货源，零售商在考虑采购的时候，都需要有一套评估商品的程序。有三种可能的评估方式：检查、抽查和描述。具体选择哪种方法取决于商品的成本、特征和购买的规律。检查即在购买之前监测每一个商品单位。对那些昂贵、购买相对特殊的商品，零售商必须认真检查每一件商品；当零售商采购大量易碎、易腐或昂贵商品时，检查每一件商品是没有必要的，可采用抽查的方式；当零售商购买标准化的、不易碎的且不易腐烂的商品时，就采用描述的方法，零售商既不检查也不抽查，而是通过口头、书面或图片描述的方式订购这类商品。

3. 谈判及签约

当货源已经确定、购买前评估也完成时，零售商开始就采购的相关条件进行谈判。一次新的或特定的采购订货通常要求签订一份经过谈判的合同，在这种情况下，零售商和供应商将讨论商品采购的所有方面的细节。如果供应商已经成为零售商的供货伙伴，订货只是例行的或再订货活动，通常只涉及一份格式化的合同。在这种情况下，条款是标准化的，或者已经为双方所接受，订货过程按例行方式处理。

（1）采购谈判的内容。

采购人员谈判的目标，是在协议期限内确保提供指定数量的商品来满足销售，以实现盈利目标。商品可通过一家或多家供应商进行配送，谈判内容主要围绕讨论数量折扣、促销、货架安置、特别折扣、达到协定营业额时的返还折扣，这些都是实现毛利率的条件。结算条款规定了对供应商付款的时间，这一时间从下单付款，到30天延期付款，再到60天或90天延期付款不等。结算条款对现金流和营运资金有重要影响。零售商采购谈判的主要内容是：①采购商品，包括商品质量、品种、规格、包装等。②采购数量，包括采购总量、采购批量、单次采购的最低订货量和最高订货量等。③送货，包括交货期、频率、交货地点、最高与最低送货量、保质期、验收方式、交货应配合事项等。④退换货，包括退换货条件、退换货时间、退换货地点、退换货方式、退换货数量、退换货费用分摊等。⑤价格及折扣，包括新商品价格折扣、单次订货数量折扣、累计进货数量折扣、年底进货奖励、不退货折扣、提前付款折扣等。⑥售后服务保证，包括是否负责包换、包退、保修、安装等。⑦付款，包括付款天数（账期）、付款方式等。⑧促销，包括促销保证、广告资助、各种节庆赞助、促销组织配合、促销费用承担等。

上述谈判内容加上违约责任、合同变更与解除条件，以及其他合同必备内容，就形成了采购合同文本。在谈判过程中，采购员要明确重点谈判项目，对于这些重点问题，采购员要找出分歧点，明确重点问题的预期目标和自己的态度，善于应用谈判技巧，赢取主动。采购员尤其应注意以下问题：

1）配送责任的规定。零售商经营的商品一般周转率都比较高，保持充分的商品供应，商品配送是一个十分重要的方面。许多连锁商店设有自己的配送中心，这一问题相对容易解决。许多商店是单体商店或小型连锁商店，自己的配送能力有限，必须全部或部分依赖供应商的配送，此时商品配送问题就成了谈判中的一个主要内容。因此，商店应在配送的方式及配送的时间、地点、配送次数等方面与供应商达成协议。清楚地规定供应商的配送责任，以及若违反协定必须承受的处罚。

2）缺货问题的规定。缺货是零售商经营的大忌，不仅损失销售机会，也损害商店形象。因此，在谈判中要制定一个比例，明确供应商缺货时应负的责任，以此约束供应商及时供货。例如，允许供应商的缺货率为3%，超过3%时，每月要付1万元的罚金。

3）商品品质的规定。进行商品采购时，采购员应了解商品的成分及品质是否符合国家安全标准和环保标准等规定。由于采购员的知识所限，不能判断所有商品的各种成分及技术标准。因此，在采购时，必须要求供应商提出合乎国家法律规定的承诺，提供相应的合法证明。对于食品，还必须要求供应商在每次送货时提供相应的检验报告。

4）价格变动的规定。零售商与供应商往往建立的是一种长期的供货关系，在这期间，零售商当然希望供应商的商品价格保持不变。但由于供应商的商品成本因素会出现意外情况，如原材料成本上升、原料供应减少造成商品供不应求、薪金上涨等，价格的变动自然在所难免。但在谈判时仍需规定供应商若调整价格，必须按一定程序进行，取得零售商的同意。

5）付款的规定。采购时，支付的货款天数是一个很重要的采购条件，需对支付供应商的方式有所规范。例如，将对账日定在每月的某一天，付款日定在某一天，付款时以现金支付还是银行转账等，都要有一系列规定，双方共同遵守。

（2）签约及合同管理。

谈判结束签订合约后，应办理订货签约手续，即签订采购订单。采购订单是采购商向供应商发出的采购书面通知，是具有法律效力的书面文件。其对买卖双方的要求、权利和义务，必须给予说明。公司一般都有设计好的采购订单，但在洽谈中还得进行关键条款的修改，最后以双方认可的条款为准。任何实用的采购订单必备以下内容：序列编号，发单日期，接受订单的供应商名称和地址，采购商品的名称、数量、质量，发货日期，运输要求，价格术语，支付条款，违约责任，以及对订单有约束的各种条件。

采购订单适合于有长期供货关系的双方，采购方发出的标准采购单一式两份，供应商确认签字盖章后，留存第一联，作为发货依据。第二联返回采购方，作为结算依据，同时表明供应商已正式接受采购订单。订单只有在供应商接受以后才能构成一项合同。

对于新供应商，其商品第一次进场销售，双方往往先签一个商品试销协议。期限不等，一般为3个月或更短。待试销期满，试销成绩合格的商品，零售商可与供应商签订正式的采购合同，建立长期的供销关系。

任何一个经济合同都包含基本条款和普通条款。采购合同的具体内容由以下几个方面构成：①采购商品的名称。合同上应注明商品的生产厂名、牌号或商标、品种、型号、规格、等级、花色等。②采购商品的数量、价格和质量。数量和价格经购销双方协定，对于质量，合同可以规定多种鉴别方法：一是直接观察法，二是以样品为标准鉴别，三是以牌号为根据鉴别，四是以标准品级为依据鉴别。③采购商品的交货地点及交货时间。交货地点包括现场交货、船上交货、车站交货、到库交货；交货时间分别有立即交货、近期交货、远期交货。④采购商品货款的支付。包括结算方式，开户银行、账户名称及账号，是当时付款、预付货款，还是约定期付款等。⑤其他事项。包括供应商的售后服务，对消费者的承诺，应支付的各种入场费、赞助费等。⑥违约责任及违约金。采购合同一经签订就正式生效，买卖双方必须严格执行，任何一方不得随意毁约。如遇到特殊情况，一方需要修改的，需经对方同意。在合同执行过程中，如果发生纠纷，双方应充分协商，尽量合理解决。协商不成的，可由中介机构出面调解；调解不成的，可直接向法院提起诉讼，由法院做出裁判。

案例 6-11

永辉超市的生鲜采购模式

生鲜农产品，是百姓日常生活中消费量最大的商品，长期以来一直是农贸市场的主打产品，因其损耗大、不易保鲜、毛利低、劳动用工大等特性，国际和国内知名零售企业均谨慎涉足。永辉超市是中国内地第一家引进生鲜农产品的连锁超市，公司把“生鲜区”的营业面积扩大到占比达40%，把粮食、蔬菜、水果、肉禽、水产等，近3 000种农产品作为主营产品，生鲜领先的经营策略是公司与其他超市企业的差异化经营。采购管理，控制好采购成本，在合适的时间、地点、价格获取质量、数量合适的资源，是企业降低成本、取得竞争优势、增加利润的有效途径之一。

永辉超市的采购渠道是多渠道并行，主要有基地采购、全国采购和当地采购。无论何种采购方式，目的都是找到最好的商品、最少的中间环节和最低的价格。基地采购是其根据自有农产品基地的产能和品类，结合各地市场情况，灵活配送至各地门店。全国采购是根据不同商品的不同产地，在最具有品质和价格优势的果菜产地进行采购。当地采购也就是所谓的地采或即时采购，主要在当地农产品批发市场根据门店的需求，随时采购。这几种采购方式相结合，使得永辉的生鲜产品有了货源保证、品质保证、价格保证，使其在生鲜经营中具有话语权和主动权，做到了你无我有、你有我优、你优我廉、你廉我转。

此时，还必须要提到永辉超市的采购模式——采付分开。通常外出采购团队由两部分人组成，一部分人是专业买手，另一部分人是老板的亲信。要取得成本优势，一手交钱一手交货是最有效的办法，尤其是那些小农户，有账期是不可能的事。生鲜讲究的是快，谁都想将产品在第一时间出手，每晚出手一分钟，都会使损耗加大，所以即使便宜点，只要出手快，卖家也愿意卖。买手的作用自不用说，亲信们则掌握着现金，只管付款，这种模式既保证了采购商品的品质和价格，又保证了资金安全，同时也减少了腐败的可能。

资料来源：武汉天一咨询，搜狐号，https://mp.sohu.com/profile?xpt=ODI1Y2ZmMTgtYTczZS00OGFhLWIyYTUtZjQ3NzRkODBjM2U5&_f=index_pagemp_1&spm=smpc.content%2F191_2.author.2.1611988233558Ny61fsc.

4. 商品的接收与检验

（1）商品的接收。商品接收，是为了确保以前发出的订单所采购的商品，经检查已经实际到达完好无损，符合数量。供应商将商品送至采购方仓储部门之后，采购方首先要核对发货单，看商品种类、数量、一般品质是否与合同相符，其次要检查各类单据是否齐备，如装箱单、发票等；再次要检查外包装是否完好、入库时是否需要再另行包装。以上几项检查无误后，就可以卸货、清点、入库，同时由仓储部门接收，填写商品入库单，将信息输入仓储管理信息系统。

（2）商品的检验。采购方在接收采购商品之时或之前，先要进行商品的检验，一般检验时间和地点的确定，和商品的性质有很大关系。如，一些价值昂贵的商品，往往得当场逐件检验；而对于一般零售企业采购的品质稳定的消费品，可以在商品送至采购方仓库后再进行抽样检验。

商品检验主要是检查供应商提供的商品是否符合合同要求。对那些质量性能稳定的商品或者那些长期合作、供货表现良好的供应商的商品，检验的程序可以从简；而对于那些性能不稳定的商品或者新供应商的商品，检验的程序要比较完备。

检验的结果分为合格商品与不合格商品两种。一般不合格商品分为致命缺陷商品、严重缺陷商品和轻微缺陷商品三种。对于这三种不合格商品的处理，因采购方的要求和商品的品质而有所不同。对于那些产品本身品质要求就比较高的商品，哪怕是有轻微缺陷也是废品；对于质量严格控制的供应商，他们不会冒险把有缺陷的产品摆放在卖场里。如果没有以上严格的要求，一般来讲，对于有致命缺陷和严重缺陷的商品，采购方可以要求供应商换货，对于有轻微缺陷的商品，经过检验人员、销售部门等协商后，采购方视情况做出处理。

6.3　自有品牌开发

6.3.1　自有品牌的发展及优势

1. 自有品牌的含义

自有品牌又称为商店品牌，是指零售企业从设计、原料、生产到经销全程控制的产品，由零售企业指定的供应商生产，贴有零售企业的品牌，在自己的卖场进行销售。

零售企业都有特殊消费群体，零售企业之间商品同质化、可洽谈的利润空间有限，部分消费者的需求无法满足。所以，零售企业为了差异化的商品策略和追求利润化，需要对这些需求进行整理和分析，全程参与产品选择、包装设计、品控管理各个环节，推出属于零售企业自己品牌的商品，差异化地满足顾客不断变化的需求，进而实现利润最大化。

从制造商的角度来说，自有品牌是其降低企业综合成本、拓宽产品渠道的一种方式。制造企业以自有品牌的合作模式和零售企业共同研发、生产自有品牌，填补其富余的生产能力，分摊企业的综合成本，提高企业的经营业绩，同时提高企业自身包括包装设计、产品研发、价格策略、食品安全管理等各方面在内的能力。制造企业和零售商合作自有品牌可以节约广告费等费用，而且通过协商起订数量、包装材料等合作细节，大大降低了企业的经济成本和财务风险，将人力物力投入到提高产品品质上。

自有品牌的崛起，表明零售商能力素质的提高和市场势力的增强。许多零售商选择自有品牌战略，成功地打开了一个丰厚的利润之源。欧美的大型超级市场、连锁商店、百货商店几乎都出售标有自有品牌的商品。

案例 6-12

英国玛莎百货的自有品牌战略

玛莎百货（Marks & Spencer），作为英国老牌百货零售商，是英国最大的零售公司之一。其自有品牌战略，是它打败竞争对手，成为英国百货业老大的秘密武器。在英国的零售市场中，玛莎百货一直是英国高品质商品的代表，其自有品牌所生产的服饰、食品等，深受消费者青睐。玛莎百货经营的商品，80%都使用其在1928年创立的圣米高（St Michael）品牌，该品牌也可以算是目前世界上最大的“没有工厂的制造商”。玛莎百货对自有品牌商品，无论在设计、质量还是品类定位上，都有严格的控制体系。90%的圣米高，均在英国本土制造，在当时主要制造商超过800家，但玛莎百货却从未在其中持有任何股份。玛莎百货只向制造商提出原材料、生产工艺和品质等方面的要求，并向制造商提供技术支援和管理咨询等。在零售行业，自有品牌往往意味着“便宜但质量稍差”，但圣米高品牌一向是优质品的象征。顾客在玛莎百货购买商品，甚至不需要开发票，因为你可以在任何时候无条件退货（后来退货时间改为90天）。数据显示，其在全英国的服装市场占有率为15%，销售价格较同类制造商低15%，利润率高达30%以上。除了圣米高，玛莎百货还经营着多个自有服装品牌，包括Limited Collection、Autograph HE和Per Una。

资料来源：搜铺网，http://www.soupu.com/news/708934.

2. 自有品牌的发展

零售企业自有品牌的起源，可以追溯至19世纪，当时批发商作为制造企业与零售企业间沟通的桥梁，掌握了强有力的销售渠道优势，故能与制造企业直接对抗，特别是在日用品方面。最早建立自己的品牌商品的是1882年的英国的玛尔科公司。到了20世纪50年代，制造企业为了获得更多利润，与零售企业直接合作，批发商因此逐渐退出市场。到了60年代，英国法律允许制造企业有权决定市场上产品的价格，而制造企业为了控制零售价格，有权将自行降价销售制造企业产品的零售企业移送法办。在此影响下，零售企业为了反抗规定及摆脱受制造企业价格的控制，开始发展自有品牌的产品。

一百多年来，开发、销售自有品牌商品已经成为世界名店广泛采用的营销策略。发达国家零售业的一些“领头羊”，如沃尔玛、西尔斯、玛莎、盖璞、7-11、阿霍德和大荣等，都拥有大量的自有品牌商品。

进入2000年，随着零售企业跨国发展，自有品牌也跟随着开始全球化发展的历程。一项尼尔森的研究报告显示：自有品牌在全球各个区域都在积极地推动零售企业的业务增长。2003年，全球36个市场中就有2/3的市场，自有品牌的增长速度超过了制造企业品牌的发展速度，在这些市场中各有半数以上的自有品牌实现了两位数的增长。这表明，拥有自有品牌商品是西方业绩较好的零售企业的普遍特征之一。

自有品牌最早出现在西方的零售企业中，至今仍保持着发展的主导地位。零售企业建立自有品牌的初衷，只是为了提高自己的边际利润。但如今，自有品牌早已趋于复杂化。从自有品牌的特点来看，西方零售企业自有品牌的发展大致经历了四个发展阶段。

（1）无名产品阶段。此阶段，自有品牌产品的价格、质量和产品形象定位远低于市场主导产品，外观设计相对简单，往往用简单的技术就可以生产，市场进入壁垒低下，产品容易模仿，主要集中在食品类的产品上。

（2）店牌品牌阶段。零售企业自有品牌的市场定位有了提高，单个商品的市场销售增加，价格依然低廉，并开始跟随市场主导产品，但是以单一商品为主的自有品牌仍然没有自身的独特性和显著性。

（3）家族品牌阶段。零售企业自有品牌延伸到一个或者几个产品类别，形成品牌家族，并具有一定程度的独特性。其产品质量有了提高，生产技术有了突破，创新程度几乎可以和市场主导产品相提并论，零售企业已经可以做出一定的质量保证和承诺，并委托生产商代工，定点、定牌、定样监制生产。

（4）市场主导产品品牌阶段。零售企业自有品牌从质量到形象，其市场定位至少达到了市场主导产品的水平，在一个品牌家族当中包括了很多为细分市场服务的产品类别和花色品种，它们独具品牌自身特色、产品质量优良、生产技术先进，通常由只生产零售企业自有品牌的国际性的厂商来生产。

目前，在国外零售市场上同时存在着这四个阶段的零售企业自有品牌。但是，由于产品生命周期的变化和新产品的不断出现，第四阶段的自有品牌比例在增加。

3. 自有品牌的竞争优势

（1）信誉优势。敢于使用自有品牌的零售企业，往往有良好的声誉和企业形象。零售企业在长期的经营实践中，形成了自己良好的信誉，树立了一定的品牌形象，使其创立的自有品牌从一开始起就具备了名牌的许多特征，极易被顾客接受与认可。

（2）价格优势。质优价廉是自有品牌商品的一大优势。欧美商业企业中使用自有品牌的商品一般比同类商品价格低 30% 以上。日本大荣集团的自有品牌商品分为三类：10 000 种优质商品比同类全国畅销货便宜 10%～20%；150 种低价商品比一般商品低 15%；另外 40 种商品，则比品质相近的名牌商品便宜 30%。使用自有品牌的商品之所以具有价格优势：第一，大型零售商业企业自己组织生产自有品牌的商品，使商品进货省去许多中间环节，节约了交易费用和流通成本；第二，使用自有品牌的商品不必支付广告费，零售商已有的良好信誉就是自有品牌商品最好的广告；第三，自有品牌商品仅在开发商品的商业零售企业中销售，可省去为打通流通渠道所需的费用；第四，大型零售企业拥有众多的连锁店，可以大批量销售，取得规模效益，降低商品的销售成本。

（3）特色优势。使用制造商品牌的商品，通常各零售企业都可以经营，这使得各零售商所经营的产品差异日趋缩小，特色不足，加剧了竞争的激烈程度，甚至出现了过度竞争。实施自有品牌战略，大型零售企业首先要对其品牌进行准确的市场定位，企业要根据自身的实力状况、竞争者的市场地位、目标市场的需求特点来确定自有品牌商品在市场中的地位。品牌定位一旦明确，企业的经营特色随之形成。另外，零售企业的自有品牌与制造商品牌的最显著区别，在于零售企业的自有品牌只能运用于开发商品的企业内部，其他企业不能使用，因此，使用自有品牌也就将本企业经营特色体现出来，以特色经营赢得顾客。

（4）领先优势。市场营销的核心是把握和满足消费者的需求。零售商直接面对广大的消费者，能比较准确地把握市场需求特点及其变动趋势，从而能根据消费需求特点来设计、开发、组织、生产商品，这样就使自有品牌商品比制造商品牌商品更能快捷地体现市场需求，领先一步在市场竞争中处于先发制人的有利地位，掌握竞争的主动权。

“码”上看：扫码阅读《中国自有品牌的发展现状》

6.3.2 自有品牌商品的开发实践

1. 零售商开发自有品牌商品应具备的条件

（1）规模和资金条件。自有品牌商品是在零售业日益集团化、连锁化和国际化的大趋势下产生的，开发自有品牌产品的成功，离不开规模经济优势的发挥。零售商必须规模大、网点多、市场份额高、忠诚顾客稳步增长。同时，自有品牌产品的开发，以零售企业为主导，零售商应该具有相应的资金准备和较高的持续盈利能力。

（2）商誉条件。自有品牌产品的形象建立在零售企业本身商誉的基础上，较高的商誉是实施自有品牌战略成功的前提。

（3）信息条件。自有品牌产品的开发必须面向市场，满足消费者的需求。企业必须了解顾客的需求及其变化，及时搜集信息、分析信息和利用信息。

（4）市场营销能力。开发自有品牌产品，企业要承担较大的风险，企业必须具备很强的管理能力、公关能力和市场营销能力。

（5）商标条件。零售企业应该在开发自有品牌产品的初创期，就进行品牌的申请注册工作，以免在日后被他人抢注、冒用时，得不到法律的保护而蒙受损失。

案例 6-13

新乐超市“二次创业”，自有商品提升至30%

深耕张掖地区的新乐超市创立于1998年。因原有机制已经老化，新乐超市从经营模式、采销模式、战略理念、人才体系等多个方面展开变革，进行二次创业。自有品牌建设方面，新乐超市通过搭建新乐食坊、联合蚂蚁商联开发自有品牌，以及在全国范围内对接生鲜基地，与盒马等企业达成供应链互相借力等动作，已经将其自有商品做到3 000个SKU。这在新乐超市300平方米便利店商品结构中基本占到100%，在3 000平方米大店中也已突破30%。

由于在张掖地区深耕20余年，新乐超市更为了解当地消费者饮食习惯、消费偏好、购买力等指标，因而自行搭建中央厨房即能发挥本地化优势，并且具备超市的品牌影响力背书，在上市初期更易打开市场。但由于涉及品类、标准繁多，且需要对接、筛选数量众多的厂商，新乐超市独立操作就显得不太现实。为此，新乐超市选择与蚂蚁商联合作，针对相关商品开发自有品牌。后者是一家联合了分布在24个省份，59家零售企业的商业联盟，开发有我得、极货、饕厨等七个品牌系列，1 200多个自有品牌单品，可以说规模化、品牌化效应初显。

针对熟食等品类，新乐超市也推出了三个新品开发标准：一是市场上没有符合新乐超市标准的产品，即进行自主研发生产、替消费者制定标准；二是市场上有成熟商品，但性价比不高，例如张掖牛肉干、蜂蜜油果子、丹霞饼等特色商品，新乐超市希望提升其性价比，并将其做成旅游产品，向外地销售；三是符合当地口味的手工产品，使其标准化、可复制、能量产。

新乐超市搭建了一个7人研发团队，通过调研、选材、研发、试吃、消费者盲测等一系列动作提升其竞争力。现在基本上每月会开发出20～30个新品，但筛选后只会落地2～3个，以此把控品质。

资料来源：张思遥，微信公众号/第三只眼看零售。

2. 自有品牌商品的品类选择

选择恰当的商品项目是成功的前提。自有品牌商品的选择，必须考虑两个因素：一是被选择商品价格较面向全国市场销售的商品价格有可能更低；二是被选择商品有一定的吸引力，能影响消费者的品牌忠诚。因此，零售商可以考虑选择的自有品牌商品有：

（1）消费者品牌意识不强的商品。对某些商品而言，消费者的品牌意识非常强，如牛奶、化妆品等，消费者倾向购买认定品牌商品。因此，零售商开发这类自有品牌的难度就很大，即使开发出来，也难以得到消费者认可。而另一些商品，消费者的品牌意识较弱，如肥皂、卷纸等日常用品或食品，零售商采用一些促销手段，很容易影响消费者的购买行为，因而这些商品可以作为自有品牌商品考虑。

（2）销售量大和购买频率高的商品。只有销售量大的商品，企业才可能实现大量订货，从而降低开发和生产成本，保证实现自有品牌商品的低价格。购买频率高的商品，商品的品牌忠诚度较低，顾客很有可能在其他条件的影响下，改变购买品牌，这有利于零售商开发新顾客，促使他们购买自有品牌商品。

（3）单价较低和技术含量低的商品。对于单价较低的商品，消费者可在第一次购买后，通过使用决定是否再次购买，其购买风险较小。特别是一些价格敏感度较高的日用品，在同等质量的条件下，消费者更容易接受价格较低的自有品牌商品。而对于单价高的商品，消费者的购买决策是比较谨慎的。另外，技术含量高的商品，不宜作为自有品牌商品的开发对象。一则大多数零售商不具备这些商品的开发实力；二则这类商品的品牌忠诚度一般较高，难以改变消费者的购买态度；三则这类商品往往需要强大的售后服务力量，这是零售商力所不能及的弱项。

（4）普通供应商无法生产加工的商品。加工的商品，其保鲜、保质要求高，如部分生鲜食品的加工包装只能在卖场内进行。零售商可以用良好的商誉做包装，利用渠道短的优势，及时把货真价实的商品，提供给广大的消费者。因此，这类商品，也宜作为自有品牌商品的开发对象。

案例 6-14

家家悦，生鲜自有品牌优势突出

从25年前一家不到400平方米的仓库改造门店起步，到如今拥有800余家门店的大型连锁超市企业，家家悦用25年的不懈努力，实现了令人惊艳的成长。其中，家家悦自有品牌策略的成功，在其成长之路上功不可没。

家家悦重点选取品牌关注度较弱、销售量大、购买频率高的商品建立自有品牌。目前旗下的自有品牌，包括悦记飘香、荣光、品品香、麦香苑、悦味颂、佳飞悦、悦味上品、悦天然、简单生活、半月湾等，涉及食品生鲜、零食、厨房洁护、干果蜜饯等多个品类。自有品牌商品的营业收入占家家悦营业收入的比重也在逐年提升。

家家悦自有品牌策略的成功，在于其打通了相关品类的整个产业链，在相关品类商品方面已经形成了很强的采购、研发、生产、销售能力，为了保证自有品牌的产品质量，家家悦建立了多个生产加工中心。

位于文登，2007年投入运营的宋村生鲜加工物流中心，主要负责家家悦自有品牌生冷生鲜产品的加工，有悦记飘香、悦记牧歌、悦家巧手等子品牌。加工品类主要有禽畜肉制品、净菜系列、海产系列、速冻米面系列、鲜面食制品五大品类。子品牌有包括肉类、鱼类等产品的悦记飘香，冷冻面点产品的悦家巧手、悦记牧歌等。为了确保产品的源头采购、反季节流通以及产品的深加工，家家悦采用原产地、定点基地、采购网络三位一体的形式，保证产品品质和可追溯性。从收货环节到出库配送到店，全程冷链运输、严格执行食品安全的各项标准。如，为了保证香蕉的自然熟化，它们投资建设了世界上最先进的香蕉熟化仓库，确保了家家悦所售香蕉的质量安全。

位于荣成的家家悦荣光工业园，主要负责生产供应米、植物油、杂粮、干果、豆制品、塑料制品等品类共计200多个单品。如，公司从黑龙江产地直接采购来的不是成品大米，而是带壳的稻谷，随时可以加工成新米。并确保家家悦超市供应的自有品牌大米一般都是在7天时间里碾好的新米，口感和品质都是上乘的。以花生油为例，决定花生油品质的主要是原料，家家悦的花生全部来自基地采购，优选温度低、花生品质高的基地，有了优质的原料加上在生产过程中的层层检测品质，生产出来的油在品质上一点不比一线品牌差，但价格上有明显优势。

走进家家悦超市，花样繁多的胶东大馒头、自营的各类熟食，如今已经成为不少人的家庭厨房。而在超市内的小厨房背后，是一个强大的城市中央厨房。位于威海环翠区的家家悦配餐加工中心，是一处集农副产品生熟加工、配送于一体的规模化中央配餐系统，就是所有家家悦顾客的后厨。自有品牌产品主要有麦香苑的面包、饼干、月饼。悦记飘香的熟食、主食，主要分为中式面点、西式面点、酱卤、快餐、粥汤、凉菜六大功能区域，年生产能力达到 2 万吨。

总之，强大的生鲜初加工能力，是家家悦开展生鲜自有品牌的依托，也构筑起家家悦区别于其他商超的行业“护城河”。

资料来源：威海大众，中国食品报网。

3. 开发自有品牌商品的途径

（1）零售商委托制造商生产。商业零售企业根据市场动态对商品的质量、规格、类型、原材料、包装等方面自行设计，然后委托生产企业按照设计要求制造，在销售时使用自有品牌。一些中小型制造商，虽无力开展产品设计和研发，创立品牌优势，但具有较强的生产制造能力和水平。零售商与这类企业联合，有可能获得双赢的结果。其特点是：商业零售企业与生产企业是一种较为松散的协作关系，经营风险较大，放弃使用制造商品牌的生产企业，生产的产品质量虽然较好，但因其规模小，无法与其他较大的企业竞争，从而和大型零售企业联合，双方互惠互利。

（2）零售商自设生产基地。零售商自己投资办厂或控股生产企业来设计、开发、生产自有品牌商品。这种形式的特点是：生产企业和商业企业不是交易关系而是协作关系，有共同的利益，稳定性较强，交易费用低，但需要商业企业具备相当的规模与一定的经济实力。

案例 6-15

同仁堂，真正货真价实的产品

同仁堂历经沧桑，“金字招牌”长盛不衰。质量与服务是同仁堂“金字招牌”的两大支柱，坚持质量第一、一切为了患者，是同仁堂长盛不衰的最根本原因。

三百多年来，为了保证药品质量，同仁堂坚持严把选料关。在过去，北京同仁堂，为了供奉御药，也为了取信于顾客，建立了严格选料用药的制作传统，保持了良好的药效和信誉。新中国成立后，同仁堂除严格按照国家明确规定的上乘质量用药标准外，对特殊药材还采用特殊办法，以保证其上乘的品质。如，制作乌鸡白凤丸的纯种乌鸡，由北京市药材公司在无污染的北京郊区专门饲养，饲料、饮水都严格把关，一旦发现乌鸡的羽毛骨肉稍有变种蜕化，即予以淘汰。这种精心喂养的纯种乌鸡，质地纯正、气味醇鲜，其所含多种氨基酸的质量始终如一，保证了乌鸡白凤丸的质量标准。除处方独特、选料上乘之外，严格的工艺规程是十分必要的。同仁堂生产的中成药，从购进原料到包装出厂，总共有上百道工序，加工每种药物的每道工序都有严格的工艺要求，投料的数量必须精确，各种珍贵药物的投料，误差控制在微克以下。例如，犀角、天然牛黄、珍珠等要研为最细粉，除灭菌外，要符合规定的罗孔数，保证粉剂的细度，此外还要颜色均匀、无花线、无花斑、无杂质。

资料来源：百度百科，https://baike.baidu.com/item/%E5%90%8C%E4%BB%81%E5%A0%82/444060?fr=aladdin.

本章小结

（1）商品分类，有按顾客群划分、按商品特点划分、按顾客对商品的选择程度划分、按商品之间的销售关系划分、按商品对经营的重要程度划分、按商品销售的顺畅程度划分等划分标准。

（2）商品分类，有代表性的分类方法是美国式分类和日本式分类，我国也在实践中形成了中国式分类。

（3）零售商品的组合结构，主要取决于商品线的深度、宽度和关联度。不同深度、宽度和关联度的组合，形成宽而深、宽而浅、窄而深、窄而浅四种商品结构。

（4）确定商品结构，要考虑商店的业态特征、目标市场、竞争对手情况、商品策略、商品相关性等因素。

（5）商品组合应遵循的原则，是正确的产品、正确的数量、正确的时间、正确的质量、正确的状态以及正确的价格。

（6）零售商品结构调整，可以依据商品销售排行榜、商品贡献率、损耗排行榜、周转率等。

（7）零售商品结构调整的主要内容，包括新商品的引入、滞销商品的淘汰、畅销商品的培养等。

（8）零售采购，可以按照采购方式、采购的交换形式、采购组织、企业外部联合采购形式等来分类。

（9）采购流程，包括制订采购计划、确定零售商的进货来源、谈判及签约、商品的接收与检验。

（10）零售企业自有品牌的起源，可以追溯至19世纪，大致经历了无名产品、店牌品牌、家族品牌、市场主导产品品牌四个阶段。如今，欧美的大型超级市场、连锁商店、百货商店等，几乎都出售标有自有品牌的商品。

（11）自有品牌，具有信誉、价格、特色、领先等竞争优势。

（12）零售商开发自有品牌商品，应具备规模和资金条件、商誉条件、信息条件、市场营销能力、商标条件等。

（13）自有品牌商品的品类，适合选择的是消费者品牌意识不强的商品、销售量大和购买频率高的商品、单价较低和技术含量低的商品、普通供应商无法生产加工的商品。

（14）开发自有品牌商品，可通过零售商委托制造商生产、零售商自设生产基地两种途径。

术语及热词

买手 零售组织中负责某个商品品类采购和盈利的人，类似于品类经理。一个优秀的买手一定是这个行业的专家，对所购买的商品、品牌以及市场反应有高度的预见性。知道在什么时间、什么价位购入哪些商品，然后在什么时间、采用什么方式、以什么价格将这些商品卖出去。

赞助费 指供应商在从事销售行为中，对零售商的赞助费用，包括年节，如元旦、五一、端午、中秋、十一、春节等，开店，周年庆，新品上架，等等。

广告费 指向供应商收取的广告费用，包括灯箱、条幅、手推车、购物袋、会员卡、地板、电视墙、广播、快讯等。

陈列费 指向供应商收取的门店内各个重要陈列位置的费用，包括端头、地堆及其他促销区等。

付款 指零售商对供应商支付货款的行为。除短账期（30天以内）的商品外，零售商一般采取按月集中付款的方式，通常付款日定在每月15日或20日。

盘点损失 指实际盘点时的库存量，与账簿上减去自然损失的库存量之间的差。盘点损失＝不明损失－自然损失。

不明损失 指经盘点得到的实际库存，与根据订货单计算出的账簿库存之差。本来这个应该为零，但由于登记和管理中可能存在差错，所以不明损失是可能发生的。

价格带 各商品销售价格的上限与下限之间的范围。

售价变更 随着市场竞争、销售状况等因素，而调高或调低售价。

毛利调整 把毛利率低而销售量大的商品与毛利率高的商品，按照适当的比例，进行配搭和调整。在经营上，不是所有单品的毛利率都一样，而是通过配搭毛利率低的商品，给顾客以价格低廉的印象，扩大商品的市场占有率，同时，用高毛利的商品来获取利润。

报价单 是指供应商在销售时，提供给买方的报价文件，应至少包括：销售单位、售价、折扣、包装方式、交货所需天数、交货工具及地点、最低订购量、退换货条件、报价有效期、进货奖励及其他事项。

交易条件 是指零售商与供应商的年度合同里的交易条款，包括：价格、价格调整机制、质量标准、折扣、各种赞助金、退换货、促销、订货条件、品项数、新品导入、账期、付款日、交易方式、商誉损失赔偿，等等。

购销 即由零售商正式下订单采购，货款到账期时，由零售商支付给供应商。零售商的大部分商品是以购销形式进货，库存损耗由零售商全额负担。

代销 即由零售商正式下订单采购，但采取实销实结的方式付款，零售商的风险较少，退换货容易，但进货价可能相对提高，利润较少。库存损耗可与供应商协商负担比例。

联营 即零售商提供一定的销售空间，在一定的提成扣除比例的协议下，实施“联营销售”。零售商对商品不拥有所有权，所以没有库存损耗风险。但零售商相对而言，失去购销或代销的价格主控权。

联合采购 是指一家以上的零售商对某一个品牌或规格实施的联合采购行为。联合采购并非完全指“统一价格、统一下单、统一配送及统一付款”，在许多情况下，联合采购仅指交易条件的局部或全部的统一，许多具体的日常采购作业仍由地区公司的采购部执行。

购买率 指在光顾商店的顾客中，购买商品者占总体的比例。购买率有三种分类方法：购买商品件数/通过收银台的顾客；在收银台付款的顾客/光顾的顾客；根据顾客调查推断的购物人数/光顾的顾客。

到货率 对于已订货的商品来说，到货商品的比率称为到货率。到货率＝到货商品的售价合计/当天为止应到的订货商品的售价合计 ×100%。到货率是衡量到货商品是否按照订货时指定的到货日、尺寸、颜色、规格等发货的重要指标。

周转天数 是指以各商品（部门）为单位，其总库存（包括后仓存货）售完为止，所需要的天数。

知名品牌 是指在消费者心中较为熟知的品牌。品牌知名度的建立是一个时间与金钱积累的过程，它靠一系列的广告与促销活动造势而成。

畅销商品 指在同样的商品品种中，销售量极大，而且库存量处于适当状态的商品。在对总销售量进行 ABC 分析的时候，属于 A 类的商品。

滞销商品 凡是某种商品在一定的期限内，其销售计划与实际销售之间有较大的差距，即被称为滞销商品。因为该商品的流转率，低于商品整体的平均流转率，所以，对滞销商品必须尽早做出处理计划。

思考讨论

1. 品类杀手店，未来的发展空间有多大？
2. 苏宁 2017 年力推“全球买手”战略，盒马鲜生 2018 年全面采用“买手制”，买手制的春天，来了吗？
3. 买手店越来越受宠的原因是什么？
4. 制造商品牌和零售商自有品牌，从零售商采购的角度，分析它们各自的优劣势是什么？
5. 亚马逊收购全食，进军生鲜，布局线下，会与沃尔玛正面相逢吗？为什么？沃尔玛该如何接招？

小试身手

如果你是一家全国性连锁超市的洗涤产品类采购负责人，请尝试结合采购品类的特点，拟一份采购合同。

课外阅读推荐

[1] 泰珀 . 零售买手算经 [M]. 蒋敏丽，译 . 上海：东华大学出版社，2018.
[2] 金错刀 . 爆品战略：39 个超级爆品案例的故事、逻辑与方法 [M]. 北京：北京联合出版公司，2016.
[3] 刘宝红 . 采购与供应链管理：一个实践者的角度 [M]. 3 版 . 北京：机械工业出版社，2019.
[4] 肖潇 . 一本书读懂采购 [M]. 天津：天津科学技术出版社，2017.
[5] 琼，赫尔曼 . 经营自有品牌：来自欧美市场的实践与调查 [M]. 金好来商学院，译 . 北京：东方出版社，2018.
[6] 汤洋 . 赢在自有品牌 [M]. 北京：光明日报出版社，2016.
[7] 李定娟 . 时尚买手实战技巧 [M]. 北京：机械工业出版社，2019.

第7章 CHAPTER7

商品定价与促销

学习目标

掌握：商品定价方法；零售促销活动的实施步骤。

理解：不同类型的定价策略；广告、销售促进、人员推销和公共关系四种零售促销组合。

了解：价格调整方式及技巧；零售促销的特征；零售促销活动的类型。

引导案例

好市多的低价策略

截至2018年，好市多（Costco）在全球开有762家分店。2018年营业收入1 415亿美元，同比增长9.73%。该企业从1983年开业至今，从不做商业宣传，没有公关团队，却在全球7个国家开了700多家分店。虽然比竞争对手沃尔玛晚出生20年，但它的单店销售额却超越了沃尔玛。

好市多以贴近成本的低价格著称。一般超市的综合毛利润都在15%～25%，好市多将商品的毛利率，控制在了7%左右，扣除会员费后，商品的平均毛利率仅在10%左右，不到竞争对手沃尔玛的一半，并坚持毛利率上限为14%。其中一些爆款商品价格，甚至接近零利润，这些低价爆款商品吸引了大量客流，同时也为品牌口碑培养做出了很大贡献。好市多的低价策略主要体现在以下方面：

第一，用强大的议价能力来压低进货价格。好市多采用量贩式的零售模式，精选少量SKU，单一SKU进货量巨大。依靠巨量的销售能力，压低进货价格，如果一家供应商在别的地方定价比在好市多的定价还低，那么它的商品将永远不会再出现在好市多的货架上。

第二，精选商品。好市多虽是全品类，但是只精选3 000～4 000个SKU，所有上架的商品必须经过层层审核，每类产品只有1～3个品牌，且很多商品以“打”“捆”“箱”等大包装销售。好市多商品具有极强的差异化，第三方品牌会为其设计专供商品，如新秀丽（Samsonite）的好市多专供款。而且，好市多严选商品，保证优质，主要选择中高端品牌，并规定一旦出现质量问题，将至少3年不与该供应商合作。为了避免奢侈品侵害其苦心经营的低价形象，好市多在普通货架上卖Gucci、Coach等奢侈品时，会要求供货商更改其传统的包装，在外观上显得廉价一些。精选SKU的好处是：商品少，所以销量集中，库存周转快，从而带来了资金运转效率的提升，降低了经营成本，坪效提升。少而精的商品，可以极大地提升货架使用效率，避免了长尾商品对经营面积的占用，从而在单店和单位面积上产生更大的效益。

第三，发展自有产品来控制商品制造成本。好市多在1995年创立了自有品牌Kirkland Signature，主打休闲食品、冷冻生鲜、清洁用品和保健品等。目前Kirkland已经成为全美销量第一的健康品牌。自有品牌产品可以持续优化供应链，很好地把握成本。

第四，严控运营成本和节省运营费用。好市多的仓储式门店，多数建在自有土地上，这极大地降低了土地租金费用。除了仓储成本之外，好市多还减少了门店装修费用和雇员数量，并且从不在媒体上做广告，通过会员口碑效应进行宣传，以此减少人力成本和营销费用。

资料来源：免费的N次方，搜狐号，https://www.sohu.com/a/246429176_100247113.
电商观察者，雪球，https://xueqiu.com/7170501957/132880647.

7.1 零售商品定价

7.1.1 定价策略

零售企业在确定了基本价格后，要建立一种多价位结构，以适应不同的需求特点。因此，零售企业有必要针对不同的消费心理、购买行为、地区差异和需求差异等对基本价格进行修改和调整。具体策略如下所述。

1. 心理定价策略

心理定价策略是依据消费者的购买心理来修改价格。对于同样的商品，不同的消费者因其需求动机和需求偏好不同，会有不同的价格需求。因此，实施心理价格策略，制定迎合消费者心理的价格，往往能起到意想不到的效果。具体做法有：

（1）尾数定价策略。尾数定价，也称零头定价，即给产品定一个零头数结尾的非整数价格。大多数消费者在购买产品时，尤其是购买一般的日用消费品时，乐于接受尾数价格，如0.99元、9.98元等。消费者会认为这种价格经过精确计算，购买不会吃亏，从而产生信任感。同时，价格虽离整数仅相差几分或几毛钱，但给人一种低一位数的感觉，符合消费者求廉的心理。这种定价策略通常适用于基本生活用品。

（2）整数定价策略。整数定价与尾数定价正好相反，企业有意将产品价格定为整数，以显示产品具有一定质量。整数定价多用于价格较贵的耐用品或礼品，以及消费者不太了解的产品，对于价格较贵的高档商品，顾客对质量较为重视，往往把价格高低作为衡量商品质量的标准之一，容易产生一分价钱一分货的感觉，从而有利于销售。

（3）声望定价策略。声望定价即针对消费者便宜无好货、价高质必优的心理，对在消费者心目中享有一定声望、具有较高信誉的产品，制定高价。不少高级名牌产品和稀缺产品，如豪华轿车、高档手表、名牌时装、名人字画、珠宝古董等，在消费者心目中享有极高的声望价值。购买这些产品的人，往往最关心的是产品能否显示其身份和地位，价格越高，心理满足的程度也就越大。

（4）习惯定价策略。有些产品在长期的市场交换过程中，已经形成了为消费者所适应的价格，成为习惯价格。企业对这类产品定价时，要充分考虑消费者的习惯倾向，采用习惯成自然的定价策略。对消费者已经习惯了的价格，不宜轻易变动。降低价格会使消费者怀疑产品质量，提高价格会使消费者产生不满情绪，导致购买的转移。在不得不需要提价时，应采取改换包装或品牌等措施，减少抵触心理，并引导消费者逐步形成新的习惯价格。

（5）招徕定价策略。这是适应消费者的求廉心理，将商品价格定得低于一般市价，个别的甚至低于成本价，以吸引顾客、扩大销售的一种定价策略。采用这种策略，虽然几种低价产品不赚钱，甚至亏本，但从总的经济效益看，由于低价商品带动了其他商品的销售，企业还是有利可图的。最适合招徕定价策略的商品为经常购买的商品，如，大米、鸡蛋或可口可乐等知名品牌。因为经常购买这些商品，所以顾客会注意到这些商品的广告。

（6）分档定价策略。分档定价，是指把同类商品比较简单地分成几档，每档定一个价格，以简化交易手续，节省顾客时间。例如，鞋袜、内衣等商品，就是从××号到××号为一档，一档一个价格。

（7）错觉定价策略。通常消费者对商品重量的敏感，要远低于对价格的敏感，如500克装的某品牌奶粉，标价为9.3元，450克装的同样奶粉，标价为8.5元，后者的销量，明显比前者好。其实，算一下就会发现，后者每克的实际价格要略高一点，但更容易吸引消费者的注意力。

2. 折扣定价策略

折扣定价是在正常价格的基础上，给予一定的折扣和让价。一般是在短期内降低商品价格，吸引更多消费者购买，从而实现销量在短期内增加的一种定价方法。常用的折扣定价策略有以下几种：

（1）积分卡累计折扣定价。积分卡累计折扣定价策略，是一种比较常用的累计数量折扣定价策略，顾客缴纳少量费用或免费即可获得一张积分卡。规定顾客在一定时期内累计购买商品达到一定金额，则按其购买金额大小，给予不同的折扣。这种定价方法，能起到稳定顾客群的作用，目前很多零售企业实行的就是这种积分卡累计折扣定价策略。

（2）会员卡折扣定价。消费者只需缴纳少量费用，或达到一定购买量，即可持有会员卡，成为零售商的会员。会员可享受多种优惠，如，价格、赊销、分期付款、年底分红或返还、定期联谊活动、优惠日活动、获得商店最新商品信息等。此外，目前有不少商家向顾客发放优惠卡，在出售商品时就顾客的购买金额给予一定的折扣率。这种折扣策略对增大商店的目标顾客宽度作用很大。

（3）限时折扣定价。限时折扣定价策略，即在特定的营业时段，对商品进行打折，以刺激消费者的购买欲望。这样一方面可增强商场内人气，活跃气氛，调动顾客购买欲望，同时可促使一些接近保质期的商品，在到期前全部销售完。

（4）季节折扣定价。商家在采用此方法时要注意，在消费高潮时的季节折扣，要与竞争对手的同类商品价格拉开差距，具有明显的价格优势。而在销售淡季时，折扣则既要体现反季节促销，又要体现季节性清货。前者是为了扩大销售，后者是为了清理库存。

（5）一次性折扣定价。一次性折扣定价策略，即在一定时间内对所有商品规定一定下浮比例的折扣，一般在店庆、季节拍卖和商品展销时采用较多。一次性折扣定价是阶段性地把商店的销售推向高潮的定价策略，实施的时间和频率要事先订好计划。

3. 新商品定价策略

新商品定价策略，是零售企业价格策略的一个关键环节，它关系到新商品能否顺利进入市场，以及能否为以后占领市场打下良好的基础。零售企业在推出新商品时，主要有两种定价策略可供选择。

（1）撇脂定价。撇脂定价策略，是指在新商品初上柜时，把商品价格定得很高，以获取最大利润，如从鲜奶中撇取奶油一样。根据实践经验，在以下条件下可以采取撇脂定价。

1）市场有足够的购买者，他们的需求缺乏弹性，即使把价格定得很高，市场需求也不会大量减少。

2）高价使需求减少一些，单位成本增加一些，但这不至于抵消高价所带来的利益。

3）在高价情况下，仍然独家经营，别无竞争者。

4）价格定得很高，使人们产生这种产品是高档产品的印象。

（2）渗透定价。

1）先入为主低价渗透策略。外资零售企业往往在开业之初，采用低毛利、低价格策略，给消费者造成一种十分便宜的印象。以后再有计划地逐步提高某些商品的价格，使消费者在形成第一印象之后，不知不觉地忽略商品价格上调的事实。

2）以盈补缺差别毛利率定价策略。对不同的商品，采取不同的毛利率定价，以盈补缺。实现盈利和低价双目标。

3）控制敏感商品价格策略。据调查，仅有30%左右的消费者，在进入商场前有明确的购买目标，其余70%消费者的购买决定是在商场做出的，而且他们只对部分商品在不同商场的不同价格有记忆，这部分商品为敏感商品。敏感商品一般是需求弹性大、消费者使用量大、购买频率高的商品，实行低价销售在市场上拥有绝对竞争优势，有利于塑造商场价格便宜的良好形象。

4. 商品组合定价策略

商品组合定价策略，是指零售企业从追求整体效益最大和动态最优出发，对所经营的各种商品进行最佳的价格组合。这样才能顺利地实现零售店的定价目标。

（1）替代商品综合定价策略。替代商品是指用途大致相同、可以互相代替的商品。替代商品价格策略是指零售企业为达到某种营销目的，有意识地安排本商店替代商品之间的价格比例而采取的定价策略。对于有替代关系的商品，提高一种商品的价格，虽然会使该商品销量降低，但是会提高其替代商品的销量。零售企业可以利用此效应来制定组合价格策略，通过适当提高畅销品价格、降低滞销品价格，使两者的销量都能保持在一定水平，从而增加零售企业的总盈利。

（2）互补商品综合定价策略。互补商品是指需要配套使用的商品。互补商品价格策略是指商店利用价格对消费连带品需求的调节功能，来全面扩展销量所采取的定价技巧。对于互补商品，有意降低购买频率低、需求弹性高的商品价格。同时，提高购买频率高，而需求弹性低的商品价格，会取得各种商品销量全面增长的效果。

（3）产品与服务综合定价策略。对于大件耐用消费品，消费者往往会担心能否长期安全使用，或担心搬运难、易损坏、维修难、易耗件不易买到等问题，这些担心都会影响产品的销售和零售企业的收入。对此，零售店可以改变单纯制定销售价的办法，实行销售与服务一揽子综合定价策略，即将提供商品售后服务的费用，包括送货上门、上门安装、调试、附送易耗件、三包期内上门修理的费用，算在销售价格内，并将售后服务措施公布于众，这样就可以消除顾客的心理障碍，进而促进销售。

5. 特卖商品定价策略

降价幅度特别大的商品，对顾客有很强的吸引力。一些外资零售企业，每隔一段时间就会选择一些商品，以非常低廉的特价形式招徕顾客，时间多选在节假日，且长年不断，周期性循环。特价商品需要一个数量的控制，如每周报出一批或每天推出一种。它主要由两种类型的商品组成：一类是低值易耗、需求量大、周转快、购买频率高的商品；另一类是消费者购买频率不高、周转较慢、在价格刺激下偶尔购买的商品，以期引发消费者的购买欲望，加速商品的周转。

6. 销售赠品定价策略

销售赠品定价策略，即向消费者免费赠送，或购买达到一定金额时可获得赠送礼品的方法，具体有三种方式：一是免费赠送，只要进店即可免费获得一件礼品，如气球、纸巾、鲜花等；二是买后送，购物满一定金额才能获得礼品，如酱油、洗洁精、玩具等；三是随着商品附赠，如买咖啡送咖啡杯。这种策略一方面可以促使消费者使用新产品，另一方面也用实物反映价格优惠，有利于以后市场价格地位的确定。

7.1.2　定价方法

定价方法是零售企业在特定的定价目标指导下，依据对价格营销因素的分析研究，运用价格决策理论，对产品价格水平进行计算决定的具体方法。零售企业在选择定价方法时，应参考成本费用、市场需求和竞争状况这三个主要因素中的一个或多个，制定适合自身情况的价格。零售商品的定价方法主要有成本导向、需求导向、竞争导向及供货商定价等。

1. 成本导向定价法

成本导向定价法，是以商品成本作为定价的基本依据，具体形式主要有成本加成定价法和目标利润定价法。

（1）成本加成定价法。成本加成定价法，是指在商品采购成本基础上，加上经营成本的分摊额后，推算出销售成本，再以推算出的销售成本为基础，加上利润和税金，来确定售价。经营成本的分摊额和利润加价，往往以商品大类或商品部为单位统一计算，而不是各种商品单独计算。在这种定价法中，利润和税金作为加成率是定价的关键。加成率的计算有两种方式，即倒扣率和顺加率。公式如下：

$$倒扣率=（售价-进价）/售价\times100\%$$

$$顺加率=（售价-进价）/进价\times100\%$$

利用倒扣率和顺加率来计算销售价格的公式如下所示：

$$产品售价=进价/（1-倒扣率）$$

$$产品售价=进价/（1+顺加率）$$

在零售企业中，百货商店、杂货店一般采用倒扣率来确定产品售价，而蔬菜、水果商店则采用顺加率来确定产品售价。

加成率的确定，应考虑商品的需求弹性和企业的预期利润。在实践中，同一行业往往会形成一个为大多数企业所接受的加成率。如，在美国，一些商品的倒扣率，书籍一般为34%，服装为41%，装饰用的珠宝饰物为46%，女帽为50%。

成本加成定价法具有计算简单、方便易行的特点。在正常情况下，按此方法定价，可以使企业获取预期利润。但是，如果同行业中的所有企业都使用这种方法定价，它们的价格就会趋于一致。虽然能避免价格竞争，却忽视了市场需求和竞争状况的影响，缺乏灵活性，难以适应市场竞争的变化形势。

（2）目标利润定价法。目标利润定价法是指根据损益平衡点的总成本、预期利润及估计的销售量来确定商品价格的方法。运用目标利润定价法确定出来的价格，能带来企业所追求的利润。目标利润定价法要借助于损益平衡点这一概念。

例如：Q_0表示保本销售量，P_0表示价格，C表示单位变动成本，F表示固定成本，则保本销售量可用公式表示如下：

$$Q_0 = F/(P_0 - C)$$

在此价格下实现的销售额刚好弥补成本，因此，该价格实际上是保本价格。由上式可推出：

$$P_0 = F/Q_0 + C$$

在零售企业实际定价过程中，可利用此方法进行定价方案的比较与选择。如果零售企业要在几个价格方案中进行选择，只要估计出每个价格对应的预计销售量，将其与此价格下的保本销售量进行对比，低于保本销售量的则被淘汰。在保留的定价方案中，具体的选择取决于零售企业的定价目标。假设企业预期利润为L，预计销售量为Q，则实际价格P的计算公式如下：

$$P = (F+L)/Q+C$$

零售企业在运用目标利润定价法时，对销售量的估计和对预期利润的确定，要考虑多方面的影响，以保证制定出的价格的可行性。

2. 需求导向定价法

需求导向定价法以顾客对产品价值的认知和需求强度作为定价依据，其具体形式主要有认知价值定价法和需求强度定价法。

（1）认知价值定价法。认知价值定价法，是指企业根据顾客对产品的认知价值来制定价格的一种方法。它是伴随现代营销观念的发展，而产生的一种新型定价方法。企业在制定价格时，考虑到顾客对产品价值的评判。顾客对商品价值的理解不同，会形成不同的价格限度。如果价格刚好定在这一限度内，顾客就会顺利购买。因此，企业可据此拟定一个可销价格，进而估计此价格水平下的销量、成本及盈利情况，最后确定实际价格。

认知价值定价法的关键，在于准确估计顾客对产品的认知价值。如果估计过高，定价就会过高，这样销量就会减少。如果估价过低，定价就会过低，这样固然可以多销，但利润就会减少。下面我们结合实例，具体介绍认知价值定价。

例如：假设某零售企业经营A、B、C三家企业所生产的同一种开关，现抽取一组顾客作为样本，要求他们分别就三家企业的产品做出评判，这里有3种方法可供使用。

1）直接价格评判法。即要求顾客为三家企业的产品确定能代表其价值的价格。他们可能将A、B、C三家企业的产品，分别定价为2.55元、2元、1.52元。

2）直接认知价值评判法。即要求顾客根据他们对三家企业所生产的开关的价值进行认知，将100分在三者之间进行分配。假设分配结果为42分、33分、25分。如果这种开关的平均市场价格为2元，则我们可得到3个反映其认知价值的价格，分别为2.55元、2元和1.52元。

3）诊断法。即要求顾客就3种产品的属性分别予以评分，然后把每种属性的得分，乘以其重要性权数，再把其结果相加，就可得出每种产品的认知价值。假设该产品有产品耐用性、产品可靠性、交货可靠性和服务质量4种属性，对每一种属性分配100分给三家企业，同时根据4种属性重要程度的不同，也将100分分配给4种属性。假设通过属性评分，及属性权重评分的加权平均计算，得到A、B、C三家企业产品的认知价值，分别为41.95、32.65和25.4。由于平均市场价格为2元，平均认知价值为33，根据认知价值的比例定价，则A、B、C三家产品的价格可分别定为2.52元、1.96元和1.52元。

如果三家企业的产品均按此定价，则每家企业的产品都可以保持一定的销售量，因为它们提供的价值与价格之比相等。如果某一家企业产品的定价低于其认知价值，则它将得到一个高于平均数的市场占有率，因为在这时顾客支付同样的货币可换回更多的价值，这样将会迫使其他企业或降低价格或提高其认知价值。提高认知价值的措施主要包括增加服务项目、提高产品质量和服务质量，以及进行更有效的宣传促销等。

（2）需求强度定价法。需求强度定价法，是根据市场需求的强弱，利用需求函数来制定产品价格的一种方法。需求函数是在需求表、需求曲线及需求规律的基础上，形成的对需求规律的数学描述。它表明价格与需求之间呈反方向变化的关系。需求函数的形式很多，为简便起见，这里只分析线性需求函数。

假设某商品的价格为P，销售量为Q，商品的线性需求函数的形式如下：$Q=a-bP$。其中，参数$a>0$，$b>0$。在这一需求函数条件下，企业的定价方法是：求出需求函数的反函数，即$P=(a-Q)/b$，然后根据企业对市场需求量的调查和统计，确定具体的销售价格。

3. 竞争导向定价法

竞争导向定价法，是以市场上相互竞争的同类产品的价格，作为定价的基本依据，并根据竞争状况的变化来调整价格水平。在竞争导向定价法中，零售企业是以竞争者的价格为依据，而不是以需求或成本为依据。当竞争者变更价格时，按竞争导向定价的零售企业，也相应变更商品价格。以竞争者的价格为依据，零售企业在定价时可以采取低于市价、等于市价和高于市价三种形式。

（1）低于竞争者定价。零售企业选择低于竞争者定价的方法时，所实行的是高销售、高周转的战略。低于竞争者定价，也可以获得较高的利润。低于竞争者定价的条件是：零售企业有较低的商品成本和较低的经营成本。

（2）等于竞争者定价。零售企业选择与竞争者相同的价格，是基于不以价格作为主要的销售策略，而是把地点、商品、服务和促销等有利要素作为重要销售策略，以达到吸引消费者的目的。

（3）高于竞争者定价。零售企业选择高于竞争者的价格，是期望通过单位商品的销售，获得较高的利润，而不是追求较大的销售量。

☞ 零售风流人物

弗雷德·德卢卡

赛百味的创始人

“上次来中国还是15年前，这次来了发现，自行车更少了，汽车更多了，愿意花钱买三明治的人，应该也会多了吧。”

1947年10月，弗雷德·德卢卡（Fred DeLuca）出生于纽约布鲁克林，10岁随家搬到阿姆斯特丹，在此认识了今后的创业伙伴彼得·巴克（Peter Buck）。弗雷德·德卢卡在美国创办第一家赛百味（Subway）快餐店时是1965年，他还只是个刚考上大学的高中毕业生。17岁的德卢卡向彼德·巴克请教怎样赚钱交学费，彼德·巴克给他的建议是开一家三明治快餐店。凭借从彼德·巴克那里借来的1 000美元，德卢卡真的在康涅狄格州的布里波特开起了一家三明治店，为了感谢彼德·巴克给他的资金支持，德卢卡将店名取为Peter's Super Submarine，后改名为Peter's Subway，1968年才改为Subway。德卢卡开第一家店的目的是挣够上大学的学费，但是当时生意并不成功，他1966年开的第二家店也不成功。但是，两位创始人意识到，黄金地段选址、知名度和市场营销是取得成功的关键因素。他们把自己的三明治餐厅定位为“健康快餐店”，三明治菜单以“营养快餐”为特色，与其他主要依赖汉堡、薯条、炸鸡和比萨的美式快餐连锁店区别开来。1978年，赛百味第100家门店开张。1993年为1 100家，这一年麦当劳的门店数仅为800家。如今，赛百味在全球110个国家独立拥有4万多家加盟店，远远超过了肯德基和麦当劳。

资料来源：栗子小二，搜狐号，https://www.sohu.com/a/33867878_216753.

4. 供货商定价

供货商定价，在零售企业的联营和自营两种经营形式中都存在。在联营经营中，商品的价格基本上由供货商确定，但零售企业会根据其商品在商场的销售情况，提出调整价格的建议。

在零售企业自营商品中，也有一些商品零售价，是由制造商或批发商决定的。供货商向零售企业建议零售价格，提供一份零售价目表，或印在包装上，或粘在商品上。虽然使用供货商的定价并不是法律的要求，但是许多零售企业认为，这种方法对于市场价格水平来说是公平的。

从实际操作上来说，零售企业应把这几种定价方法结合起来运用，因为它们各有其长处和短处。

7.1.3 价格调整

在供应商第一次供货时，零售商需要定价，在运营过程中，零售商还需要根据市场的变化、自身经营的需要等情况，不断进行商品的价格调整。只有这样，才能在多变的市场环境下不会处于被动状态。零售企业所面临的价格变动方向有两个：提价或降价。

1. 提价

提价是指零售企业在制定的初始价格的基础上，调高价格的行为。提价往往会导致消费者的抵触，对企业的经营造成风险。但是由于一些客观原因必须提价时，企业应该考虑各方面的因素，如，企业必须十分了解政府部门对提价的态度，市场上顾客和竞争者对提价的反应。在零售企业提价的具体操作过程中还应注意提价的时机、提价方式和提价的幅度。总之，合理采取提价策略，既能适当地增加利润，又能提升商品和企业形象。

（1）在价格不变的情况下减少成本。具体来说，有以下三种做法：①零售企业可通过减少数量折扣，或提高数量折扣的累计金额，从而实现实际价格的提高；②零售企业可减少促销活动和促销人员，通过减少促销成本开支，来实现不提价而实际价格上升；③零售企业还可通过减少服务项目，或对某些服务项目收费等措施，在不提价的前提下，使实际价格提高。

（2）与供应企业协商，改变商品而价格不变。零售企业可与制造企业进行协商，通过压缩商品重量、使用相对便宜的原材料、使用大包装、改变商品特点等，使成本降低。这样，可在最后的零售价格不变的基础上使实际价格提高。但这样会改变商品的质量，也有可能会影响商品的销量。

（3）分类商品提价。零售企业可以只对价格不敏感的商品提价或较大幅度提价，而对顾客较为敏感的商品不提价或小幅提价，从而使总体价格上升。

（4）提高商品的认知价值。在只有提价一条路可走时，零售企业还可以通过提高顾客对商品的认知价值来实现提价。零售企业可通过加强促销人员的介绍、说服和服务等来促使顾客对商品价值有更好的理解。

2. 降价

零售企业的降价是指企业调低零售价格的行为。零售企业在降价的时候还应该做好计划和具体的安排，尽量减少降价次数，同时注意降价不能降质量，以免给消费者造成企业经营不善等不良印象，得不偿失。零售企业降价策略的运用如下：

（1）明确降价目的。零售企业必须明确降价的目的，是应付竞争，还是让利顾客，或者是商品的低价处理，因为不同的降价目的，其采取的降价策略，应有所不同。

（2）选择合适的降价时机。零售企业应根据以往的销售记录和市场的需求变化，选择适当的降价时机。如，换季商品如果在过季后开始降价，则很可能需要损失更多的利润，才能把库存消化掉。但是，如果根据库存情况，在快过季前的一个月，开始清库存量大的商品，则可能获利更大。

（3）选择合理的持续时间。降价持续时间的长短，不仅关系到降价的效果，而且会影响企业的经营成本。一般来说，食品类降价持续时间为一周至两周较为合适；非食品类降价持续时间，为一个月较为合适；生鲜类，因为成本变化快，降价持续一至三天，或一天中某个时段较为合适。当然具体操作时，可根据降价目的进行调整。

（4）确定合适的降价幅度。零售企业的降价幅度应根据具体情况确定。一般来说，应与其降价目标相适应，同时考虑其他相关因素。例如，如果是商品库存处理，则降价幅度可以较大。而如果商品进价下降，则要根据进货成本下降幅度，以及竞争者的降价幅度，来设定降价幅度。

7.2 零售促销

零售促销，是指零售商为告知、劝说或提醒目标市场顾客，关注有关企业任何方面的信息，而进行的一切沟通联系活动。在现今激烈竞争的零售市场环境中，零售商日益认识到，比选择适当的地点、商品和价格更重要的是与现有顾客及潜在顾客沟通。

零售商要吸引消费者，创立竞争优势，必须不断地与顾客沟通，向顾客提供商店地点、商品、服务和价格方面的信息；通过影响顾客的态度与偏好，说服顾客光顾商店，购买商品，使顾客对商店形成良好的印象。通过一系列有效沟通的促销活动，零售商吸引顾客进入商店，完成企业的目标。总之，促销一直是零售行业经营的主旋律之一。

案例 7-1

直播成为山东淄博农村电商新业态

2020 年，据山东淄博市商务局数据显示，淄博有涉农网商 8 万余家，居全省第 6 位。其中，直播电商正成为农村电商新业态。淄博正在构建“电商 + 直播 + 网红”发展模式，目前已初步形成聚米、科梦、润邦等直播基地。仅 2020 年一季度，各直播平台就参与直播商品数 10 500 个，直播零售量 750 万件。5 月 29 日，淄博市还与京东物流、京东直播联合开展“醉美大樱桃”直播助农活动，累计观看量 80 余万人次，下单 1.6 万单，交易额 100 余万元。

资料来源：农业行业观察，微信公众号。

7.2.1 零售促销的特征

1. 针对性强

厂商促销的对象有中间商、消费者和销售人员，而零售商的促销对象只是市场终端的消费者。所以，零售商可以根据目标市场消费者的实际情况，选择适宜的促销工具。因此，零售促销具有针对性强的特点。

2. 刺激性强

零售商促销大多是临时性措施，为了引起轰动效应，对消费者产生强大的吸引力，往往设置较高的促销刺激，因此具有刺激性强的特点。当然强烈的刺激，可能会产生两种结果：一是获得消费者的快速反应，激起短期的大量购买；二是引发商战，导致无序竞争。

3. 时效性强

促销时机的选择与把握，对于零售商的促销效果至关重要。零售商促销时机把握得准确，运用恰到好处，就会收到事半功倍的效果。因此，实效性强也是零售商促销的一个特点。

4. 选择性强

零售商有着众多的促销策略和工具可供选择，如折价、优惠、有奖销售、会员制等，可以根据企业的实力、市场的竞争状况、消费者倾向等加以选择。

案例 7-2

借助新媒体，赋能鹰集营销

线上借助新兴媒体，以最快速度触达人群，也是推广新品牌的最佳途径。2020 年，鹰集通过与电影《一点就到家》合作出圈。同时，鹰集在小红书上发起话题，种草电影同款“鹰集小熊猫”咖啡，将品牌声量宣传最大化。在同一时间，“云南咖啡一点就到家”话题，还以 70 多万的搜索量冲进了淘宝热榜。随即，鹰集抓住热搜时机，与李佳琦进行了直播合作，一场直播就售出 150 万只“鹰集小熊猫”产品，实现了内容营销层面“声量”和“销量”的双丰收，迅速赢得了大量的品牌曝光。

资料来源：知乎，https://zhuanlan.zhihu.com/p/283080275.

7.2.2　零售促销活动的类型

1. 开业促销活动

几乎所有大中型商店在开业时都会策划一个较为大型的促销活动。因为开业促销对商店而言只有一次，而且它是顾客第一次接触商店，会在心目中留下深刻的第一印象，影响顾客的将来购买行为。顾客往往根据自己的第一印象，长久地留下对这家商店的商品、价格、服务、气氛等认识，而第一印象一旦形成，以后将很难改变。所以，每一家商店对开业促销活动不敢懈怠，都是全力以赴。如果开业促销策划成功，通常开业前几天的营业额可以达到平时营业额的 5 倍以上。

案例 7-3

亚朵跟网易严选开了酒店，整个营销过程比酒店本身更惊艳

2017 年 8 月，网易严选和国内知名酒店品牌亚朵展开深度合作，一起在杭州开了一家亚朵网易严选酒店。亚朵网易严选酒店，是网易严选做出的电商和场景结合的第一步，将线上电商产品，比如被单、被套、牙刷、香皂、香熏机、鲜果冻、咖啡、岩茶等融入场景。酒店结合当下主流支付手段二维码，用户在场景体验的过程中就可扫码下单，将产品和房屋软装设计带回家或者邮寄回家。

在这之前，网络上已经流传了很多亚朵网易严选酒店的照片，的确令人惊艳。不过，为什么这个消息收到如此大的关注？不仅仅是因为亚朵和网易严选两个品牌本身，更因为它们双方联手策划了一系列的营销活动，回顾整个营销策划过程，几乎可以说是一场教科书般的事件营销。

第一步：发布谍照，引发外界猜测

2017年8月2日，36氪首发了第一波亚朵网易严选酒店的“剧透照”，从大堂装修，到房间摆设，首次暴露在公众视野。但是，这一波“提前泄密”，只是围绕亚朵网易严选酒店的整体构造和风格，至于亚朵网易严选酒店的更多细节和价位则丝毫没有透露，这样“犹抱琵琶半遮面”的形式，更为亚朵网易严选酒店蒙上了一层神秘面纱，大众的关注度毫无疑问不断升高。

第二步：发布会前夕，神秘海报上线

一般在重大发布会前，品牌方比较常见的操作方法是，有意放一波预热海报或倒计时海报。亚朵和网易严选同样是这么做的。在亚朵网易严选酒店正式开业的发布会前一天，双方在官微上，不约而同地发布了一张悬念海报。两张神秘海报，最后都指向了8月8日这个日期，也是发布会前的最后一波重要预热。听说最终发布会现场挤进了200多人，是原定邀请人数的4倍之多。

第三步：入住体验不满意就免单，“奇葩差评”层出不穷

在发布会现场，亚朵也没忘记搞事情。亚朵创始人、CEO耶律胤和网易副总裁柳晓刚，在发布会现场当众宣布，2017年8月8日～9日，通过官方渠道预订亚朵网易严选酒店并成功入住的客人，第二天退房时，只要在前台完成酒店问卷，并说出一个不满意的理由，就会被免单。有钱人就是这么任性，此举无疑把这次亚朵网易严选酒店营销推向了高潮。要知道，网易严选开酒店的事一经传出，引来各路媒体和粉丝的集体关注，房间是天天都满房，上百个房间，几百到上千的房价，要是真的免单起来，可不是一笔小数目。如果你以为看上去这么高大上的酒店，一定不会有差评，那你就太天真了。在得知住得不满意就免单的震惊消息之后，亚朵在第二天的确收到了各种各样的“奇葩差评”。

第四步：满足所有的好奇心，房间按分钟出售

亚朵网易严选酒店，从2017年8月8日正式开业之后，就是天天满房的状态，想要体验一晚的确是不容易，很多人提前好几天，才勉强能抢到一个名额。为了满足更多人的好奇心，亚朵和网易之后又搞事情了，之前从没有钟点房业务的亚朵，开放了分钟级钟点房。什么叫分钟级钟点房呢？就是亚朵把最受欢迎的严选房，按照分钟来卖，8月13日首次开放了三分钟钟点房，只要8块8，就能体验只属于你的3分钟，临走还能免费带走三件严选商品作为纪念。这次体验活动，只有32个名额，稀缺性也使得32个名额在几秒内就售罄了。亚朵、严选也联合拍摄了一个短视频，有对这次活动的介绍以及几位活动参与者的采访。

第五步：100 位体验师招募计划上线

可能是免单玩上了瘾，亚朵趁着之前凭借奇葩差评免单的热情，顺势面向全国招募“试睡官”。“试睡官”们，可以免费体验亚朵网易严选酒店在内的全国 100 多家亚朵酒店。第一批“试睡官”，要求全部是处女座。第二批“试睡官”，要求全部为天蝎座。也算够“奇葩”的要求了，在如今酒店行业普遍都存在免费体验的情况下，亚朵推出的指定星座免费试睡玩法，无疑又让自己更加独特了些。

亚朵借着和网易严选合作开酒店的机会，展开了一次横跨半个多月的事件营销。几乎每隔几天就会有新的玩法承接，让亚朵网易严选酒店的热度始终维持在高位。而从微信指数来看，亚朵的讨论度在此期间也有明显的上涨。

资料来源：首席品牌官，搜狐号，https://www.sohu.com/a/165887817_618348.

2. 周年庆促销活动

周年庆促销活动，是仅次于开业促销活动的一项重要活动，因为每年只有一次，而且，供货商对商店的周年庆典也比较支持，会给予商家更多的优惠条件。因此，商店一般也会在这一时期举办较大型的促销活动，活动范围比较广。如果周年庆促销活动策划成功，其营业额可以达到平时营业额的 2 倍左右。

3. 例行性促销活动

除了开业和周年庆促销活动，商店还往往在一年的不同时期，推出一系列的促销活动，这些促销活动的主题五花八门，有的以节日为主题，如国庆节、春节、中秋节、儿童节、情人节等。有的以当年的重大活动为主题，如庆祝北京申奥成功等。尽管这些主题花样繁多，但每一商店在下一年要做哪些促销活动，已经提前做好计划，每年的变化不会太大，故称为例行性促销活动。而有些超市或货仓式商店，则每隔半个月，举办一次促销活动，均可算在例行性促销活动之列。一般例行性促销活动期间，销售额会比平时的销售额提高二至三成。

4. 竞争性促销活动

竞争性促销活动，是指针对竞争对手的促销活动，而采取的临时性促销活动。由于目前新兴零售业态不断涌现，市场竞争日趋激烈，同一业态的商店在某一区域内出现过剩现象。于是，价格战、广告战、服务战等促销活动此起彼伏。为了与竞争对手相抗衡，防止竞争对手在某一促销时期，将当地客源吸引过去，商店往往会针对竞争对手的促销行为，推出相应的竞争性促销活动，以免自己的营业额因此落后。

案例 7-4

海澜之家，总裁走进直播间

海澜之家一直在进行新零售探索。2018 年，海澜之家就已经与美团外卖平台开启合作，形成了“服装+外卖”的全新零售模式。消费者可以在美团外卖平台上，购买所需的海澜之家产品，美团外卖小哥会到距离最近的海澜之家门店取货，并且在1小时内，送到消费者手中。2020年，受新冠肺炎疫情影响，整个服装行业都面临巨大困难。海澜之家在一季度线下门店几乎全部关闭。此时，习惯了低调的总裁周立宸带头走进了直播间，开启了自己的总裁直播首秀。最终，这场直播总互动数超过400万，产品IP系列全渠道销售额超4 000万元。随后，海澜之家的直播带货量形成爆发式增长。

资料来源：眼镜新财经。

7.2.3 零售促销组合

商店对促销手段有所选择地加以组合使用，就是促销组合。零售商虽然可以选择的促销手段有很多，但归纳起来主要有四种：广告、销售促进、人员推销和公共关系。这四种手段又有付费和不付费之分，每一种包含许多具体形式。由于各促销手段具有不同的特点，对于不同性质的产品和不同业态的零售商店，促销手段起作用的程度各不相同。下面我们将详细讨论，每一种促销手段的具体形式及其在零售业中的运用。

案例 7-5

小米是如何做营销的

小米OTT的营销实战中，有一个应用很广的黄金模式：“15秒贴片+5秒AI交互+AI品牌号”。其中,15秒视频贴片像一张名片，承载了品牌的形象传播；5秒AI交互，开辟了展示品牌与用户沟通的新链路；AI品牌号的诞生，在展示品牌自有元素的基础上，将与品牌相关的内容聚合，如明星、IP、综艺等，它像种草机一样，不断吸引用户试用、购买。

资料来源：钱皓，搜狐号，https://www.sohu.com/a/426058699_190053?spm=smpc.author.fd-d.39.1611889757456MKwwcM7.

1. 零售广告

零售广告是零售商通过付费的非人员的媒介，向最终消费者提供关于商店、商品、服务、观念等信息，以影响消费者对商店的态度和偏好，从而直接或间接地引起销售增长的沟通传达方式。

（1）零售商和制造商广告的区别。

1）零售商广告的传播范围在地理上更集中，因此，零售企业一般不能像制造企业那样利用全国性传媒。多数零售企业广告会选择地方性媒体、区域性媒体甚至自有媒体。只有最大的零售连锁店及特许经营店才可能采用全国性媒体做广告。

2）零售广告更注重即时性。零售广告的目标主要是短期内销售额的增长，强调广告的短期效果。制造商广告更注重品牌形象的长期塑造，注重广告的长期效应。

3）零售广告更强调价格，而制造商广告一般更强调产品的某些特性。

4）零售商经常在一则广告中展示多种商品，而制造商在单个广告中则会尽力减少所宣传的产品种类。

5）零售商在媒体上的花费一般比制造商低。

案例 7-6

深圳后海汇，创造深圳商业地产界首位虚拟代言人

深圳后海汇，是位于深圳南山区的购物中心。2019 年 12 月 24 日，后海汇宣告，深圳商业地产的首位虚拟偶像代言人诞生。虚拟偶像名为想想 Hilda，这位热爱画画、滑板、音乐的斜杠少女，也将以平面模特的新身份，加入深圳后海汇的宣传。想想 Hilda 拥有与真人极为相似的面貌，甚至与真人的合影照，也难分真假。

资料来源：深圳后海汇，https://www.powerde.com/news_in-7936.html.

（2）零售广告的优点。

1）传播范围广，可以吸引大量的公众（POP 广告除外），零售商在大型促销活动中常常使用。

2）可供选择的媒体较多，可以与其他促销方式有效配合。

3）零售商可以控制信息内容，而公关宣传的内容很难被零售商所控制。

4）广告内容的生动活泼及表现方式的灵活多样，容易引起公众注意。

5）因为广告使顾客在购物前就对零售商及其产品和服务有所了解，这使得自助服务或减少服务成为可能。

（3）零售广告的缺点。

1）广告主要是采用大众媒体，受众广泛，信息量有限，零售商无法针对个别顾客设计广告内容。

2）许多广告的投入较大，中小型零售商承受不起。

3）许多媒体信息覆盖面广，超出了零售商的商圈范围，造成了零售商的广告费用的部分浪费。

4）如果所采用媒体的广告较繁杂，零售商的广告很容易被淹没而难以引起公众注意。

5）一些媒体需要一段较长前置时间来安排广告刊登，这不利于配合零售商临时促销活动的开展。

（4）零售广告媒体选择。

选择不同的传播媒介，零售广告具体有广播广告、电影电视广告、报纸广告、杂志广告、随包装广告、直达信函、商品目录、小册子、海报和宣传单、说明书、广告牌、招牌、售货现场广告、视听材料、标志与标语等。

1）报纸。报纸的优点在于富有灵活性、及时性，对当地市场覆盖面大，受众广泛，

可信度高。局限性在于寿命短，印刷视觉效果差，读者传阅少。

2）电视。电视的优点在于结合影像、声音和动作，高度集中，接受人数多。局限性在于成本高，信息量小。

3）广播。广播的优点在于传播面广，受众人数多。局限性在于只有声音传播，比电视的吸引力低，一播即逝。

4）杂志。杂志的优点在于地理和人口选择性强，可信度高，印刷质量高，寿命长，读者传阅多。局限性在于广告购买前置时间长，刊登位置没有保证。

5）户外广告。户外广告的优点在于富有灵活性，展示重复率高，成本低。局限性在于不能选择观众，创造性有限。

6）网络。网络的优点是传播速度快、价格相对传统媒体较低，呈现形式可多样化。局限性在于覆盖人群只是常使用互联网的中青年，而老年群体关注网络较少。

7）POP。零售卖场广告又称店面广告、销售点广告或 POP 广告。可以说凡是在店内展示的，提供商品与服务信息的广告、指示牌、引导等标志，都可以称为 POP 广告。POP 广告的任务，是简洁地介绍商品，如商品的特色、价格、用途与价值等，可以把 POP 广告的功能，界定为商品与顾客之间的对话。没有营业员作为中介的自助式超级市场是非常需要 POP 广告来沟通零售店与消费者的信息的。

8）DM。是 Direct Mail 的省略表述，英文直译为直接邮寄广告。零售商采取邮寄、定点派发、选择性派送等形式，将宣传品送到消费者手中、家里或公司所在地。DM 广告的形式包括信件、海报、图表、产品目录、折页、名片、订货单、日历、挂历、明信片、宣传册、折价券、家庭杂志、传单、请柬、销售手册、公司指南、立体卡片、小包装实物等。这种广告形式被零售商广泛地应用，是超市最重要的促销方式之一。如，大家所熟悉的商场超市散发的传单，肯德基、麦当劳的优惠券等。DM 可以直接将广告信息传送给真正的受众，而其他广告媒体形式只能将广告信息笼统地传递给所有受众，而不管受众是否是广告信息的真正受众。

☞ 零售风流人物

张勇

海底捞的创始人

“想要生存下去，只能态度好点，客人要什么，赶紧给人点好，有什么不满意，多赔笑脸。”

张勇，1971 年出生在四川简阳市。当时家里经济困难，再加上张勇初中时成绩并不突出，所以，中学毕业后，父母就安排他去一家技校学习电焊。技校毕业后，他进入四川拖拉机厂，并在拖拉机厂工作了 6 年。1994 年，积累了一定的社会经验后，张勇找来了当时最好的 3 个朋友，大家一起凑了 8 000 元钱，买了四张火锅桌，就这样第一家海底捞开业了。在四川，好吃的火锅店实在是太多了，张勇的火锅店并没有明显的优势，生意冷清。后来张勇慢慢地从服务切入，从照顾客人的心情出发，把服务做到了极致，这种服务在餐饮行业从未有过，越来越多的人，因为服务而来到海底捞，服务也因此成为海底捞的招牌。如，下雨天，顾客的鞋子脏了，张勇便帮忙把顾客的鞋子擦干净；顾客因为吃火锅胃不舒服，张勇帮忙熬小米粥；张勇甚至还给顾客送自家的辣椒酱；等等。为了吸引和留住客人，海底捞帮顾客带孩子、拎包、擦鞋，只要是客人有需要，海底捞都一一满足。服务到极致，让海底捞慢慢地名声大涨，成了火锅界的扛把子。

资料来源：百度百家号，https://baijiahao.baidu.com/s?id=1612850674165165852&wfr=spider&for=pc.

2. 零售公共关系

公共关系，是市场营销的一个重要工具，它承担着为零售商在其公众中塑造良好形象的一切沟通联系活动。一个零售商不但与顾客、渠道成员发生联系，还和其他群体如员工、投资者、政府、中介协会、新闻媒体及一般公众发生联系。零售商与众多社会群体关系的好坏可以帮助或阻拦企业的发展。

案例 7-7

气味图书馆创始人叶超，参加《非诚勿扰》，寻找“气味相投”的她

气味图书馆的品牌故事，缘起于美国纽约。1994 年，美国两个大男生创建了 Demeter 香水品牌。Demeter 是希腊神话中掌管农业的女神德墨忒耳，之所以取这个名字，就是因为 Demeter 香水的灵感，取自大自然中的花草果蔬、阳光雨露，意图帮人们找回遗忘已久的嗅觉记忆。经过多年的发展，Demeter 现在拥有 9 个系列的香水：Nature、Flower、Sweets、Vegetable、Fruits、Drink（Tea & Coffee）、Drink（Juice）、Drink（Alcohol）以及 Life。从香水的名字上，就不难看出 Demeter 的大自然原生态色彩。目前，这 9 个系列已经涵盖了 800 多种味道，如泥土、青草、雨雪、眼泪、梦境等，因此，说 Demeter 是一座气味图书馆，也毫不为过。

气味图书馆在中国的故事开始于 2009 年。那年的 11 月份，新西兰留学归来的娄楠石，在北京三里屯成立了国内第一家气味图书馆，把 Demeter 香水品牌引入中国。没过多久，英国留学归来的叶超，加入了这个创业团队。现在，气味图书馆是 Demeter 大中华区的总代理，已经在全国发展了 30 余家店铺。从 2014 年开始，气味图书馆推出了自有品牌 Scent Library，开始自主研发香水、手霜、沐浴露等全线产品。2014 年，气味图书馆的重点研发项目是城市系列香水，包括北京、上海、香港、台北、纽约、巴黎、伦敦、东京、莫斯科九座城市。台北是文艺的，纽约是繁华的，巴黎是浪漫的，那么，北京的味道是什么？叶超想，是否可以让用户来决定北京的味道呢？由此，气味图书馆在众筹网站追梦网发起了一场“寻找北京味道”的众筹活动。调香师调制的五种试用的北京味道，包括“敢于追梦”“人情味儿”“明艳神秘”“沉稳厚重”“漂泊安定”。最终，“沉稳厚重”胜出。2014

年 12 月 12 日，沉稳厚重的“北京味道”香水正式上线。

2017 年，创始人叶超，为了找到那个和自己“气味相投”的人，参加了《非诚勿扰》。在短短几分钟的 VCR 里，他说，创业是一种态度，是一种冒险，也是一种生活方式，所以要“活出我自己的味道”。在做了大段的铺垫之后，他终于说出了重点：“很幸运，我在一次聚会上认识了你。之后你在创业者大赛的演讲，深深吸引了我，……我一直想要为你调制一款，专属于你的味道，前调炽热，中调纯真，尾调浪漫。”他把这瓶香水命名为“女神”。最后，答案揭晓，他的女神就是 16 号女嘉宾刘晔。最后，他们牵手成功了。那么，他们牵手成功后引发的蝴蝶效应有哪些？气味图书馆的百度搜索指数，直线上升了两三倍，当天的电商销售额也翻番，他们两个人的名字甚至在某个时段成了微博热搜词。

资料来源：郝德秀，创业邦，https://www.cyzone.cn/.

（1）公共关系的优点。

1）对所宣传的信息报道详细。

2）能进一步扩大零售商的知名度。

3）以更为可信的方式传播有关零售商的信息。

4）信息传播是不需要付费的。

5）可以触及更为广泛的受众。

6）人们对于新闻报道比对纯粹的广告更留意。

（2）公共关系的缺点。

1）一些公关活动的效果从短期看不明显，因而一些零售商不相信将资金和精力投入到公关活动中会有收效。

2）活动效果控制力弱。零售企业很难控制公共关系效果的大小及其效果是正面还是负面。

3）有些属于零售商刻意的公关活动策划，仍然会产生一定的费用。

（3）零售公关的宣传类型。

零售公关的宣传类型可分为预期型和意外型、形象增强型和形象减损型。

1）预期型公关宣传。是指零售商事先做好活动策划，并努力吸引媒体进行报道，或预计策划活动中的某些事件会引起媒体的报道。例如，零售商希望其进行的居民区服务、假日展览、新产品的销售、新店开业这样的活动能引起媒体关注。

案例 7-8

合力超市的“微公益”活动

2013 年 10 月，合力超市“微公益”启动，构建贵州省合力超市门店公益实体网络平台。消费者每买一个合力超市的自有品牌“黔惠”商品，合力超市将拿出 1 毛钱捐给偏远山区的孩子，为他们建蓄水池、食堂，修路等。如今，合力超市“微公益”，已经构建了

60 余家合力超市门店公益网络，还联合政府、爱心企业、社会爱心组织和个人，助力实现合力超市“微公益”帮扶目标，即帮扶 1 000 个贫困山村、1 000 所困难小学、1 000 个贫困学生、1 000 个社会公益团体。

资料来源：贵州网，搜狐号，https://www.sohu.com/a/206129440_115588.

2）意外型公关宣传。是指媒体在零售商事先未曾注意的情况下报道其表现。如，电视和报纸记者匿名访问某个零售商，评价他们的表现及服务质量。一次失火、一次产品质量事件或其他具有新闻价值的事件都可能被媒体报道。

3）形象增强型公关宣传。媒体用赞赏的口吻来报道零售企业，即形象增强型公共宣传公关。

案例 7-9

麦当劳开了间理发店，只能剪“金拱门”造型

麦当劳 2020 年在瑞典斯德哥尔摩开了一家复古理发店，它唯一提供给客人的造型是麦当劳的金拱门发型。这个看上去“一本正经搞笑”的做法，正是麦当劳品牌活动一贯的风格。对于麦当劳来说，无论是金拱门，还是黄色 M 的 logo，都是它极具辨识度的商业符号，也是在营销中可以好好玩梗的品牌资产。为了推广这个活动，麦当劳还特意制作了一个视频，无论是电子配乐的曲风，还是画面，都在特意对 20 世纪 90 年代的风格进行模仿。2020 年由于新冠肺炎疫情，在家理发似乎成为很多人的选择。消费者可以通过线上活动，让理发师进行“金拱门发型”的线上教学。在当地的知名理发师 Adam Lukacs 直播的 2 小时内，理发店的名额就已经预定满了。另外，麦当劳还创建了一个“金拱门检测器”App，用户上传照片，当 App 识别到 M 造型时，就可以得到一个免费巨无霸汉堡。

资料来源：界面新闻，https://www.jiemian.com/article/5407320.html.

4）形象减损型公关宣传。媒体对企业进行负面的宣传和报道，即形象减损型公关宣传。例如，一家商店开业，媒体可能会批评商店对周围环境的影响，以及提出其他批评性意见，零售商是无法控制这些信息的。

3. 零售人员推销

零售人员推销，是指为达销售目的，而与一位或多位顾客进行的口头沟通。利用人员推销的程度，取决于其传递的形象、所售产品的类型、自我服务的水平、对维持长期顾客关系的兴趣等多种因素。

“码”上看：扫码阅读《“养成系”的故事分享》

（1）人员推销的优点。

1）销售人员可根据个别顾客的需要来调整信息。

2）销售人员可采用不同方式满足顾客需求。

3）顾客的注意力集中度比面对广告时要高。

4）对店铺零售商来说，资源浪费很少或没有浪费。

5）大多数走进商店的人都是潜在的顾客。

6）人员推销比广告更容易引起顾客回应。

7）可提供及时的服务及解答等。

（2）人员推销的缺点。

1）在一定的时间内接触的顾客有限。

2）与每位顾客沟通的成本较高。

3）顾客最初并不是由于人员推销而被引入商店的。

4）不鼓励自我服务。

5）一些顾客认为销售人员帮不上忙，对商品不内行，而且过于主动等。

（3）人员推销的策略。

1）试探性策略，也叫刺激－反应策略。就是在不了解客户需要的情况下，事先准备好要说的话，对客户进行试探。同时密切注意对方的反应，然后根据反应进行说明或宣传。

2）针对性策略。也叫配合－成交策略。这种策略的特点，是事先基本了解客户的某些方面的需要，然后有针对性地进行说服，当讲到点子上引起客户共鸣时，就有可能促成交易。

3）诱导性策略。也叫诱发－满足策略。这是一种创造性推销，即首先设法引起客户需要，再说明我所推销的这种服务产品能较好地满足这种需要。这种策略要求推销人员有较高的推销技术，在不知不觉中成交。

案例 7-10

Lululemon 的社群培养策略

Lululemon，创立于加拿大，定位于高端女性瑜伽服饰。当大量的运动品牌采用明星代言时，Lululemon 采取了被称为“社区运营”与“社群培养”的方式。公司提出的“品牌大使计划”，通过培养社区的健身红人和运动达人来提高品牌在新老顾客中的知名度。

Lululemon 的 CEO——Laurent Potdevin 认为，“和意见领袖（KOL）合作，最重要的是有共同价值观，我相信许多品牌运用意见领袖，是为了能有更多产品和品牌曝光，但我们需要，意见领袖真喜欢 Lululemon 的产品和文化”。品牌大使是在每个社区的领袖人物中进行选择，包括了当地的瑜伽教练、红人，以及精英运动员。他们会参加全球的活动，定期与店面以及顾客交流。这些运动员会参与到品牌的设计中来，测试产品并且提供回馈，以此来创造最适合瑜伽练习者和运动员的产品。品牌大使计划在为 Lululemon 带来触手可及的广告效应的同时，公司也帮助这些大使建立了个人形象。

采用“社区运营”与“社群培养”的方式，Lululemon的销售团队与当地的瑜伽教练、运动员、瑜伽馆、运动场所合作，开设线下瑜伽课程，以此建立“瑜伽社区”；在一场场瑜伽训练中，不断加深消费者对Lululemon产品、品牌的了解和认知，同时也可以锁定目标受众，获取消费者画像和消费习惯。

Lululemon运用意见领袖带动流量和知名度，积累粉丝群；在当地开设展示厅，进一步将目标人群引入产品展示和体验。据了解，Lululemon在全球有1 600多名品牌大使，分为全球瑜伽大使、精英大使和门店大使三种，他们的主要作用是体验产品、带动社交。Lululemon希望通过这种手法独特、目标明确的社群培养策略，成为瑜伽界的“爱马仕”。

资料来源：搜狐号，CFC健身大会，https://mp.sohu.com/profile?xpt=Z2hfMWI2OWI3MGVjMTk5QHNvaHUuY29t&_f=index_pagemp_1.

（4）排除推销障碍的技巧。

1）排除顾客异议障碍。若发现顾客欲言又止，自方应主动少说话，直截了当地请对方充分发表意见，以自由问答的方式真诚地与顾客交换意见。对于一时难以纠正的偏见，可将话题转移；对于恶意的反对意见，可以予以忽略。

2）排除价格障碍。当顾客认为价格偏高时，应充分介绍和展示产品、服务的特色与价值，使客户感到一分钱一分货；当顾客认为价格偏低时，应介绍定价低的原因，让客户感到物美价廉。

3）排除习惯势力障碍。实事求是地介绍顾客不熟悉的产品或服务，并将其与他们已熟悉的产品或服务相比较，让顾客乐于接受新的消费观念。

4. 销售促进

销售促进，也被称为营业推广。如果说广告是引发消费者购买的原因，那么销售促进就是对消费者购买的刺激。零售商的销售促进，是零售商针对最终消费者所采取的除广告、公共关系和人员推销之外的能够刺激需求，激励购买，扩大销售的各种短暂性的促销措施。它不同于人员推销和广告。人员推销和广告是持续的、常规的促销活动，而销售促进则是不经常的、无规则的促销活动。销售促进一般是暂时的和额外的促销工作，是为了促进消费者立即购买，提高某一时期的营业额或某种商品销售额的特殊促销。

（1）销售促进的优点。

1）引人注目，吸引力强，销售促进在销售中能产生更快和更多可衡量的反应。

2）形式多样，增强顾客的购买兴趣。

3）吸引大批顾客，增加商店的客流量，促进其他商品销售。

（2）销售促进的缺点。

销售促进的效果是短暂性的，常常吸引品牌转换者，并不能产生新的忠诚的顾客。

（3）销售促进方式。

1）优待券。零售商将印在报纸、杂志、宣传单或商品包装上的付有一定面值的优待券或单独的优待券，通过邮寄、挨户递送、销售点分发等形式发放，持券人可以凭此券在购买某种商品时，免付一定金额的费用。

商店优待券只能在某一特定商店或连锁店使用。它绝大部分是以吸引顾客光临某一特定的商店为主要目的，而不是为了吸引顾客购买某一特定品牌的商品。另外，它也被广泛地用来协助刺激对店内各种商品的购买欲望。虽然优待券的种类繁多，但都不外乎以下三种：①直接折价式优待券，即指某特定零售商店在特定期间内，针对某特定品牌，可凭券购买以享受某种金额的折价优待。这种促销方式可运用在多量购买上。②免费送赠品优待券，即购买 A 商品，可凭此券免费获赠 B 商品。③送积分点券式优待券，即购买某商品时，可获赠积分点券，凭这些点券可在该商店兑换自己喜欢的赠品。一般此券的价值常由零售商自己决定。

2）赠送商品。赠送商品，即消费者免费或付出某些代价，即可获得特定物品的活动。实践证明，赠送商品是吸引消费者来商店购买商品，或劝其购买某种特定商品的好方法。赠送商品是零售商常用的销售促进活动，包括两种方式：①免费赠送。这种方式是指消费者无须具备什么条件，即可得到赠品。免费赠送时，一定要选择好赠送对象，这样才能达到事半功倍的效果。如，有些商店赠送的物品种类和数量并不固定，而是视顾客的需要和心理情况而定。尤其是在女士购买化妆品犹豫不定时，可以免费赠送化妆包、化妆棉棒等小物品，以促成顾客购买。②付费赠送。付费赠送是指商店为吸引消费者而采用的，只要消费者购买某种特定商品，或购买金额达到一定数量时，就可免费获得赠品，或者消费者在购买某种商品的同时，支付赠品的部分费用即可获得赠品。

3）折价优惠。折价优惠是零售商使用最广泛的一种促销方式。折价优惠是指商店在一定时期内，调低一定数量的商品售价，也可以说是适当减少自己的利润以回馈消费者的促销活动。折价优惠常在以价格作为主要竞争手段的商店使用，如超级市场、折扣商店等。但它也广泛应用于其他零售业态商店，尤其是国内服装专卖店，在近几年天天打出折价优惠的招牌，吸引顾客。通常，折价销售在销售现场能强烈地吸引消费者的注意，并促进购买欲望，明显地提高商店的销售额，甚至可以刺激消费者购买单价较高的商品。商店之所以采用折价销售，主要是为了与其他商店在价格上抗衡，也为了吸引对价格比较敏感的品牌转换者。折价优惠虽然在单件商品上获得的利润减少，但低价促进了销售，增加了销售量，从总体角度看，也增加了商店的利润。

4）竞赛。竞赛是一种让消费者运用和发挥自己的才能，以解决或完成某一特定问题，即提供奖品鼓励顾客的活动。日常生活中，我们经常看到这种促销方式。如，回答有关商品的优点、为商店命名，提供广告主题语和广告创意等。此类活动通常需要具备三个要素：奖品、才华和学识，以及某些参赛的规则。竞赛着眼于趣味性及顾客的参与性，通常竞赛会吸引不少人来观看和参与，可连带达到增加客流量，扩大销售的目的。

5）抽奖。抽奖，是指顾客在商店购物满一定金额，即可凭抽奖券，在当时或指定时间，参加商店组织的公开抽奖活动。抽奖并不需要顾客具有一定的才能，全凭顾客的运气，这是零售商利用人本身具有一定的侥幸、追求刺激的赌博心理，以小博大的乐趣而采用的销售促进方式，主办商店通常备有各式大小奖品吸引顾客。这种抽奖与赠送商品中的商品中奖、随货中奖是有区别的。抽奖是购买商品后，凭购物小票等证明，从商店方获得抽奖券，再参加抽奖。而商品中奖和随货中奖，都是与商品有直接关系的，即奖品或奖券就在商品中，顾客获奖的直接原因是购买了该商品。生产商多采用商品中奖和随货中奖的促销手段，而零售商则多采用举办抽奖活动的方式进行促销。

6）集点优待。集点优待，又叫积分卡或商业印花，指顾客每购买单位商品就可获得一张印花，若筹集到一定数量的印花，就可以免费换取或换购（即支付少量金额）某种商品或奖品。对于消费者而言，他们对集点优待的偏好不一，有的消费者对积分卡十分热衷，有些对积分卡不以为意，因而其对不同消费者的效果是不一样的。但真正对积分卡感兴趣的，是商店的经常性客户，他们经常来这一商店购买商品，如果能用积分卡形式，给这类顾客提供更物有所值的回报，可以提高他们对商店的忠诚度。

7）退费优待。退费优待是指消费者提供了购买商品的某种证明之后，商店退还其购买商品的全部或部分付款，以吸引顾客，促进销售。如，某市一家商店曾规定在某个月的某一天，消费者购买的商品可以全部退款，而这一天是事后随机确定的，以刺激顾客的购买欲望。还有些商家直接打出促销宣传："买一百返五元"。退费优待适用于各行各业，由于其直接返利给顾客，所以效果十分明显。同时退费优待也适用于绝大多数商品。实践证明，容易冲动购买的、差异化较小的商品，运用退费优待效果最好；而对于高度个性化的商品、经久耐用的商品，则不宜采取此方法。

8）商品演示。商品演示，就是通过对商品的使用表演示范，提供实物证明，使顾客对商品的效能产生兴趣和信任，以激起冲动性的购买行为。商品演示的目的，是向顾客进一步证实商品的效能和优点。为达到预期的效果，演示人员应该掌握商品的性能和演示的技巧。商品演示还包括商店现场试吃，即现场提供免费样品，供消费者食用的活动。此类活动对于以供应食品为主，且以家庭主妇为主要客户的超市，是提高特定商品销售量的有效方法。通过商品实际展示和专业人员的介绍，会增加消费者购买的信心及日后持续购买的意愿。

"码"上看：扫码阅读《零售店的销售促进策划常见招式》

7.2.4 零售促销活动的实施

零售企业的促销活动，主要围绕零售企业的年度促销计划展开，促销活动能否实现计划目标，取得预期的活动效果，在于活动策划是否有创意，实施是否灵活又周密。促销实施的步骤分为：确定促销目标、选择促销时机、确定促销商品、确定促销主题、选择促销方式、选择促销媒介、确定促销预算和促销效果评估等方面。

1. 促销目标的确定

零售企业在不同时期的促销活动都有其具体目标，促销目标不同，促销方式也不同。所以，在制定促销策略时，首先要明确具体的促销目标，这样才能有的放矢。零售企业的促销目标有：提高销售额、提高利润额、提高来客数、提升零售店形象、加快商品周转、对抗竞争对手等。

2. 促销时机的选择

同样的促销活动方式，同等的费用，促销活动所展开的时机不同，会产生不同甚至相反的效果。良好的促销活动必须把握时机，选择促销时机是促销活动策划的重要内容之一。促销时机的选择主要包括以下两个方面的问题。

（1）促销活动期限。

促销活动期限分为长期性促销活动和短期性促销活动。将期限定在一个月以上的促销活动，称为长期性促销活动。其目的是塑造商店的差异化优势，增强顾客对商店的忠诚度，也确保顾客长期来店购物。如：提供免费停车，购物满一定金额可享受免费送货，等等。短期性促销活动，通常是3～7天，其目的是在有限的时间内，通过特定的主题活动，来提高来客数及销量，实现预期的营业目标。

（2）促销活动的时机。

季节和天气的变化、节假日与重大的事件等因素，都会引起消费者需求的变化。把握好时机，就等于把握了消费需求。在不同的时间，采用适当的促销方式会取得非常好的效果。零售企业常用的促销时机有以下几种。

1）季节。消费者在不同的季节会有不同的市场需求，这对各类商品的畅销、滞销会产生很大的影响。春、夏、秋、冬都可以成为零售企业促销的好时机，选择该季节畅销的商品种类进行促销，其促销效果会非常明显。同时，应该在淡季策划有创意的促销活动，使淡季不淡，通过提前或延迟销售期来提高销量。

2）日期。顾客在一个月或一个星期之中的购物是不平衡的。如，周末休息日的需求，与平日会有差异，所以，促销活动的实施也应与日期相配合，有针对性地进行促销活动。

3）天气。天气变化对人们购物的影响越来越大，它不仅对人们的出行有影响，而且对人们的消费心理也有着重要的影响。天气不好时，如何向顾客提供价格合理、鲜度良好的商品，以及舒适的购物环境，如门店入口的伞套、伞架、防滑垫，干爽的卖场等，也是促销计划中要考虑的因素。

4）节假日。节假日成为零售企业进行促销的重要机会之一。零售商应该依照节日的不同，来策划不同的促销活动。一般可将节日分为以下四类：①法定节日。法定节日是指人们依法享有休息日的节日，如元旦、五一劳动节、十一国庆节、春节等。②西方节日。西方节日是指西方传统节日。现在许多年轻人热衷于过西方的传统节日，如圣诞节、情人节等。③宗教节日。宗教节日指与宗教信仰有关的节日，如开斋节等。④民俗节日。民俗节日对于商品的销售有很大的影响，尤其是节日特色商品，如元宵节的汤圆、端午节的粽子等。

5）重大事件。重大事件是指各种社会性的活动或事件，如重大政策法令出台、学校的寒暑假、运动会等，这些事件与活动常常为促销带来机会。有计划地加以利用，会取得较好的促销效果。

3. 促销商品的确定

顾客的基本需求是能买到价格合适的商品，所以促销商品的品种和价格是否具有吸引力，将影响促销活动的成败。一般来说，促销商品有以下几种：

（1）节令性商品。根据季节和节日，选择时令性的促销商品，如夏季选择饮料、泳衣、空调等。

（2）敏感性商品。敏感性商品一般属于必需品，由于消费者十分熟悉它的市场价格，极易感受到价格的变化，如饮料、牛奶、鸡蛋、大米等。选择这类商品作为促销商品，在定价上稍低于市场价格，能有效地吸引更多的顾客。

（3）众知性商品。众知性商品一般是指品牌知名度高、市场上随处可见、替代性强的商品，选此类商品作为促销商品，往往可以获得供货商的大力支持。

（4）特殊性商品。特殊性商品主要是指商店自行开发、使用自有品牌的商品，或市场上无对比的商品，这类商品的促销活动，主要应体现商品的特殊性，价格不宜定太低，但也要注意价格与品质的一致。

（5）新上市商品。新上市商品是指厂家新推出投放到市场的商品，这类商品的促销活动主要体现在体验上，例如试吃、试用等，同时还可以体现在赠品附送上。

4. 促销主题的确定

零售企业开展系列的促销活动，或进行大型统一的促销活动时，需要设计一个统一的鲜明主题，使一系列的活动成为一个有机的整体。一个良好的促销主题往往会产生画龙点睛的震撼效果，具有吸引力的促销主题，应把握以下三个方面：

（1）表现形式要易于传播，可以是一个口号、一个表白、能代表整个活动所要传达的信息。

（2）独特新颖，有鲜明的个性，表达有新意、悦耳动听，有强烈的感染力和号召力。

（3）形象化、有吸引力和有人情味，要使顾客感觉亲切可信，感受到实实在在的利益。

一年中，零售促销活动的主题及时间大概如下：

一月

- 元旦迎新活动。
- 新春大优惠。

- 春节礼品展。
- 除旧迎新活动。
- 结婚用品、礼品展。
- 年终奖金优惠购物计划。
- 旅游商品展销。

二月

- 年货展销。
- 情人节活动。
- 元宵节活动。
- 欢乐寒假。
- 寒假电脑产品展销。
- 开学用品展销。
- 玩具商品展销。
- 家电产品展销。

三月

- 春季服装展。
- 春游烧烤商品展。
- 春游用品展。
- 换季商品清仓特价展。
- 妇女节妇女商品展销。

四月

- 学生郊游食品节。
- 化妆品展销会。

五月

- 劳动节活动。
- 夏装上市。
- 清凉夏季家电产品节。
- 母亲节商品展销及活动。
- 端午节商品展销及活动。

六月

- 儿童节服装、玩具、食品展销及活动。
- 考前补品展销。
- 考前用品展销。
- 饮料类商品展销。
- 夏季服装节。

- 护肤防晒用品联展。

七月

- 欢乐暑假商品展销。
- 暑假自助旅游用品展。
- 父亲节礼品展销。
- 冰激凌联合促销。
- 暑假电脑促销活动。

八月

- 夏末服饰清仓降价。
- 升学用品展销。

九月

- 中秋节礼品展销。
- 敬老礼品展销。
- 秋装上市。
- 夏装清仓。

十月

- 运动服装、用品联合热卖。
- 秋季美食街。
- 大闸蟹促销活动。
- 金秋水果礼品展。
- 国庆节旅游产品展。
- 重阳节登山商品展。
- 入冬家庭用品展。
- 羊绒制品展。

十一月

- 冬季服装展。
- 火锅节。
- 护肤品促销活动。
- 烤肉节。

十二月

- 保暖御寒用品展销。
- 冬令进补火锅节。
- 圣诞节礼品饰品展销。
- 岁末迎春商品展。

5. 促销方式的选择

促销方式的选择，是促销计划的一个重要内容，促销方式应该以促销目标、促销主题及促销商品特点为依据，再考虑预期的促销效果来确定。零售企业的促销方式主要有广告、销售促进、公关和人员推销等。在选择促销方式时要考虑如下因素：

（1）促销目标。零售商应根据目标顾客所处购买决策过程的具体情况，来确定特定的促销目标。而不同的促销方式，由于具备不同的优势和劣势，对于实现不同的促销目标有着不同的作用。如，介绍性广告和公共关系对于顾客进入认识和了解阶段影响较大，而进入喜爱阶段后影响较小；竞争性广告、服务人员的态度、商店气氛，对于建立顾客的喜爱和偏好有较大影响；而销售促进、POP 广告、人员推销，对顾客进入商店准备购买影响较大。

（2）零售商类型及竞争环境。不同业态和类型的零售商，满足的是不同层次消费者或同一层次消费者不同方面的需要。消费者进入不同类型商店的购买心理，会有所区别。于是，不同业态和类型的零售商，适合使用的促销方式也不一样。如，超市主要出售的是食品和日用品，适合使用免费试吃试用、POP 广告、降价促销、奖券及连续性购买计划等；而高级百货商店则更多使用形象广告、公关宣传和人员促销。另外，竞争条件和环境也影响着促销方式的选择，这包括商店本身在竞争中所具有的实力与条件，优势与劣势，及商店外部环境中竞争者的数量、实力、竞争策略等因素。

（3）费用预算。促销费用需要在各种促销方式中进行分配，如广告、销售促进和公共关系，往往会对促销工具的选择形成一个硬约束。

6. 促销媒体的选择

零售企业举办促销活动，必须通过相应的媒体把信息发布出去。媒体的选择，应该根据促销活动的方式、商圈范围、顾客特点和媒体本身的成本等因素，进行选择。零售商的促销活动，因为受到商圈范围、促销预算、商店规模等因素的限制，一般很少采用电视、全国性报纸等大众媒体，而常常采用店内广播、海报、POP 广告、条幅等。当然，这也不是绝对的，有些零售商为了扩大自己的知名度和声誉，也会在电视和报纸等媒体上做宣传，尤其是一些全国连锁的专卖店，也会在全国媒体上大做广告。如果选择这类大众宣传手段，零售商在实施促销活动之前应考虑采用哪种宣传媒体，并考虑制作的数量、规格、方式、时间、使用时机等。

7. 促销预算的确定

通过促销预算来确定合理的促销费用，是促销活动能够顺利进行的保证。确定促销预算总的原则是，促销为企业所增加的利润应当大于促销费用的支出。零售企业促销需要的资金量，可以使用营业额比例法、逐项累积法、量入而出法、竞争对等法、目标任务法等方法来计算和确定。营业额比例法是指按营业额的一定比例来提取促销费用，方法简单、明确和易控制。逐项累积法是指根据年度促销计划设定的促销活动所需的各项经费，逐项累积得出所需要的总促销费用。各项费用包括广告费、礼品费、人员费和公关费等，这种方法以促销活动为主，重点考虑实际需要。量入而出法是根据企业的财力来确定促销预算，该方法能确保企业的最低利润水平，不会因促销费用开支过大而影响利润的最低水平。竞争对等法是企业按竞争对手的促销费用，来决定自己的促销预算的方法。目标任务法是根据促销目标和任务来确定促销预算的方法。

促销费一般由生产商与商店共同负担，其主要方法是将生产商的促销活动融入商店的促销计划内。如，由厂商提供样品和赠品，举办推广特定商品的促销活动，配合生产商在大众传播媒介的促销活动，在店内开展优惠促销活动，等等。

8. 促销效果的评估

促销活动结束后，零售商应立即对其进行效果评估，以总结经验与教训。促销效果评估是促销决策的重要一环，它对整个促销策划的实施具有重要意义。对促销效果评估的方法，依市场类型的不同会有所差异。总的来说，主要有销售绩效分析、消费者固定样本数据分析、消费者调查和实验研究等方法。销售绩效分析是最普通常用的一种评估方法，即对活动前、活动期间和活动后的销售额或市场份额进行比较分析，根据数据变动来判别促销活动的效果。消费者固定样本数据分析可用来评估消费者对促销的反应。相关研究发现，优惠活动通常促进了品牌转移，通过媒体送出的赠券能引起大规模的品牌转移，降价的效果却没有这样明显，附在包装内的折价券对品牌转移几乎没什么影响。在优惠活动结束之后，消费者通常又会恢复到原来品牌的偏好。消费者调查是在目标市场中找一组消费者进行面谈，以了解他们如何看待这次活动，有多少人从中受益，对他们以后的品牌选择行为有什么影响等。实验研究是指通过变更刺激程度、优惠时间、优惠分配媒体等属性，来获得必要的经验数据，以供比较分析和得出结论。

本章小结

（1）定价策略包括心理定价策略、折扣定价策略、新商品定价策略、商品组合定价策略、特卖商品定价策略、销售赠品定价策略。心理定价策略有尾数定价、整数定价、声望定价、习惯定价、招徕定价、分档定价、错觉定价等。折扣定价策略有积分卡累计折扣定价、会员卡折扣定价、限时折扣定价、季节折扣定价、一次性折扣定价等。新商品定价策略有撇脂定价、渗透定价。商品组合定价策略有替代商品综合定价、互补商品综合定价、产品与服务综合定价等。

（2）零售商品的定价方法主要有成本导向、需求导向、竞争导向及供货商定价等。成本导向定价法主要有成本加成定价法和目标利润定价法。需求导向定价法主要有认知价值定价法和需求强度定价法。竞争导向定价法可以采取低于市价、等于市价和高于市价三种形式。

（3）零售企业的价格调整包括提价或降价。

（4）零售促销的特征是针对性强、刺激性强、时效性强、选择性强。

（5）零售促销活动的类型，包括开业促销、周年庆促销、例行性促销、竞争性促销。

（6）零售促销组合，包括广告、销售促进、人员推销和公共关系。

（7）零售促销活动的实施步骤分为：确定促销目标、选择促销时机、确定促销商品、确定促销主题、选择促销方式、选择促销媒介、确定促销预算和促销效果评估等方面。

术语及热词

区域定价 同一商品在不同的地区或区域、市场、店铺，制定不同的价格，以保持在本地市场上的竞争力。

动态定价 指基于客户类型、每天（每周甚至每个季节）的不同时间，以及不同的需求层次，商家对商品或服务制定不同价格的过程。

视觉营销 从店铺形象设计、商品策划，到商品陈列展示、营销环境氛围等方面，打造出与顾客喜好高度匹配的视觉审美体验空间，深度激活消费者的购买欲望。

非计划购买 一种冲动型购买，顾客在零售现场看到商品时，立即做出购买决策。

关联营销 寻找商品、品牌、品类等所要营销实物的关联性，在互利双赢的基础上，实现交叉营销，为业务实现深层次、多方位的引导。如主推商品为鼻贴，那可以搭配面膜、洗面奶等同场景产品。如主推商品为圆领T恤，那么关联产品可以是V领T恤，也可以是立领等。如主推商品为泳衣，那潜在关联的商品可以为防晒霜。

服务 是指一种有形或无形的附加价值的传送。一般综合超市的消费者，对服务的认知，仅止于卖场人员对商品的解说、快速结账、送货及售后服务等有形的服务。其实大卖场尚有一些其他有形或无形的服务，例如：定期收到快讯、宽敞的停车场、轻松的购物车、悦耳的音乐广播、明显的POP海报、定期的促销、宽敞而通畅的走道、明亮的灯光、舒适的空调、齐全的品种、饱满的商品陈列、整齐清洁的商品、清楚的部门及价格标示、有礼貌的员工，这些都是门店运营上应该做好的。

节庆促销 是指利用元旦、春节、元宵节、三八妇女节、五一劳动节、六一儿童节、端午节、八一建军节、十一国庆节、中秋节等传统及现代的节庆，搞促销活动，以吸引大量客流前来购物。

外包装 是指商品在运输的过程，所需要的外层保护物。

内包装 是指为了让商品可以直接陈列销售的包装物，例如洗发水的瓶子、卫生纸的塑料袋等。

演示 让顾客更了解商品，进而达到销售目的的商品展示活动。

试吃 加工食品为了达到销售目的，分成小份的品尝物，让顾客试尝的活动。

爆款 是指在商品销售中，供不应求，销售量很高的商品。通常所说的卖得很多，人气很高的商品。

促销弹性　“促销时的日均销量”除以“平常的日均销量”，得到的“倍数”结果。例如：促销时日均销量100个零售商单位，而平时日均销量仅有5个零售商单位，则促销弹性为100÷5=20（倍）。

大甩卖　是指在“季节后”或“库存太高”时的大促销，在国内低价格促销已蔓延到各行各业，大甩卖已成为商业企业最喜好的促销活动之一。

POP　在商品陈列之处所吊挂的促销海报，生动、简捷、清晰的POP广告可抵过几个促销员。

思考讨论

1. 零售商在什么情况下可以将商品价格定得高于竞争对手价格？
2. 降价会对顾客产生哪些负面影响？
3. 为什么零售商越来越爱用各种促销手段？
4. 零售商越来越依赖销售促进，这会对它的经营产生怎样的后果？
5. 消费者在零售店购买某商品后，购买过程是否就此结束了？为什么？
6. 分析Waitrose且“贵”且红火的营销哲学。

小试身手

为你所在校园的某家文具店，撰写一份新学期开学季的促销策划案。

课外阅读推荐

[1] 20分贝商学院.客流荒：会员制打造门店爆客与持续盈利[M].北京：清华大学出版社，2020.

[2] 雷钧钧，张川.客流荒II：会员制打造私域流量池（实战篇）[M].北京：清华大学出版社，2020.

[3] 史雁军.数字化客户管理：数据智能时代如何洞察、连接、转化和赢得价值客户[M].北京：清华大学出版社，2018.

[4] 付玮琼.商场超市　营销推广·促销方案·电子商务[M].北京：化学工业出版社，2017.

[5] 李智微.零售业92个创意促销方案[M].北京：当代世界出版社，2015.

PART3 第三篇

新零售的发展

第 8 章 CHAPTER8

新零售的本质

学习目标

掌握：新零售的商业逻辑。

理解：实体店的关店潮、电子商务的困境等；新零售提出的背景；业界和学界关于新零售概念的诠释。

了解：新零售的特征；新零售与传统零售的区别；新零售的商业模式类型。

引导案例

快时尚百货名创优品，快速崛起的商业逻辑

在实体零售业最为水深火热的当下，名创优品像是一个奇迹，交出了一份令众人哗然的成绩单，它究竟有着怎样的商业逻辑？探究名创优品的经营之道，其特点一目了然，高品质、高效率、高科技，低成本、低毛利、低价格。在当下中国实体零售遭遇重创和电商信誉崩塌的节点上，名创优品硬生生创造出一种新的实体店业态。

（1）**低价格**。名创优品以“买断制”大规模向工厂定制采购，卖出与否都是自担责任，与供应商无关，且货款快速结清，从而摆脱供应商对零售价格控制，享有充分的自由定价权，形成低价销售。这对当前面临账期长、订单不稳定的供应商来说，条件利好的“买断制”自然成了香饽饽，于是，名创优品再从中遴选优质的供应商，以保证商品品质。同时，产品直接从工厂到店铺，中间佣金被挤掉，利益全然落在了消费者头上。

（2）**高品质**。名创优品的产品除食品外，绝大部分是由日本总部设计和按日本标准品控，严格遴选中国数一数二的供应商，通过名创优品的渠道销往世界各地。在这些产品当中，约有 80% 产品从 800 多家中国工厂中直接订制采购，而这些工厂几乎全部为外销企业，分布在珠三角和长三角。名创优品另外的 20% 产品则来自国外采购。产品全球输出，无缝对接全球采购，同时店铺布局也逐步走向国际化，从东京、中国香港、新加坡和迪拜等开始辐射全球。在名创优品目前的 3 000 多个单品里，几乎每款单品都只有一两款型

号。事实上，名创优品的“买断制”有不小的库存压力，但从侧面却也倒逼了其开发产品时的用心——只有打造爆款，才能降低库存压力。

（3）**打造爆款**。首先，挑选品类从市场调研开始。经过市场调研，在线上和线下热销的产品中敲定产品品类，进行设计和包装。其次，让体验官进行免费试用。体验官从名创优品微信公众号的 1 000 万粉丝当中选取，几乎都是“极客型”妆品达人，由他们进行试用，再根据他们的建议进行产品相关调整。再次，新品上线的粉丝互动与推广。前期，名创优品通过“扫描微信号即可免费赠送购物袋”的办法，快速积累粉丝，在短短一年多时间里，名创优品微信订阅号的用户超过 1 000 万，成为一个超级大号。新品上线，名创优品与业内达人紧密互动，并以融合产品的原创生活知识文章在微信公众号与粉丝及消费者互动；在线下，消费者一走进店铺就能看到显眼的新品上线海报。

资料来源：admin，人国观观点。

8.1　新零售的诞生

8.1.1　实体店的关店潮

近年来，实体店的生意越来越不好做，甚至迎来了关店潮。曾经风光无限的传统零售行业面临着店铺业绩下滑、关店潮、物业高空置率等残酷现实。早在 2017 年年底，就有相关媒体做过报道，以上海市为例，上海租金成本和人工成本已是 20 年前的 5 倍和 10 倍，但传统商品销售毛利几乎没有增长。一些行业代表性公司利润下跌速度惊人。华联从盈利转为亏损，友好集团、中百集团、豫园商城等利润下跌超九成。银座股份、新世界、汉商集团等利润下跌超过五成。随之而来的结果是，百货商场、超市卖场、品牌专卖店，几乎所有的传统商业渠道都掀起关店潮。到 2019 年年底，在近 10 年里，贵人鸟关闭的门店数超过 1 400 家，真维斯也关闭了超过 1 300 家门店，达芙妮门店关闭数超过 3 000 家。大牌都深陷关店潮，那些街边不具备连锁规模的小店的境况可想而知。席卷全国的关店潮，是由以下几个方面的原因造成的：

（1）跟不上市场需求变化。随着消费升级，消费者对实体店的需求也在升级。不仅是货品齐全，还要环境舒适。不仅要质量放心，还要售中、售后的贴心服务。不仅购买商品，还要看电影、尝美食、玩游戏、做运动等。并且，不同群体的关注点也出现了分化，需求在层出不穷，实体店不得不做出调整迎合，可一部分企业跟不上市场需求变化的步伐，结果只能是被淘汰。

（2）零售渠道多元化。互联网、移动互联网的到来，让国民的生活方式发生了翻天覆地的变化，越来越多的人愿意成为“懒”人，用手机解决一切，并期望获得便利的上门服务。移动互联、电子支付等新应用，引发购物习惯和零售模式发生革命性变化。消费者的个性化、多样化消费渐成主流，零售渠道更多元，一些实体店关闭、退出，不足为奇。

（3）运营成本不断上涨，挤占利润空间。近年来，商铺的租金随着房价的上涨而上涨。据了解，过去大部分商铺租赁合同每五年签订一次。现在，许多房东已经改变了他们的合同，改为一年签一次。在年底，是否增加租金取决于房东的心情和租户的业务质量。过去，零售企业增加的经营成本，可以通过提价将一部分成本转嫁到消费者身上。现在，商品价格更透明，要转嫁这部分成本是难上加难。租金和劳动力成本上涨，加上实体店的客流越来越少，经营不善的实体店入不敷出是很自然的事情。

8.1.2 电子商务的困境

过去十几年，中国电子商务行业，每年以两位数的增幅大步向前迈进。随着规模持续扩大，中国电子商务2016年开始，从超高速增长期进入到相对稳定的发展期。当狂热渐退，稳健发展逐步取代高速扩张，触顶后的困境也已经凸显。传统电商或多或少面临以下困境：

（1）流量瓶颈。随着电商平台的增加，流量呈现多元化分散的趋势。而消费者的需求差异让流量的去向错综复杂。很多电商平台再也无力获得更多的流量入口，从而达到一个瓶颈。平台用户增长缓慢，甚至出现负增长。那么，随之而来的将是各个卖家为流量而要承担的更高昂费用。

（2）平台多元化。电商平台出现市场细分，并出现越来越多的电商平台，流量从淘宝、京东的大江大河，慢慢分化成各种小支流，平台多元化让消费者有了更多选择，也让平台竞争的维度进一步拉大。电商竞争的加剧，最终体现在其所服务用户数量上的竞争。内容电商、社交电商等的出现，让电商逐渐变成一个多元化战场。

（3）中小电商企业的生存越来越困难。无论是淘宝个人店铺，还是天猫商城，或是京东、唯品会等电商平台，价格的竞争愈发激烈，引流的费用越来越高，虚拟店铺的硬装甚至还高于线下的实体店。中小卖家依靠一个平台赚钱的时代已经一去不复返了。除了流量费越来越贵，在天猫开店还会发生平台年费、天猫扣点等近十项硬成本，以及站内广告、淘金币抵扣等约四项软成本。可见，在大数据的透明化和产品的同质化之下，一些中小电商企业不得不面对残酷的竞争。

案例 8-1

小红书实体店开业　为何巨头纷纷回归线下？

近日，小红书把线上社区搬到了线下，其首个线下店铺 Red Home 在上海黄金商圈静安大悦城正式开业，涵盖了家居区、美妆区、服饰区、明星区、橱窗区、水吧区六大区域，打造出多元化沉浸式场景。此外，店内还设置了试妆魔镜、LED屏等黑科技产品。以美妆区的LED屏为例，客户将带有特制条形码的产品靠近屏幕，会自动显示与此产品相关的小红书笔记以及商品详情，可以同步阅读小红书的线上笔记。在选品方面，Red Home

也参考此前社区和商城多年来沉淀的爆款 SKU。目前，位于上海大悦城的 Red Home 内已有超过 1 000 个 SKU，主要是美妆和时尚领域的爆品。

小红书在接受媒体采访时表示，线下店看重的是体验，而不是卖货。小红书透露，首店的工作人员大部分都就职于小红书，来自社区、商城、技术、物流等多个部门，此前并无实体零售相关的工作经验。不过，长期在美妆和时尚方面形成的审美优势或将为 Red Home 的设计提供更前沿、独特的思路。接下来，小红书还将继续在全国各地开设 Red Home，将小红书社区搬进更多的购物中心里。

如今，新零售当道，巨头们纷纷回归加码实体商业，曾经专注在线上市场的品牌开始走向线下，掘金实体店。线上线下的融合是否成为新的趋势？又将对市场格局带来怎样的改变？

资料来源：重庆晨报 / 上游新闻。

8.1.3 新零售的提出

2016 年 10 月，在杭州的云栖大会上，阿里巴巴创办人提出，纯电商时代很快会结束，未来的十年、二十年，只有新零售这一说。很快，新零售成为一个新词被广为传播，很多企业家、学者和媒体，对此热议不断。与此相对应的是，国家相关管理层，也早就在酝酿与零售业转型相关的政策。2016 年“双十一”当天，国务院办公厅印发了《国务院办公厅关于推动实体零售创新转型的意见》，从总体要求、调整商业结构、创新发展方式、促进跨界融合、优化发展环境、强化政策支持六大部分，总计十八个方面，为新零售的发展指明了方向。2017 年 3 月的“两会”期间，一些代表委员也提出不少零售业转型议案，李克强总理在报告中提到了结合实体零售和电子商务推动消费需求，其实质就是号召新零售相关企业结合线上线下，用互联网新思维来推动实体零售转型升级，强化用户体验，改善消费环境和物流现状，提高零售业的运营效率。

对于行业中出现的新事物，如果有人能够敏锐地指出来，即使他并没有赋予它一个新的名字，也没有弄清它最精准的内涵，而只是在旧名字前面加了一个“新”字，如新媒体、新制造、新零售等，那么能够提出这个名字的人，也是做出了巨大贡献的。因为他提醒大家注意到这个蠢蠢欲动的新生事物，并让大家为之做好准备。在这个过程中，旧名字只是新事物的外壳，一旦新事物发展到一定程度，必定会破壳而出，获得真正属于自己的名字。因此，在新名字确立之前，我们姑且称之为新零售。

8.2 新零售的概念

新零售到底是什么呢？尽管所有人都已经注意到了零售业中出现的新事物，但是在概念理解上尚未达成共识，下面介绍业界和学界关于新零售概念的诠释。

8.2.1 商界领袖眼中的新零售

在实际新零售行业经营中，几家先驱型企业对新零售给出了自身的理解，如阿里巴巴、苏宁以及小米等都根据它们运营的经验，从一定的角度概括了新零售的含义。

1. 张勇

2017年6月9日，阿里巴巴在投资日大会上提出：新零售的核心是从向消费者销售商品转向服务消费者。线上线下从业者应该向同一方向努力，即让消费者快乐。而早在2017年3月，阿里巴巴旗下的阿里研究院在发布的《新零售研究报告》中，就首次对新零售进行了系统化的阐述并指出，新零售是基于互联网思维和科技，通过整合线上、线下和物流，全面改革和升级现有社会零售，使商品生产、流通和服务过程更高效。而阿里巴巴集团首席执行官张勇，更是结合阿里巴巴的实践，通过重构供应链、重构销售全通路、重构品牌营销与用户连接，以及打通和重构线上线下商业生态，来重新定义新零售。①重构供应链。从客户、物流、支付等环节实现数字化与及时响应，使传统零售烦琐的供应链变得高效，对客户的精准识别、配送链距离识别、限时送达等定制化需求的解决，带来全新的商业体验。②重构销售全通路。阿里巴巴通过天猫超市、零售通、村淘、速卖通、天猫国际等旗下产品，可以触达从一二线城市到农村乃至海外城市的各个层级的市场。③重构品牌营销与用户连接。利用阿里巴巴海量的用户和品牌数据，凭借大数据和云计算等技术手段，实现高效的智能营销。④打通和重构线上线下商业生态。这个实践操作，既包括天猫与一些品牌合作，把线上与线下渠道的会员系统打通，也包括阿里巴巴通过投资布局线下渠道，与线上进行融合。

2. 雷军

2017年“两会”期间，小米公司的董事长雷军提交了一项议案，建议大力发展新零售，激发实体经济新动能。雷军认为，线下零售完全能够做到与电商一样的效率和成本。新零售的本质就是线上零售与线下零售相融合，以电商的模式和技术来帮助线下零售业改善用户体验，提高效率，让更多质优价廉的产品走进千家万户。小米从自营模式开始，积极探索新零售。2016年，小米公司在线下开设了51个小米之家，其目标就是要把小米之家开成一个“生活方式”体验店，既不是百货商场，也不是超市，店里的几十种商品都做得非常精致，而且都是大家经常使用的物品。

3. 孙为民

与新零售类似，苏宁云商集团副董事长孙为民提出了智慧零售的概念。他认为，无论实体零售也好，电子商务也好，其未来趋势都是智慧零售。智慧零售是将物联网和互联网结合，感知消费者，预测消费趋势，引导生产制造，提供多样化、个性化服务。苏宁在智慧零售上的实现，是从智慧采购、智慧销售、智慧服务、智慧渠道、智慧业态五个方面发力。在采购上，要心中有数地采购。在销售上，要采用智能辅助、智能引导模式，提高销售人员的销售能力。在服务上，要在购物、商品选择、交付等环节智能化地响应顾客要求。在渠道形态上，要不断地进行优化。在业态上，要立足于服务，进行服务的深化。

4. 高书林

天虹股份董事长高书林认为，新零售就是零售企业根据社会发展，消费需求变化，去创造相适应的新的零售价值。新零售本身不是一个新概念，而是零售的本质要求。零售发展到今天，是不断演变的，只不过到了目前这个阶段，整个市场变化更加快速，所以，我们要适应这种变化，使零售的价值创造能够跟上市场的需求。这也符合任何事物、任何行业以及任何企业的生命周期发展规律，原来那种零售业态、零售内容、提供的服务，已经处于生命周期的成熟阶段，如果我们不去做一些顺应的变化，不去做创新升级，那就势必会走向衰退。零售企业要想发展好，就必须在这个阶段去寻求突破，寻求新的零售价值创造，从而能够进入到一个新的周期。天虹从体验化、互联网化、生活方式主题化三个方面着手，给顾客提供生活解决方案，使零售方式变得更加有效率、更加便利，客户的体验更好。

5. 宋宝爱

海尔电商的宋宝爱也对新零售做出了诠释。他认为，新零售是企业和用户的融合，为消费者提供最佳的消费体验，实现定制化解决方案，颠覆现有制造体系。

由此可见，业界关于新零售概念的诠释，主要是一些相关企业从自身发展出发，基于网络零售和 O2O 模式拓展的需要，围绕技术支持、消费需求、成本效率、物流配送等不同方面，倡导多渠道的一种商业本质回归。

案例 8-2

网易严选的新零售布局

作为电商新秀，网易严选在 2017 年便开始了多渠道线下合作，严选酒店、严选 Home、快闪店……擅长营销的网易到了线下还是很“会玩”。2017 年，网易严选在杭州与世纪联华 · 鲸选体验店合作开店。同年 6 月，网易严选与亚朵酒店合作的 IP 酒店开业，网易严选为酒店供应商品。而在与万科合作的长租公寓内，网易严选则提供装修软装包。此外，网易严选还以快闪店的形式入驻大连和平广场。2018 年，在内蒙古安达便利多个线下门店内，人们能够看到网易严选的专用货架。该货架上陈列了不少网易严选自有品牌的商品。网易严选作为供应商为安达便利供货，目前共有近 200 个 SKU，客单价在 35 元左右，以日用百货等品类为主。看起来，这次入驻便利店也是“借壳”做场景营销：便利店提供场景，网易严选主要提供商品。同时，在品类方面，主要供应的也都是严选平台上的强势品类，即生活用品。

多次的“借壳”，是网易严选的“轻资产模式”的体现，与网易严选的平台特性有关。网易严选缺少实体零售运营经验，多数时候通过与经验丰富的实体零售商合作来渗透线下，降低经营难度和开店成本。在两年的线下尝试后，网易严选开始渗透进“最后一千米”的范围内。进入便利店，意味着网易严选将进入消费更高频的生活场景。此举将进一步开拓网易严选的线下渠道，扩大商品销售并带来便利。

2019 年，继杭州首家线下品牌店，网易严选第二家线下品牌店落户上海，在上海兴业太古汇三楼正式开业。网易严选将稳步推进线下布局，在杭州、北京、深圳、成都等地开设线下品牌店。

资料来源：36 氪，搜狐号，https://mp.sohu.com/profile?xpt=cHBhZzUwMzczYzE0NDUxN0Bzb2h1LmNvbQ==&_f=index_pagemp_1&spm=smpc.content%2F191_3.author.2.1611409021951PkfJL8r.

8.2.2 学术界对新零售的认识

目前，学术界对新零售的认识各有侧重，从研究成果看，不同学者对新零售给出的定义不同，以下几位学者的研究，比较具有代表性。

赵树梅等（2019）认为，新零售就是运用互联网的思想和技术，对传统零售方式加以改良和创新，将货物和服务，出售给最终消费者的所有活动。它并不仅仅是 O2O 和物流的简单融合，同时还要融入云计算、大数据等创新技术，它包括全渠道又超越全渠道，打破过去所有的边界，以一种全新的面貌与消费者接触。

杜睿云等（2018）认为，新零售是企业以互联网为依托，通过运用大数据、人工智能等先进技术手段，对商品的生产、流通和销售过程，进行升级改造，进而重塑业态结构与生态圈，并对线上服务、线下体验、现代物流，进行深度融合的零售新模式。

梁莹莹（2017）认为，新零售以互联网技术为支撑，通过线上、线下和物流的融合，构建“实体店铺 + 电商 + 物流”的商业模式。

宫春艳（2018）认为，新零售指的是利用移动互联网、智能科技、大数据、云计算等网络技术，提升商品的制造和运输效率，改善销售服务和场景体验，从而建立新的商业模式和业态结构，将消费者的线上与线下体验有机结合，全面提升消费者的购物体验。

水木然等（2017）认为，新零售就是基于大数据、云计算等新兴科技，以数据为驱动，以满足个性化需求为目的，借助体验式服务完成的点对点商业行为。

王凤霞等（2018）认为，新零售是结合大数据、人工智能等新技术，形成线上购买、线下体验及物流配送深度融合的商业模式。

但也有不少学者对新零售的提法予以否定，认为零售不应有新旧之分，当前变革是“第四次零售革命”，未来零售是无界线的，基础设施将实现可塑、智能和协同，成本将得到降低，效率和体验将得以提升。

韩彩珍等（2018）认为，零售模式只有好坏之别，并无新旧之分，互联网是其必不可少的基础设施和创新要素。

王继祥（2017）认为，不应拘泥于将“新”理解为对过去的否定，它不仅是对零售业态“颠覆式变革”和“赋能式重构”程度的描述，也是零售业发展、加速变化的一个阶段。

学术界目前虽然对新零售也无统一的规范性概念，但广泛认可的一点是，新零售是区别于传统零售的一种新型零售业态，是应用互联网先进思想和技术，对传统零售方式加以改良和创新，以最新的理念和思维为指导，推动线上线下以及多方跨界的融合，其基础和前提是供应链的重构与物流方案的不断升级。

"码"上看：扫码阅读《2019～2020年中国新零售产业研究报告》

8.2.3　新零售的特征

新零售追求的目标，其实就是线上线下及物流等多方面的融合，以打破原有的边界，不断拓宽已有的营销渠道，营造消费场景化，使消费者购物更加便利的同时，产生美好的心理联想，并满足消费者的沟通与情感需求，从而形成重复购买的良性循环。它具有以下典型特征：

1. 生态性

新零售的商业生态构建，将涵盖网上页面、实体店面、支付终端、数据体系、物流平台、营销路径等诸多方面，并嵌入购物、娱乐、阅读、学习等多元化功能，进而推动企业线上服务、线下体验、金融支持、物流支撑四大能力的全面提升，使消费者对购物过程便利性与舒适性的要求，能够得到更好满足，并由此增加用户黏性。此商业生态系统是由主体企业与共生企业群以及消费者所共同组成的，且表现为一种联系紧密、动态平衡、互为依赖的状态。

2. 无界化

企业通过对线上与线下平台、有形与无形资源进行高效整合，以全渠道方式清除各零售渠道间的种种壁垒，模糊经营过程中各个主体的既有界线，打破过去传统经营模式下所存在的时空边界、产品边界等现实阻隔，促成人员、资金、信息、技术、商品等的合理顺畅流动，进而实现整个商业生态链的互联与共享。依托企业的无界化零售体系，消费者的购物入口将变得非常分散、灵活、可变与多元，人们可以在任意的时间、地点以任意的可能方式，随心尽兴地通过诸如实体店铺、网上商城、电视营销中心、自媒体平台，甚至智能家居等一系列丰富多样的渠道，与企业或者其他消费者进行全方位的咨询互动、交流讨论、产品体验、情景模拟、购买商品和服务。

案例 8-3

鲜食演义的商业模式逻辑

"精品超市 + 品质餐饮 + 云猴精选 App"，联合打造线上线下全时段的立体化消费模式，这就是鲜食演义的核心竞争力。在鲜食演义的三个核心板块中，①精品超市一定程度上代表着步步高旗下数百家实体超市门店，随着不同业态门店根据不同商圈消费需求的升级完成，这些实体超市均有机会迭变为符合鲜食演义定位的“精品超市”。②品质餐饮则是鲜食演义的根本，线下表现为超市版的实体厨房，新鲜食材，现场加工，注重体验感、功能性，并且有步步高强大的全球商品供应链资源做后盾。③云猴精选 App 为鲜食演义插上了飞翔的翅膀，使其线上线下全时段、立体化消费成为可能，目前通过云猴精选 App 可以购买 3 000 种商品，在周边 3 千米范围内实现半小时送货上门。云猴精选 App 现场零售，聚焦生鲜、高频品类，提供即食餐饮、高端食材，价格亲民，用户线上下单，3 千米最快半小时送达。通过三个核心板块的有机结合、运转，鲜食演义实现“线下导流现场体验、线上延伸线下货架”的商业模式逻辑。

资料来源：步步高即时播报。

3. 智慧型

新零售得以发展的重要基础，是源于人们对购物过程中个性化、即时化、便利化、互动化、精准化、碎片化等要求的逐渐提高，而满足上述需求则在一定程度上依赖于智慧型的购物方式。人们经历的购物过程，以及所处的购物场景，必定会具有典型的智慧型特征。智能试装、隔空感应、拍照搜索、语音购物、VR 逛店、无人物流、自助结算、虚拟助理等，都将不断地出现在消费者眼前，甚至获得大范围的应用与普及。

案例 8-4

苏宁的智慧零售技术星象图

在苏宁的“智慧零售技术星象图”中，苏宁把消费者比喻为“太阳”，围绕消费者这颗恒星去打造苏宁零售业态的行星系统。基于与消费者的距离，在消费者 1 米范围内，苏宁易购主站平台提供网络消费服务；10 米范围内，搭载了语音识别、交互技术、物联网技术的苏宁小 Biu 智能音箱提供智能终端服务；500 米范围内，应用重力感应、人脸识别、机器人技术的无人货架、智能货架、巡游机器人提升消费便捷性；3 千米范围内，苏宁无人 Biu 店、苏宁极物店、苏宁小店、苏宁易购县镇店等多元业态高密度覆盖客群；3 千米范围外，苏宁易购生活广场、苏宁云店、苏宁影城等以创新技术将智慧零售体验最大化。该星象系统全面组合了苏宁的智慧零售业态，它的有序运行意味着消费者可以在任何时间、地点通过苏宁满足吃、穿、住、娱等全方位需求。

资料来源：新零售起点，搜狐号，https://mp.sohu.com/profile?xpt=cHBhZzUwMzczYzE0NDUxN0Bzb2h1LmNvbQ==&_f=index_pagemp_1&spm=smpc.content%2F191_3.author.2.1611972668831wdro1aG.

4. 体验式

随着物质产品的极大丰富，消费者主权得以充分彰显，人们的消费观念将逐渐从价格消费向价值消费进行转变，购物体验的好坏将愈发成为决定消费者是否进行买单的关键性因素。现实生活中，人们对某个品牌的认知和理解，往往会更多地来源于线下的实地体验或感受，而体验式的经营方式就是通过利用线下实体店面，将产品嵌入到所创设的各种真实生活场景之中，赋予消费者全面深入了解商品和服务的直接机会，从而触发消费者视觉、听觉、味觉等方面的综合反馈，在增进人们参与感和获得感的同时，也使线下平台的价值得以进一步发现。

☞ 零售风流人物

叶国富

名创优品全球联合创始人

“模式本身只要足够好，根本不需要本土化。不必跟着消费者走，未来世界会越来越趋同，要让消费者跟着你走，去创造你的顾客。”

1977年，叶国富出生于湖北神农架山脉的一个小山村。为了赚钱养家，他读完中专就南下广东打工。做过五金销售、陶瓷生意，也尝试过服装、大头贴等多个行业。而真正的转变发生在2001年，叶国富认识了从事化妆品销售的妻子杨云云。一个懂销售，一个懂化妆品，两人一拍即合，在佛山开了一家化妆品店。一年就净赚了40万元。2004年，叶国富到广州发现10元店遍地开花，生意火爆。于是他在佛山开了第一家10元店。由于店铺的商品价格低廉又装修时尚，顾客常常发出“哎呀呀”的感叹。叶国富于是在2005年创办哎呀呀饰品连锁股份有限公司。他一方面在产品开发上和日本、韩国企业建立了长期的合作关系，一方面在广州组建了6 000平方米的国内大型配货中心，负责配送货源到各个连锁直营店和加盟店。2007年，哎呀呀饰品连锁店已经接近1 000家，到2010年，店铺已经发展到了3 000家。

随着电商的崛起，实体零售业出现关店潮。为了度过危机，叶国富多次出国考察。在日本，叶国富看到东京街头的很多“百元店”（折合人民币不到7元），非常受欢迎，虽然商品价格便宜，但量大，店面营业额也十分可观。于是，叶国富决定学习日本十元店“优质低价”的模式。2013年，他和日本青年设计师三宅顺也，共同创立了名创优品（Miniso）。他一方面先打造标杆店铺，然后以“带资加盟”的形式进行规模扩张；另一方面根据消费需求进行规模采购，直接向制造商下单，降低生产成本。与此同时，为了让消费者以合理的价格，买到更高品质的产品，叶国富花费大量精力打磨产品。在叶国富的运作下，名创优品近6年在全球开店3 500家。一个杯子一年赚1 000万元，一支眉笔一年能卖掉一亿支。他把十元店开到了非洲，未来还要在100个国家开设10 000家门店。阿里巴巴从0到100亿元用了四年，京东从0到100亿元用了六年，名创优品从0到100亿元仅仅用了三年。

资料来源：中坚杂谈，百度百家号，https://www.baidu.com/link?url=MIguhzujRgFoLVZGlT4QNsCLuawEsvFiiBDwoJpjse2-QNI5o7B9wYGj8XIIKqEfa0_wTe-3jJ7j2cP8GVzGPa&wd=&eqid=f0cda7360006949800000006605 45a8d.

EMBA，百度百家号，https://baijiahao.baidu.com/s?id=1666761613844852786&wfr=spider&for=pc.

8.2.4 新零售与传统零售的区别

1. 新零售在时间和空间上具备不可比拟的延展性

传统的零售店铺，除了24小时便利店外，营业时间与消费者的作息时间有着最原始的关联，营业时间上通常都会有一定的限制。同样，在空间上，从整体来看，传统零售也会受到地域范围、经营空间等诸多的限制。相比而言，新零售在时间和空间上则具备非常大的灵活性，电商平台上可以随时下单购买心仪的商品。如，某电商平台的“双十一”狂欢节，在深夜零点才是消费者集中下单购买商品的黄金时间。某跨境电商平台，能够将全球优选的商品展现在万里之外的消费者面前，几乎实现了足不出户逛遍全球商品的承诺。借助于互联云技术与VR技术的不断发展，商品展示的空间已不受物理空间的局限，在线上的空间，商家可以尽其所能的进行商品展示，从有限的橱窗延展为无限的窗口平台。

2. 不同于传统零售按场地、货物、人排序的布局

传统零售的第一要义是选址，之后是选货物，最后才关注人。新零售更关注人，关注用户的体验，先从人入手，通过数据的收集，对消费者进行了较为精准的人物画像，掌握消费者的切实需求后，通过有效的定点推送，或者目标客户引流，再将潜在的消费者吸引到指定的消费场景，进行商品展示，在一连串的流程中，消费者将成为真正的核心，用户体验将成为决定购买与否的关键因素。

3. 新零售对运营企业的综合能力提出了更高的要求

不同于传统零售单线条的运营模式，新零售不仅关注销售环节的接触，更强调生产、销售、物流、售后等，供应链每个环节的效率提升。在新零售模式下，生产能够适时响应市场需求的变化，销售能够将商品的使用价值，转化为消费者的期望价值，从而实现商品的价格兑现，物流能够将商品在合理的时间内，安全送达消费者，售后能够延续企业与消费者之间的服务关系，并有效地将短期客户转化为长期的忠诚客户。这实际上是对商家管理、商品管理、需求管理、物流管理的高度集成一体化提出了更高要求。

总之，新零售是在传统零售的基础上，运用大数据、人工智能等，精准地挖掘、定位、引导线上和线下消费者的消费需求，并且通过柔性、高效的智慧供应链，快速提升消费者的购物体验，满足消费者不断升级的消费需求。新零售对传统零售的“人、货、场”即“客户、品类、场景”进行重塑。

案例 8-5

天虹数字化转型之路

作为一家老百货，天虹已经走过35载春秋。6年前开始的转型征途，实现多业态进化和数字化转型。现在的天虹主要经营百货、购物中心、超市、便利店业态，旗下拥有天虹、君尚、Sp@ce、微喔四大品牌，天虹的门店覆盖华南、华中、华东、北京等地。与印象中国有企业转型动作迟缓不同，在数字化转型这条路上，天虹这个始自 1984 年，有着 30 多年历史的企业活力十足。天虹的数字化转型过程，是从纯电商到全渠道再到数字化。

在天虹数字化转型过程中，2012 年是个具备转折意义的年份。这一年，年报显示天虹增速放缓。百货、商超这一行业的压力开始逐渐显露出来，甚至整个线下零售行业都面临着严峻的考验。于是，2013 年天虹就开始探索企业数字化转型。后来随着电商、O2O 的发展，天虹逐渐形成了线上线下相结合，“网上天虹 + 天虹微品 + 天虹微信 + 虹领巾”“实体店 +PC 端 + 移动端”的全渠道铺设战略。尤其是在最近几年，新零售、智慧零售概念大热，天虹数字化转型更是动作频频。2015 年，天虹对外发布了“新天虹、新零售”的战略。2016 年，天虹又提出了“数字化转型战略”。2017 年，天虹将电商事业部更名为数字化运营中心，把“商品数字化、顾客数字化和门店数字化”上升到了公司战略层面。与此同时，天虹开始大力推行“数字化、体验式、供应链”三大战略。2018 年，天虹又与腾讯合作设立了“智慧零售实验室”。这些让天虹迎来核心竞争力的蜕变，成为走向智能化门店和数字化运营的科技零售商，成为百货转型领跑者、智慧零售标杆。

资料来源：程晨，项城网，https://www.dsb.cn/105497.html.

8.3 新零售的商业逻辑和商业模式

8.3.1 新零售的商业逻辑

1. 孵化新商品

在探索新零售模式的过程中，零售企业首先对商品进行了深入剖析，不仅要使商品满足消费群体需要，还要在商品的销售过程中体现新时期的消费方向。在人的方面，基于消费数据进行顾客画像，了解顾客深层次的需求。在商品生产研发方面，基于用户需求的顾客对工厂（C2M）模式，真正实现了消费对生产的逆向牵引。例如，根据阿里集团积累的海量消费数据，天猫与五芳斋合作，在端午节时推出了定制化的五芳斋粽子。消费者在天猫平台下单，根据个人喜好自由定制粽子的口味和风格，个性化程度完全取决于消费者偏好。根据消费者需求定制的粽子组合多种多样，这完全重构了传统食品的生产制造流程，实现了标准产品的非标准化定制。又如，天猫平台与奥利奥品牌合作，利用前者的消费者洞察，奥利奥将天猫平台上的交易流程改造开放，推出个性化定制活动，让消费者可以自己涂色、填色，参与到产品的定制环节，满足不同消费者的个性化需求。在活动的 3 天内，累计销售了 4 万份定制款奥利奥，销售额接近 600 万元。

2. 诞生新业态

传统零售模式已难以满足用户需要，用户开始寻求线上与线下的交织性体验。新零售促进了新型业态的诞生，原有的业态也得到了优化升级，如细分市场、细分用户需求、产品特色化与差异化等都是新业态的有益探索。例如，通过社交平台转发刷屏的喜茶探索新业态而诞生的奶茶+，永辉超市的“餐饮+超市”新业态，几何书店的新型文化生活平台。

3. 营造新场景

新零售的核心内涵在于提高用户体验与运营效率。因此，零售企业生产、销售等环节的场景就必然会不断创新。在消费场景方面，线下实体店、直播、虚拟现实（VR）、移动端，均被应用于消费场景创新。

4. 运用新技术

新零售依托于大数据、云计算、VR、AR等新兴技术，利用这些新兴技术对线上、线下、物流等方面进行全渠道改造，从而进一步优化新零售的流程与业务，降低成本，提高效率。比如，利用大数据来实现精准营销与价格定制化，利用传感器和物联网来精准感知人群到店后的行动轨迹，并根据分析结果优化门店的陈列和运营，以更好地提升顾客体验。

5. 实现新管理

一方面，新零售升级改造消费者在浏览、尝试、下单、支付、物流、售后等多环节的购物体验。另一方面，新零售朝不同行业的互相融合、多领域聚合式方向转型，为消费者提供一站式的消费购物体验。从内涵和外延两个维度，新零售全面实现新管理。

☞ **零售风流人物**

霍华德·舒尔茨

星巴克的创始人

“星巴克是我第三个场所，第一个是家，第二个是办公室，星巴克则介于两者之间。在这里待着，让人感到舒适、安全和家的温馨。”

霍华德·舒尔茨（Howard Schultz）出生于美国纽约市布鲁克林区贫民区的犹太人家庭，一家人挤在一个狭窄的小公寓里，靠父亲打杂工维持生计。1961年，父亲出了车祸，失去了一条腿，家庭失去了经济来源。失去工作的同时，父亲还失去了生活的信心和勇气，每日借酒消愁，变成了一个酒鬼。只要舒尔茨稍不听话，父亲便大发雷霆，挨打是家常便饭。此后的日子，他为皮衣生产商拉拽过动物皮，为运动鞋店处理过纱线，打过无数零工，只是和父亲的矛盾却一直未变。磕磕绊绊中，他以优异的成绩考上了北密歇根大学。为了节省路费，上学期间他从没回过家，所有的节假日都在打工。毕业后，他成了一名出色的销售员，在销售产品时，他发现位于西雅图的一家叫“星巴克”的小公司，在他那里购买了很多台煮咖啡器。他感到很好奇，便亲自到西雅图看个究竟。他说道：“来到这里，我闻到了原汁原味的咖啡芬芳，我感觉它就像未成品的钻石，而我则有能力把它切磨成璀璨的珠宝。”1982年，舒尔茨毅然辞去年薪7.5万美元的职位，加入星巴克，担任咖啡店的零售业务和营销总监。一年以后，舒尔茨去米兰出差，走入当地的一家咖啡吧时体会到，大家要的不是喝一杯咖啡，而是渴望享受咖啡时刻。于是，他有了创办现在大家所见到的星巴克的设想。后来，几经转折，舒尔茨终于让星巴克驰名全球。他就是那个追逐梦想的年轻人。穷孩子出生的舒尔茨，用自己的行动证明：谁努力，上帝就偏爱谁。

资料来源：亿邦动力网，https://www.ebrun.com/20201228/416438.shtml.

8.3.2 新零售的商业模式

1. 供应商主导型

以供应商为主导的模式，主要是自身掌握整条商品供应链和价值链，提供自己的品牌，创造消费者体验升级。以小米为例，小米商城、天猫旗舰店和小米之家，真正实行线上线下同价同服务策略。2017 年，小米官方数据显示小米之家的坪效，排在世界第二，仅次于苹果零售店。以小米手机为核心，提供多种类的周边产品，以小米之家作为线下体验，可以选择在店铺立即购买，在该实体店断货时，可以选择附近的小米之家或者小米商城网络平台下单。小米之家，自身作为产品和服务的直接供应商，而非中间商，直接节约了中间代理商的成本，让消费者更直观获取使用体验，更便捷获取服务。

2. 平台主导型

以平台主导的模式主要是通过招募商户为顾客提供商品，收取交易佣金或以自营方式向消费者提供商品，这种模式有强大的大数据和云服务支撑。以阿里巴巴为例，全面多手段布局，全环节改造，阿里巴巴旗下的盒马鲜生，线上和实体店实现了数据互通，线上 App 可以获取消费者购买记录、购买偏好等数据，进而将这些数据传递给线下实体店，实行线上线下打通。实体店可根据顾客下单信息，进行商品种类、地理位置信息等订单分配后，传递给拣货员，打包交由配送人员派送。阿里云以强大的数据运算为基础，为平台交易、物流系统进行运算，降低了成本，提高了效率。

案例 8-6

被苏宁“改造”一年的家乐福，现在变成什么样了？

2019 年 9 月 27 日，苏宁易购正式完成对家乐福中国的股权收购。到 2020 年，家乐福中国，易主苏宁已经一年。在这一年期间，家乐福中国，不管是线上，还是线下，都发生质的变化。

业态全新升级

加入苏宁大家庭一年时间，家乐福首先做出的一个改变，就是业态升级，“数字化改造＋场景”融合，打造立体化业态，包括对门店的布局规划、场景创新、供应链融合会员数据库等方面，尤其是线上的到家业务，取得了飞速进步。2019 年“双十一”，苏宁易购宣布，家乐福加入“1 小时场景生活圈”，并将家乐福作为进场的核心布局。依托于整合后的大快消供应链，以及全国两百余家家乐福线下门店，“3 千米 1 小时达”“10 千米半日达”的到家业务，成为苏宁易购在同城零售中的竞争利器。疫情期间，更是催生了到家业务的迅猛发展。

同时，家乐福在线下经营层面做了多方面尝试。经过一年的反复试验，家乐福最终将店面模型确定为“1+2+1”的模式。“1”代表服务城市“远场”的家乐福社区生活中心，“2”代表服务社区“中场”的家乐福标准超市和精选店，另一个“1”则是面向家门口“近场”的家乐福社区生鲜店，实现从近场、中场至远场不同场景的互通。从传统门店“重装升级”，各地差异化改造，营造场景化、数字化与服务化，到积极探索精选店、社区生鲜店等新业态，形成立体服务场景，家乐福这一年也在不断蜕变升级，贴近消费者，适应更多新中产与年轻人的消费需求。

驾驭全方位品类

家乐福中国与苏宁融合后，带来的最直观的优势变化，是品类结构的优化和全覆盖，更能满足消费者的一站式体验。目前，家乐福与苏宁商品体系已打通，用户可在苏宁线上购买家乐福的商品，家乐福基于大数据，在商品品类上更加精挑细选，强化生鲜、食品、百货纺织与餐饮等品类，推动日杂百货、家纺清洁从到店场景销售，向线上销售转化，用好家乐福在线购物小程序与苏宁易购 App。2020 年以来，苏宁家乐福还加大生鲜发展布局，涵盖肉、水果、蔬菜、水产、干货等产品分类。与此同时，家乐福从年轻、网红产品入手，成功引进超 2 000 个食品新品，持续满足本土消费者年轻化、健康化、个性化的购物需求。百货方面，家乐福则主打小而美的品牌店中店，开启线下大卖场品类专业化门店的新模式。

全面打通供应链体系

家乐福，作为中国大卖场业态的先行者，拥有专业而成熟的供应链。苏宁入主之后，双方采购、仓储、物流统一管控，并实现日配，供应链效率大幅提高。通过整合供应链，家乐福 60 000 多个 SKU 接入苏宁易购，形成了快消百货的品类优势和价格优势。家乐福将进一步向供应链平台发展，向低线城市的夫妻老婆店，开放供应链。家乐福不只是要做 B2C 的生意，同时也要做 B2B 的生意，让高效率、低成本的供应链，发挥出更大的价值。

回首来看，苏宁易购，在全场景零售的版图进一步完善，并得到快速增长，拥抱苏宁的家乐福也将找到适合的方式，为消费者提供更精准高效的服务。未来，家乐福也会结合苏宁快消零售云，考虑开设更多前置仓，升级到家业务。

资料来源：纳食，微信公众号，https://mp.weixin.qq.com/.

3. 第三方主导型

第三方主导型模式自身物流体系强大，物流供应链的构建成本相对较低，物流数字化，通过与平台物流对接，为企业和消费者提供高效、快速的物流效率。以顺丰速运为例，凭借自身的强大公司实力和成熟的自营物流体系，2012 年顺丰成立了顺丰优选，定位中高端生鲜市场，实现下单后产地直采，配合成熟强大的航空物流，全程冷链和顺丰直达，将生鲜快速高效地配送到消费者手中。

本章小结

（1）了解实体店的关店潮、电子商务的困境等传统零售发展现状，理解新零售提出的背景。

（2）业界和学界关于新零售概念的诠释。

（3）新零售具有生态性、无界化、智慧型、体验式等特征。

（4）相较于传统零售，新零售在时间和空间上具备不可比拟的延展性，不同于传统零售按场地、货物、人排序的布局，对运营企业的综合能力提出了更高的要求。

（5）新零售的商业逻辑是孵化新商品、诞生新业态、营造新场景、运用新技术、实现新管理。

（6）新零售的商业模式类型有供应商主导型、平台主导型、第三方主导型。

术语及热词

流量成本 是指每获得一个客户，所付出的基本价格。

弹性供应链 是指供应链在部分失效时，仍能保持连续供应且快速恢复到正常供应状态的能力。

补偿消费 是指为了弥补某种心理缺失或自我威胁而发生的消费行为。如渴望拥有高地位，但这一需求尚没有得到满足，消费者以购买那些能够彰显社会地位的产品，来补偿性地满足对地位的需求。

复购率 指消费者对该品牌产品或者服务的重复购买次数。如有 10 个客户购买了产品，5 个产生了重复购买，则复购率为 50%。

门店运营 就是对门店运营过程的计划、组织、实施和控制，是与产品生产、服务密切相关的各项管理工作的总称。

流量红利 指在新出现或者新开放的平台 / 领域，由于经营者相对匮乏，无论是内容输出还是进行交易，谁率先适应规则，输出有价值的内容、产品、服务，谁就可以引发轰动效应和带头效应，获得比后入者更多的用户和收益。

内容营销 指的是以图片、文字、动画等等介质传达有关企业的相关内容，来给客户信心，促进销售。

思考讨论

1. 你认为零售有新旧之分吗？为什么？

2. 全渠道零售是所有零售商的归宿吗？

3. 梳理你理解的新零售的商业逻辑。

小试身手

上网获取资讯，研究天虹，分析这家“老”百货的生存“新”招。

课外阅读推荐

[1] 张箭林 . 新零售机遇：任何生意都值得重做一遍 [M]. 北京：企业管理出版社，2018.

[2] 翁怡诺 . 新零售的未来 [M]. 北京：北京联合出版社，2018.

[3] 刘润 . 新零售：低价高效的数据赋能之路 [M]. 北京：中信出版集团，2018.

[4] 腾讯智慧零售 . 超级连接：用户驱动的零售新增长 [M]. 北京：中信出版集团，2020.

[5] 杜凤林 . 极致零售：消费者主权时代的零售新图景 [M]. 杭州：浙江大学出版社，2019.

[6] 童思南 . 新零售革命 [M]. 北京：中华工商联合出版社，2018.

CHAPTER9 第9章

新零售的发展趋势

学习目标

理解：供应链重构的趋势；零售跨界融合的趋势。

了解：新技术的推动趋势。

引导案例

达美乐的黑科技合集，搞怪订餐不能停

相比较于必胜客，或者是棒约翰，达美乐作为美式比萨的一员，在中国的知名度并不是很高。目前，其在国内的网店也仅分布于北京、上海、杭州这三座城市。但是，如果从2010年1月1日算起，达美乐现在在纳斯达克的股价已是那个时候的20倍，而同期的谷歌和苹果，其股价仅分别为当时的2.6倍和4.6倍。同时，达美乐的各类财务指标在过去的几年也非常好。在科技领域的巨大投入，使它紧紧抓住了欧美的年轻一代，逐渐在比萨界创造了一股势不可挡的洪流。

1. 搞怪订餐不能停

（1）游戏与订比萨相结合。2011年，达美乐上线过一款名叫“Pizza Hero”的App，顾客可以使用这款App来自己设计比萨，模拟使用不同的面团，添加不同的原料，例如蔬菜、肉、酱料、芝士等。在完成制作后，顾客可以直接在线下单，距离最近的达美乐就会将私人订制的比萨做出来。

（2）扫描你的胃部，让达美乐告诉你，“它”想吃的比萨。2015年，达美乐更是推出了一款逆天的App，“Tummy Translator”，只需要打开App，将手机听筒置于胃部，App就能根据对你胃部的扫描，定制一份“你的胃想吃”的比萨，然后你可以直接下单购买。

（3）无须点击，照样下单。如果你觉得每次打开外卖应用，然后要在繁杂的菜单中，选择你想要的食物，是件浪费脑力与时间的事的话，那么，达美乐的另外一款App，可能会非常适合你。打开“Zero Click”这个App，软件会自动倒数10秒。10秒之后，软件

会直接按照你的要求，生成一份订单。当然要是你是一个 iPhone 用户，你甚至可以直接对着 Siri 吼一嗓子，“Hey Siri，open Zero Click”，这样你的订单就好了。

2. 送餐方式让人惊

（1）无人机。当 2012 年，无人机概念才刚刚兴起时，达美乐就开始使用无人机给客户送餐了。据称，许许多多的客户都希望在自己家的门口等到无人机送来的比萨。当然，其实他们最关心的是能与无人机来个合照，上传到 Facebook 上好好炫耀一把。

（2）专用送比萨车。达美乐基于雪佛兰 Spark，打造了一款专属的送比萨车——DXP。一个座位和一个烤箱，就是这台 DXP 的全部内饰了，因而这款小车能最多一次性携带 80 张比萨，并且可以保证将每张热腾腾的比萨直接交到客户手中。

（3）自动送比萨机器人。如果说无人机、专用车都不是啥太新鲜的 idea，那不知道自动送比萨机器人，是不是更带感一些。这个小机器人，实际上是个带着四个轮子的小车，它能根据导航自动判断从门店到客户处最佳的行动路线，并将热的比萨和凉的饮料，安全迅速地送到目的地。

吃个比萨都可以那么炫，你说服不服？达美乐说：“我们其实是一家技术公司，只是刚好在卖比萨。”

资料来源：清欢，品牌网，https://www.chinapp.com/gushi/157181/2.

360 个人图书馆，http://www.360doc.com/content/17/0417/06/29261136_646182083.shtml.

9.1 供应链重构

在线上 B2C 流量见顶之后，电商平台积极拓展线下渠道，采用新零售、无界零售、智慧零售等方式，打通线上和线下，大举进入 2B 市场，从而引发了供应链的全面竞争。而这种竞争，不是单纯的企业和企业之间的供应链竞争，而是承载了成本控制与消费体验两大价值的新零售供应链，是和传统零售供应链的效率之争。这不仅包括各零售企业的内部渠道，更重要的是利用自身的优势地位，去开发、集成、融合上游供应链，以更低的成本，提供更好的贩卖体验。新零售供应链体系的构造，在传统零售供应链的最佳实践上，积极革新技术，缩减中间层，为消费者提供更加稳定、及时响应的专业化服务，同时对于物流通路上的各主体而言，环节标准化和资产的有效配置，也使得柔性应对剧烈的需求市场变化成为可能。

9.1.1 供应链节点从分散向融合转变

供应链包含商家、商品、门店、平台、消费者等，这些以往被分散在各公司和各部门的供应链节点，现在逐渐被收拢，按照统一的战略和策略进行管理和控制。这种融合，不仅仅是意识形态的趋同融合，更是生产关系的理顺。它的最典型表现形式就是从各自为政，变成协同融合。由此，供应链管理的效率和能力大幅提升。

零售商的供应链策略，由其直接面向的客户属性决定，从供应网络规划、库存控制、补货计划到最后一千米，都为其服务水平提供保障。经销商的价值，则由生产商和零售商共同定义。互联网背景为生产商提供了更精准的需求预测、更宽的销售渠道、更低的营销成本，为零售商则带来了更多优秀的种类、更低的进货价、更优的新鲜度等。生产商则谋求合作，以应对定制化、小批量、新品快速生产需求带来的成本压力，改进消费体验。物流服务商，在电商驱动下也随之发展。如，蒙牛通过开设前置仓，使蒙牛的爆款商品能够以最快的速度送入600万家小店，速度提升了300%，节省了两道经销商环节。又如，雀巢采用“实库虚库－盘货”，通过本地仓和门店发货，实现店仓结合，次日达和当日达的比例都得到了大幅提升。

9.1.2 供应链的链主走向分工协作

供应链上有一个链主的概念。传统的链主，是在一个封闭式供应链体系里，某一家企业拥有这个供应链上最大的话语权，因此可以指挥协同上下游共同创造供应链的价值，可将其称为商业链主。在B2B2C时代，平台链主也应运而生。过去，平台的核心是运营流量。而如今，平台的核心则是运营供应链。从流量运营到供应链运营，平台能力急需提升。如果说商业链主做的是垂直一体化供应链的建设，平台链主则负责横向一体化的整合。新零售供应链的运营，包含商家运营、商品运营、货品运营、网络运营以及门店运营等。在平台上的海量商家、商品、货品，以及线下的网络和门店，平台链主以横向一体化的方式，进行集约化和规模化运营，从而降低了单一商业链主的运营成本，提高了其运营效率，让其能够更高效地管理其独特的商业供应链。平台链主和商业链主的利益，并有没有本质冲突，在未来很长一段时间里，它们之间的互信和合作会越来越深，平台链主为商业链主提供供应链服务，商业链主为平台链主提供基础流量，它们互相取长补短，彼此成就，并创造出新的价值。

9.1.3 实现基于数字化的精益运营

数字化是互联网企业的基因，精细化运营是线下传统零售的基因，两者融合产生了基于数字化的精益运营。线下零售经过过去数十年的发展，已经在成本和效率上，达到了极高的运营水平，其精益流程往往是靠一分一厘地在细节中逐步抠出来的。就拿塑料周转箱来说，用多大的周转箱，什么颜色的周转箱装什么货品，箱子立起来可以承受多少压力，展开叠放的时候可以节省多少空间，如何防盗，等等，这些都是传统零售人员在日复一日的工作中，经历了无数的失败经验总结出来的。线上互联网企业在过去十几年的发展中，也形成了一套数字化的运营思想。一切事物数字化，然后通过算法进行数字化和智能化运营。就拿上述周转箱的例子来说，用多大的箱子，传统零售业者更多是依靠标准化流程或者激励员工的方式，来让一线员工挑选最合适的箱型。但互联网人，则会思考通过算法，来自动匹配箱型，从而减少人为差错导致的浪费。

☞ 零售风流人物

柳井正

优衣库的创始人

“只有偏执狂才能生存。不管是乔布斯还是英特尔 CEO 格鲁夫，他们都是疯子，你必须像他们一样。”

1949 年 2 月，柳井正出生在一个日本的服装世家，父亲是男装店老板。柳井正是家中独子，被寄予厚望。不过，柳井正并未找到自己人生的方向，经常逃课。在那个大学生稀有的年代，柳井正从早稻田大学经济学专业毕业后，靠父亲托关系，才找到一个吉之岛超市销售员的工作。9 个月后，他以“在超市打杂学不到什么有用经验”为由辞职，回到老家帮助父亲处理服装店业务。1972 年，柳井正接手父亲所创的小郡商事，当时已经市值 1 亿日元。年轻的柳井正没有完全拘泥于父亲西装店的老路，他将目光瞄向了更有大众市场的休闲服饰，并提倡购买衣服就像购买快餐一样自由、简单。1984 年，柳井正在广岛开设了第一家优衣库专卖店，定位于大众市场，采用设计到零售一体化运营的方式。1991 年，柳井正将公司更名为“迅销”（Fast Retailing）。世纪之交的 10 年里，日本经济一落千丈，主打“时尚快餐”的优衣库，却在日本满地开花。

2001 年，柳井正开始向海外扩张。他首先在伦敦开设了分店，并且一开就是 21 家。当时，柳井正想当然地认为，只要开 50 家店就会盈利。然而，事实却并非如此，伦敦分店的经营很不理想。优衣库的夏季透气吸汗的 Polo 衫在日本热销，但伦敦的夏天并不像日本那样湿度很高，所以这种 Polo 衫根本派不上用场。而英国人又非常注重商品的价值，在没有认同之前是不会轻易购买的。柳井正进行了反思，并很快调整策略，把伦敦效益不好的店铺全部关闭，只留下效益尚可的 5 家店。2005 年，柳井正重新向海外市场发起攻势，舍弃掉小而狭窄的门店策略，改为主打大都市人流量最大的商业区热点并进行大规模品牌宣传。优衣库一雪前耻，成功进军英美。如今，优衣库已经成为全球休闲服装领军企业。

资料来源：徐琳玲，南方人物周刊，2010 年 7 月。

9.1.4 实现柔性快速反应

小批量、多品种、快翻单的柔性供应链能力，是大家都梦寐以求的提高效率与控制风险的利器。传统供应链的核心痛点，是前后端数据不互通与产品非标准化。传统供应链很难在满足“小、多、快”的要求同时，交出一份令人满意的品质与价格成绩单。而如何在满足“小、多、快”的前提下，又能拿出合理品质与价格的产品，是柔性供应链的根本问题。柔性快速反应供应链，实现的基础设施是前后端数据互通的高效信息平台。柔性供应链平台一定需要社会化资源的整合，这需要极其深厚的供应链行业经验与产业号召力，形成集商流、物流、信息流、现金流于一体的高度柔性供应链垂直社交生态圈。

在未来，新零售供应链体系的发展，必将会实现质的飞跃。新零售将建立起基于需求的供应链模式，实现从孤立的节点式供应链，到联动的网络式供应链的转变。再辅之以飞速变化的信息技术，如数据驱动技术、专业化的物流平台等，供应链体系的重构将解决原有的问题，呈现出新的趋势。

案例 9-1

北京物美超市新零售体验店亮相

2017年9月28日，北京物美新零售体验店亮相，此次上线的新零售体验店是对原有的物美超市联想桥店进行了改造升级，门店发生了四个明显变化：

（1）实现小而美。借助大数据进行选品优化，店内SKU从13 000个降到11 000个，同时生鲜产品占比明显加大，由原来的30%～40%增至50%，极大地提高了坪效；门店把商品都集中在了同一层，并改变了传统商超的动线设计，采用开放式动线，让顾客走最短的路线到达超市的任意一个区域，方便购买。

（2）推出海鲜餐饮服务。门店新推出堂食服务，引入现制现售的餐饮区、海鲜区，帝王蟹、波士顿龙虾、三文鱼、美国牛排等高端美食的现场加工，顾客在海鲜区采购海产品，经店方加工后，可直接在超市内食用。

（3）加强社区服务。门店引入了大量社区服务业态，包括剪发、美甲、旅游、电信、洗衣、服装修改定制、配钥匙、皮鞋修理维护、手表维修等服务，满足顾客多方面需求。

（4）线上线下一体化。在线上渠道销售层面，门店后仓设置了快速周转的前置仓，提升了店内物流效率并节约了成本；配合电子价签的实时价格更新功能，可以帮助门店及时补货、快速拣货。线上订单主要在后仓完成分拣，2小时配送到家。

资料来源：购分享，http://www.goufenxiang.cn/news/other/201709/3904.html.

9.2　零售跨界融合

随着传统的行业边界日渐模糊化，跨界融合发展成为新零售的一大重要趋势。

案例 9-2

玩转跨界合作，鹰集咖啡开启精品咖啡3.0模式

鹰集咖啡创立于2016年11月，公司总部位居消费之都、咖啡重镇的上海。上海是国内最早拥有咖啡消费文化的城市，也是中国目前最大最成熟的咖啡市场。鹰集，从成立开始就拖定精品咖啡文化战略，立志将鹰集打造成中国最独特的精品咖啡品牌。鹰集在打造旗舰级门店形象的同时，还通过跨界合作的形式提升品牌影响力，与潘多拉、梦龙、戴森、雅诗兰黛、迈凯伦、钟薛高等年轻、时尚、艺术的潮牌跨界合作频繁。

2019 年 7 月，鹰集还和天猫合作，开了全球第一家鹰集天猫理想生活咖啡馆，双方尝试包括美妆、旅行、宠物、美食、体育、美酒、汽车、音乐、时尚、艺术等主题的理想生活跨界合作，首次实现精品咖啡线上和线下的流量打通。而最近，鹰集咖啡又上线小米有品商城，在线上的拓展步伐再进一步。

资料来源：数字中国，百度百家号，https://baijiahao.baidu.com/s?id=1660576358424086738.

9.2.1 业态一体化的跨界融合

1. 功能一体化融合

随着消费不断向享受型、体验型、便捷型等模式转变，传统单一功能的零售门店，难以满足人们日益增长的消费需要。商业、文化、旅游等功能一体化的新兴业态，成为新的发展方向。当前购物中心不断有餐饮、娱乐、教育与医疗等新业态的加入。传统的百货商店与购物中心，也向集购物、餐饮、娱乐、教育、医疗、健身等多种功能于一体的现代综合体发展。

案例 9-3

景点式零售新业态——联华鲸选 · 半步多

2020 年 9 月 27 日，位于杭州湖滨步行街学士路 48 号的联华鲸选 · 半步多正式面世。联华鲸选 · 半步多，结合建筑特点，将网红 IP 与杭州传统文化相融合，集文化、娱乐、旅游、零售等多功能于一体，是杭州甚至全国首家景点式零售新业态。

杭州是白蛇传的发源地，联华华商以此为契机，以《白蛇传》中半步多客栈为名。在《白蛇传》里有一家“半步多”客栈，从此地出发可以通往三界。联华华商将其定义为过去、现在和未来，以此来构建传统神话“三界”的概念，并由此衍生出了复古、潮流、未来、中国梦四大板块。“半步多”的四个入口处，驻守着四只神兽。分别是狻猊、白泽、孔雀、麋鹿。从四个入口进入，复古区，是以南宋风格打造餐饮、茶馆、伴手礼于一体的休闲餐饮区，让人感受到浓浓的老底子杭州文化。现场还邀约了油纸伞制作技艺第七代非遗传承人余万伦老师，消费者可以在互动体验中深度体验匠人精神，品味杭帮菜文化聆听现场的古琴古筝演绎。整个复古区，勾勒出一幅繁华的南宋场景。中国梦区，是以中国风插画装饰木质吊脚楼打造的茶文化体验区，加入中国茶叶博物馆，让消费者在互动打卡中，深度体验传统茶文化。在潮流区有杭州特色但又时尚感满满的伴手礼，以地理标志产品、ADM

展、时尚百货及文创周边为载体，赋予独特的风格。未来区，代表了新零售与中国梦，其中引入了品牌咖啡和鲸选 box。仙幻与科技风相结合，让人感受到时空交错！

资料来源：王乐乐，联商网，http://www.linkshop.com.cn/web/archives/2019/433005.shtml.

2. 服务一体化融合

社区商业是城市商业的基础，是提升居民生活水平的重要载体。随着居民消费需求的增长，社区商业不断由传统商贸业向综合服务业转变，形成社区商业服务综合体。这些融合的显著特点是便利化、集成化、标准化与服务化，包括一刻钟便民生活服务圈、24 小时便利店、标准化菜市场、家政服务、大众餐饮、美容理发、药店、配送等便民服务网点，满足了社区居民的便利化与服务化消费需求。

9.2.2　链条一体化的跨界融合

1. “互联网 + 供应链”服务集成融合

互联网背景下，零售业供应链涉及交通、金融、信息服务等业态。“互联网 + 供应链”服务集成融合，是借助互联网大数据平台，以一个龙头企业为主导，探索上下游产业链的融合服务，建立具有大宗商品信息的电商平台，拓展信息服务、在线交易、物流配送、在线支付、在线结算等一体化集成服务，创新链条服务模式，形成跨界的供应链一体化服务体系。在这种跨界融合中，仓储和配送两个流程中嵌入了互联网技术，融合金融、电商、信息管理等服务，服务集成一体化，一定程度上提升了流通效率。

2. 专业化第三方供应链的一体化融合

随着分工专业化与服务外包的发展，供应链管理呈现出服务化、集成化、外包化、专业化的发展趋势。越来越多的供应链服务企业提供集研发、设计、生产、物流、分销等服务于一体的跨界融合服务。这些新兴供应链企业的服务对象更加广泛，服务内容更加专业，为客户提供了一体化的专业服务，整合供应链中的各个环节，提供全程供应链服务，实现了商品流、资金流、信息流与物流的多方合一。专业化第三方供应链，承接了企业的非核心业务，既满足了企业对消费者的服务需求，也降低了企业的自营成本，大大提高了流通效率。

“码”上看：扫码阅读《中国新零售产业发展趋势分析》

9.2.3 渠道一体化的跨界融合

1. 线上线下融合

无论是线上的电商巨头，还是线下的实体零售企业，均在积极推动线上与线下融合的进程。

（1）线上线下客流融合。一方面，在地面店配置B2C终端或数字货架，将地面的客流，转化为网上的客流和订单。另一方面，在网店、移动商店或社交商店发起地面活动，发放各种到地面店铺消费的品牌邀请、节日主题活动、优惠券等，将网上客流转化为地面店铺的客流和订单。

案例 9-4

梅西百货的全渠道融合战略

梅西百货的全渠道融合战略，指的是整合实体店、互联网、移动设备、社交媒介、家庭传统媒介、音乐会、促销活动等，为顾客提供各种消费服务。梅西百货希望通过这一战略，使消费者无论通过哪种渠道都能找到梅西百货。梅西百货的多渠道营销包括：①实体店销售。这是梅西百货最为传统的销售渠道，目前实体店总数已超过800家。②互联网销售。梅西百货从1996年就开始进行互联网营销，近年来，梅西百货旗下两大购物网站销售额实现快速增长。③电视网络销售。1994年开始梅西百货就和HSN电视购物频道合作，24小时对外播出，覆盖全美。此外，梅西百货还组建了专门的邮购目录公司、电话销售公司等，实现多渠道营销策略。除跨渠道营销外，梅西百货还强调了多渠道整合，尤其是线上线下的融合。梅西百货希望通过技术变革，让顾客在实体店体验到线上的咨询和比价，在线上能够轻松选购合适的商品和尺码。在线下，梅西百货为实体店配备了可以查询网上顾客评论、在社交媒体上分享购物清单以及一站式购买和付款的自助设备，POS机上可以下电子订单，价格查询机还能够给顾客推荐其他商品；虚拟模特将可以展示店铺内销售的各种服装，并且只需按一个按钮就能更换服饰，让消费者看到所有的店内商品；通过手机给到店顾客发送电子优惠券、进行移动支付；等等。而通过整合后台库存系统，实体门店成为线上购物最好的配送中心，而网上商城则通过折扣销售的方式，帮助门店消化库存。

资料来源：Drakrul，MBA智库文档，https://doc.mbalib.com/view/94b01473d0a8cf703a09209c50e13e6c.html.

（2）线上线下会员融合。充分利用线上资源，以最低的成本方式自动获取会员，将线上和线下的会员资源进行融合，接入同一个系统，并进行合并分析。

（3）线上线下供应链融合。无论是通过线上电商，还是线下实体店，无论商品是在发货的途中，还是在仓库里，均能够实现信息的高度同步，能让用户和管理人员，了解到一致的信息。

（4）线上线下产品融合。同款商品，线上线下同价；不同商品，根据自身定位的差异，选择不同的终端展示，线上线下的促销积分和优惠券等，互通使用。

苏宁、小米、优衣库等众多品牌，都实现了线上线下融合，涉及家电、服饰、家装等多个行业，线上线下打通的人、端、货、场全渠道融合模式，已经成为新零售的标配。如，在新零售概念提出前，优衣库早已实践线上线下融合的零售，其在商品、售后服务、价格线上线下都是统一的。此外，消费者在优衣库的线上购买时，系统会智能向消费者提供周边店面及相应商品的库存情况。在实体店购买时，如果商品某一尺码缺货，消费者可以通过移动端查看附近其他有货的门店，或者选择网上下单。除了线上线下全渠道模式打通，在物流上还实行了门店联通，店铺就是仓库，实现门店联通取货。这极大程度精简了零售过程，减少了库存成本。

☞ **零售风流人物**

汪林朋

居然之家董事长

“我最在乎的是居然之家在消费者心目中的口碑。”

汪林朋是一个生于 1969 年的湖北黄冈人，1990 年毕业于北京工商大学会计系。1999 年，年仅 30 岁的汪林朋在没有任何准备的情况下临危受命，接管了居然之家。从机关走进企业，也开启了汪林朋在居然之家的奋斗生涯。如今的居然之家，已经发展成为全国家居建材流通领域中的重要连锁品牌。

汪林朋接管居然之家的时候，居然之家只有北京北四环一家店，营业面积不足 3 万平方米，商户不足 600 家。治理、服务、定位都谈不上，更谈不上品牌的塑造和建设。虽然市场很原始、治理很粗放、业态很初级，但是生意特别好，他也看到了家具行业未来广阔的发展空间。

汪林朋在行业中侵害消费者权益司空见惯的情况下，第一次提出了卖场“先行赔付”的口号，并履行了自己的承诺，从而奠定了在北京的行业地位。时至今日，“先行赔付”不仅在家具建材行业被推广，在整个商业领域都被推广。随后的十几年发展中，居然之家领头推出各项承诺，并严格执行，甚至被称为是行业服务标准的领头人。如，“一个月无理由退换”“零延时”等。没有人能够否认，居然之家在服务上始终引领着整个行业，并且实实在在的履行着自己的承诺。截止到 2018 年年底，居然新零售在全国拥有 284 家门店，其中直营店 86 家，加盟店 198 家。

资料来源：财经爱好者，百度百家号，https://baijiahao.baidu.com/s?id=1667371100739582612&wfr=spider&for=pc.

2. 线上线下共享

共享经济是指将社会分散的闲置资源集聚，分享使用权的经济业态。共享经济平台将大量碎片化的闲置资源，劳动力资源利用起来，不仅增加了居民的收入，还提高了居民生活水平与消费水平。目前，共享经济集中在金融、交通、住房、生产、生活和知识服务等领域。新零售也越来越多的积极推动线上线下共享。

（1）库存共享。整合各大品牌商、门店等社会化资源，实现商家线上线下库存共享，从门店就近发货。目前，京东已经与沃尔玛合作试点库存互通，“双十一”期间沃尔玛超市秒变京东仓库，消费者订购的商品只要在周边沃尔玛门店有货，京东将第一时间送货上门。通过这些办法，京东把库存全力前置，使得物流短链化，从而做到极速送达。

（2）数据共享。线上与线下数据互通共享，实现会员、订单、库存、价格、营销、商品数据的统一管理，形成全链路的数字化，实现全渠道的商品集中定价、库存实时管理、订单协同作业、统一财务成本控制、统一会员管理和精准营销。通过内外部的全量数据共享和分析，商家可以优化商品品类结构，清晰客户画像，设置用户标签，分析客户的消费频次、客单价、消费偏好等数据，从而实现精准营销。根据用户标签，智能推荐商品和服务，商家可以精准地把消费者需要的产品推送到消费者面前，实现千人千面，深度挖掘客户价值。基于共享数据，零售商可以引导线下门店选址，用数据引导企业决策。

案例 9-5

网易云音乐打造音乐主题酒店，拓展网易云音乐的边界

在人们的生活当中，音乐早就无处不在，而音乐发挥的价值也不再只是创作者的个人表达，它更是起到了串起众多听众情绪与娱乐的作用。音乐在旅行中发挥的作用，就不再只是单纯的背景声音。比如有的人为了出差工作到新的城市，很容易因为不熟悉而产生或强或弱的孤独感，熟悉的音乐就能轻易地抚平这种焦虑与孤独；又或者普通人为了休息娱乐旅行到其他城市，音乐的陪伴有时又能激发他们发现城市之美，音乐成为人们出行的重要“伙伴”。网易云音乐洞察到了用户这样的需求，才有了此番与亚朵的战略合作，双方以主题酒店为基础，未来将可能打造出更多旅行相关的音乐线下消费娱乐场景。让消费者在旅途中的休憩之地也能有音乐相伴，升级消费者的线下出行体验。具体来说，网易云音乐为不同音乐喜好的人，打造了古典、爵士、电子、民谣四个不同音乐类型的主题房间，每间主题房和所在楼层均按照对应的音乐风格做了个性化的设计。比如在“睡音乐”网易云音乐·亚朵轻居的古典乐主题房间中，不仅有小提琴、钢琴等明显的古典音乐元素，整体房间的装潢也极具复古感，立在角落的燕尾服、黄色的墙壁、红色的被罩，让走进房间的人瞬间就像走进了某个指挥家的生活空间中，为消费者的居住带去全新的体验。

资料来源：重庆晨报，2018 年 6 月 20 日。

（3）物流配套共享。线上线下的物流配套共享，既可以是有形的托盘、分拣机、配送车辆等物流设备，也可以是无形的物流信息，最主要的是综合配套的物流系统共享，如仓储、分拣、配送等系统。物流配套共享可以避免因重复建设、投资和维护造成的浪费，是实现优势互补和高效、低成本目标的重要措施。它有利于实现零售企业实现物流资源的有效整合，降低物流成本，提高物流资源利用率，进而增强整体竞争力。

9.3　零售新技术的推动

以移动互联网、云计算、大数据、人工智能等为代表的新一代技术，正在颠覆着人们的生产和生活方式，并重塑一切。新零售概念的背后，是人工智能、大数据、云计算、物联网等技术，新型数字技术能对消费行为数据，进行收集、存储、分析、感知、预测，形成消费者画像，实现价格制定、产品改进、库存优化以及 C2M 生产。在消费者看不见的生产、物流、供应链等诸多环节，创建零售新场景和新模式。可以说，是新技术为新零售插上了腾飞的翅膀。如，全球第一家 24 小时无人值守便利店“缤果盒子”，配套技术分成自助结算系统、全智能商品识别、远程客服协助、动作识别防盗系统、人脸识别、动态货架六大技术板块。这些技术能够检测顾客从进入到离开的所有行为，具有很强的自主性。

9.3.1　大数据

大数据技术为零售业带来了革命性的变革，从某种意义上说，正是大数据技术的成熟，促进了新零售时代的到来。

1. 零售企业的大数据收集

零售企业的大数据收集主要来自这些方面：①传统结构化数据，包括主数据、前台业务数据、后台业务数据；②社交媒体数据；③网上浏览的数据；④行动地理数据；⑤市场调研数据。

案例 9-6

Target 的大数据系统

Target 的大数据系统，会给每一个顾客编一个 ID 号。顾客刷信用卡、使用优惠券、填写调查问卷、邮寄退货单、打客服电话、开启广告邮件、访问官网，所有一切的行为都会记录进该顾客的 ID 号。而且这个 ID 号，还会对号入座地记录下该客户的人口统计信息，如年龄、婚姻状况、子女、住址、收入、信用卡情况、常访问的网址等。Target 还可以从其他相关机构那里购买该顾客的其他信息，如求学记录、就业史、婚姻史、购房记录、喜欢读的杂志、阅读习惯等。乍一看，这些数据好像毫无意义，但到了数据分析部的手里，这些看似无用的数据便爆发了强劲的威力。

在商业领域，大数据就是像 Target 那样收集起来的关于消费者行为的海量相关数据。这些数据超越了传统的存储方式和数据库管理工具的功能范围，必须用到大数据存储、搜索、分析和可视化技术才能挖掘出巨大的商业价值。

资料来源：豆丁网，https://www.docin.com/p-627368058.html.

2. 零售企业的大数据分析与应用

在以数字化、全渠道、灵活供应链为特点的新零售时代，大数据扮演着重要的角色，在每日经营分析、全息消费者画像、供应链优化、销售预测等方面都有着相应的运用，助力企业打造人货场重构的智慧零售，优化企业运营管理。

（1）**商品分析**。商品分析的主要数据来自销售数据和商品基础数据，从而产生以分析结构为主线的分析思路。主要分析的数据有商品的类别结构、品牌结构、价格结构、毛利结构、结算方式结构、产地结构等，从而产生商品广度、商品深度、商品淘汰率、商品引进率、商品置换率、重点商品、畅销商品、滞销商品、季节商品等多种指标。还可根据各种销售指标产生新的透视表，例如最常见的ABC分类表、商品敏感分类表、商品盈利分类表等。对这些指标的分析可以用来指导企业商品结构的调整，加强所营商品的竞争能力和合理配置。

（2）**经营分析**。零售企业从周和单日的维度解析市场运营状况，主要分析如坪效、交叉比、销进比、盈利、周转率、同比、环比等各项销售指标，然后从管理架构、类别品牌、日期、时段等运营角度观察，从而获得市场运营状况。以百货公司为例，店里不同的位置，所吸引的客户数也不同。一楼入口处，通常是最容易吸引目光的地方，在这样的黄金地段，一定要放置能赚取最大利润的专柜。所以你会发现，百货公司的一楼通常都是化妆品专柜。

案例 9-7

WIFIPIX 用数据赋能线下门店

北京无限向溯科技有限公司WIFIPIX，网址是http://www.wifipix.com，创立于2013年，专注于移动端用户，消费行为及场景信息的数据挖掘。通过对全球范围内超过6 000万个线下消费聚客点、600余个城市、5 000余家一线购物中心，以及2.5万个消费品牌，进行日常客群捕获和监测，监测覆盖10亿以上主流消费者，成为业内最大的线下场景与消费行为数据洞察企业。WIFIPIX开发了客流分析平台“MANCY”，从区域客流、楼层客流、过店客流、到访客流各方面，显示一个多级的门店销售漏斗。根据现有不同级之间的流出比例来相应地调整运营策略。如，若过店人数多，到访人数少，说明可能橱窗和展示，不够有吸引力；到访人数多，停留时间短，可能是店内的商品结构，不符合进店人群，或者是服务不到位；停留时长越长，意味着消费者的兴趣越大，交易成功率也会随之提高。总之，各级的漏斗越大，销售额自然越高。另外，WIFIPIX还动态地对不同关联程度的客群持续进行活跃度和生命周期管理。

通过移动支付数据、物联网、LBS定位、Wi-Fi定位等技术，WIFIPIX把消费数据和客流数据，进行打通连接。WIFIPIX将客户位置数据，同空间和商业数据进行关联，对商场客流进行量化分析，实现客流、客户分布、客户驻留热点区域、到访频次、进店、店内驻留、店铺相关性的分析，掌握场内客流动态，洞察销售额变化。真实客观的客流分析，可以帮助门店运营者摆脱“经验判断”，实现数字化运营。

资料来源：亿欧，搜狐号，https://www.sohu.com/a/270452685_115035.

（3）**营销分析**。零售商通过建立一套用户画像体系，包括用户身份、营销价值、消费偏好、预测、会员卡等各维度的标签，呈现用户精准的微观及宏观画像，并对用户进行分群和筛选。零售商针对不同用户实现智能定价、自动化营销、智能推荐、用户营销效果追踪，针对用户对促销活动的不同敏感程度，制定短期营销方案，完成活动监测，助力营销人员便捷、高效开展推广活动。

案例 9-8

梅西百货的 ESL

梅西百货引进新型店内信号系统——无线电子货架标签系统（ESL）。这一技术使商店对那些价格敏感的产品，做到即时、实时的价格变动。这能够降低犯错率，也节省了人力，甚至降低了纸张的花费。目前，梅西百货已将逛街应用和导购技术，应用到它全美国所有的店内。当消费者在附近逛街时，就能接收到梅西百货商品的折扣和消息推送。

资料来源：360 个人图书馆，http://www.360doc.com/content/17/0703/08/31763429_668356055.shtml.

“码”上看：扫码阅读《汽车用户立体画像》

（4）供应商分析。零售商通过对供应商在特定时间段内的各项指标，包括订货量、订货额、进货量、进货额、到货时间、库存量、库存额、退换量、退换额、销售量、销售额、所供商品毛利率、周转率、交叉比率等进行分析，为供应商的引进、储备、淘汰及供应商库存商品的处理提供依据。主要分析的主题有供应商的组成结构、送货情况、结款情况，以及所供商品的情况，如销售贡献、利润贡献等。

9.3.2 云计算

云计算是一种基于互联网的，通过虚拟化方式共享资源的计算模式，其中的存储和计算资源可以按需动态部署、动态优化、动态收回。云计算具有聚合与分享、多方协同的特点，能够整合产业链各方参与者，所拥有的终端客户的各种资源，包括产品、线下服务、账户信息等，为客户提供全面、精准、实时的信息和其他相应服务，解决平台与用户、线上线下信息不对称的困境。

案例 9-9

卡西欧，全渠道智慧型门店背后的“三朵云”

2016 年 11 月 6 日，天猫全球首家卡西欧全渠道智慧型门店，在杭州湖滨银泰 in77 正式落成。这家门店之所以被称为智慧型门店，主要是有“三朵云”支撑，分别为游戏云、购物云、行为分析云。第一朵游戏云，主要是帮助门店吸引粉丝，商家在通过互动游戏吸引路过消费者的同时，把促销信息传达给消费者，增加转化率；第二朵购物云，打通线下线上，实现全渠道的融合落地；第三朵行为分析云，收集消费者行为数据，消费者进店后，依靠视频分析，Wi-Fi 探针等物联网技术以及后台的大数据分析平台，商家可以知道有多少人经过这家店，经过店的顾客有多少人进了这家店，进了店里之后分别关注哪些区域——是关心 A 货架、B 货架，或是在购物屏上购物。商家基于对消费者行为的洞察，进行精准营销，让商品总体门店的成交量再进一步提升。卡西欧集合三朵云的智慧门店方案，加上英特尔先进的计算能力、物联网架构、图形交互技术、视感技术等，可以帮助实体零售转型为全渠道智慧型零售。

资料来源：王聪彬，ZD 至顶网 CIO 与应用频道，http://cio.zhiding.cn/cio/2017/0103/3087845.shtml.

零售行业 IT 系统的最大特点是系统数量多、结构分散，往往每个系统都建设了商品、交易等业务功能，并且互相独立，无法连接协同。这种无法协同的“独立烟囱”架构，是目前国内绝大多数零售企业在 IT 建设上的普遍问题。如果系统无法协同，数据就不能在系统间进行流转，已有功能必须进行重复开发。更关键的问题是，新业务难以在已经沉淀的业务基础上快速孵化迭代。新零售只有上云，让云计算对零售商整个供应链中的数据进行存储、计算和分析，才能助力零售行业从传统零售走向新零售的升级。

阿里巴巴十年前就重金发展云计算，帮助商家打通前端用户界面和后端企业内部管理，搭建云平台，除了全局共享的库存中心、用户中心、交易中心、订单中心，还开发自动补货系统，所有信息汇聚、动态变化、可进行调整。

1. 公有云

公有云通常指第三方提供商为用户提供的能够使用的云，公有云一般可通过互联网使用，可能是免费或成本低廉的，其核心属性是共享资源服务。一些向全球扩张的大型零售企业，需要通过一系列外部商务流程和数千个供应商的数据交换管理，这些外部商务流程和数据交换，与企业内部的系统是不匹配的。公有云，通过提供可以安全访问的统一集成数据库，优化零售企业的供应链管理。美团点评自 2012 年开始构建私有云平台，2013 年上线公有云（美团云）项目，并逐步将自有业务全部迁入云端，成为国内唯一 100% 云化的大型电商平台。依托美团点评强大的 O2O 基因，美团云新零售解决方案，融合了与美团点评自有业务相同的运营系统和数据分析系统。在数据应用层面，美团云能够提供区域消费者消费习惯、购买力等分析系统；提供 SDK 埋点工具包，更精确地获取用户行为数据；提供搜索、推荐、数据对接等 API，完善搜索、推荐、风险控制等业务场景。

2. 私有云

私有云是为一个客户单独使用而构建的，因而提供对数据、安全性和服务质量的最有效控制。私有云可部署在企业数据中心的防火墙内，也可以部署在一个安全的主机托管场所，私有云的核心属性是专有资源。

案例 9-10

云平台部署后端系统，天天果园系统性能最高提升 200%

天天果园，是一家基于互联网技术的水果生鲜服务提供商。为适应多变的竞争环境，并实现规模快速扩张，天天果园一直积极探索企业的数字化架构建设和业务的数字化转型，通过自建高水平的物流仓储和 IT 系统，进一步确保用户能享受到高品质的商品和服务。

从传统水果生鲜服务商，转型为以互联网为主要销售渠道的新型服务商，天天果园面临多方面挑战。为了应对数字化架构上的挑战，天天果园最终选择使用 AWS 云平台部署其后端业务系统。业务系统迁移到 AWS 云平台，为天天果园带来三个好处：大幅缩减了基础运维工作，节约人力成本，系统可靠性和稳定性得到极大提升；部分系统性能提升了 200%，可轻松应对峰值访问流量；大幅提高数据可用性，数据库实现每天自动备份，容灾能力增强，安全性提高。AWS 云服务更好的弹性、丰富的云服务功能和更高的服务品质，成了天天果园加速数字化转型稳定而可靠的保障。

资料来源：互联网演义厅，搜狐号，https://www.sohu.com/a/406384532_115856.

3. 混合云

混合云融合了公有云和私有云，是近年来云计算的主要模式和发展方向。私有云，主要是面向企业用户，出于安全考虑，零售企业更愿意将数据存放在私有云中，但是同时又希望可以获得公有云的计算资源，在这种情况下混合云被越来越多地采用，它将公有云和私有云进行混合和匹配，以获得最佳的效果。这种个性化的解决方案，达到了既省钱又安全的目的。

案例 9-11

青云抛出“华创联和云”混合云，华润创业资源使用效率大增

华润万家，是华润集团旗下的零售连锁企业集团，旗下拥有华润万家、苏果、乐购 express 等多个著名品牌。2018 年，华润万家全国自营门店，实现销售 1 013 亿元，自营门店总数达到 3 192 家。至 2019 年，华润万家已进入全国 30 个省、自治区、直辖市和特别行政区，240 个城市，员工人数近 22 万。

近年，随着消费人群结构与消费模式的日益转变，市面上的商品种类、购物模式越来越多，客户忠诚度下降。加上经济环境波动，造成原材料成本增长等诸多因素，零售业正面临着业务层面、信息化层面和数字化层面的多重挑战。这些因素也为华润的数字化运营及 IT 架构提出了新的要求：支持大量存量系统，同时快速响应业务；前端业务要有灵活性，更要保证中后台稳定健壮；技术驱动业务变革，解决业绩导向与长线投资之间的矛盾。为了解决这些问题，在数字化架构的升级改造上，华润最终选择了青云 QingCloud 为其定制的“华创联和云”混合云解决方案。

在私有云层面，采用软件定义数据中心解决方案，升级基础设施保障能力，推动存量应用的架构改造与升级，拓展平台、数据、应用等层面的合作。

在公有云层面，将互联网相关的业务放在了公有云上，其舆情系统、移动设备管理等业务均在公有云上运行。

“华创联和云”提升了原有资源交付效率，资源从申请到交付耗时降低 70% 以上，平台服务可用性达 99.95% 以上。通过资源池共享，促进资源使用率提升 50% 以上，集团整体计算资源投资节约达百万以上。

资料来源：王吉伟，知乎，https://zhuanlan.zhihu.com/p/157736386.

9.3.3 人工智能

1. 智能照明与安防

智能照明用的门磁传感器、红外传感器等智能硬件，可为超市提供灯光、门禁、温湿度的联动调节，构建舒适的智能环境，既提升顾客体验，又节约能源，减少不必要的运营成本。智能安防，实现安全防范系统自动化监控管理，以烟、温度及可燃气体等探测器为主，安装红外或微波等各种类型报警探测器，对火灾、有害气体的泄露等实行自动报警。智能安防最大的优点就是集布防、报警、检测、记录于一体，硬件简单，信息传送及时。

2. 智能停车

停车场是实体零售企业的用户入口，目前已经有越来越多的零售企业，开始布局智能停车，帮助顾客解决快速停车及寻找车位的痛点。智能停车系统可以通过采集实时停车泊位信息，并用停车场入口的电子屏，发布车位引导动态信息，可以让车主清晰了解现有车位空余情况，并就近选择。与此同时，车主在取车时可通过查询机，来查询车所在的精确位置。不仅如此，还提供无感支付和电子发票，打通微信、银联、ETC 等多种支付渠道，缴纳停车费也无须再排长队。车主还可以通过智能停车 App 享受到预约停车、共享车位、在线办理长租手续等功能。

3. 智能物流

物流作业过程中，大量的运筹和决策如库存水平的确定、运输路线的选择、自动导向车的运行轨迹和作业控制、自动分拣机的运行、物流配送中心经营管理的决策支持等问题，都可以借助人工智能和机器人等相关技术加以解决。除了智能化交通运输外，无人搬运车、机器人堆码、无人叉车、自动分类分拣系统、无纸化办公系统等现代智能化物流技术，都大大提高了物流管理水平。如，货仓和运输过程无人化，实现了智能机器人、机械臂代替人工，不仅提高了生产效率，降低了人工出错率，还提高了生产安全性。下一代的智慧物流，在高度自动化环境下，人工只剩 10% 将成为常态。

4. 智能理货

机器人通过扫描货架，获知缺少的物品，需要补货的物品或需要更换的价格标签。通过很强的算法数据优化，实现货架货品高效摆放。如，来自多伦多的 4D Retail Technology 公司研发出的 Space Genius 机器人，是基于普通平衡车打造的，通过上面加载的摄像头及定位传感器等元件，可以在一个小时内完成对 3 995 平方米左右超市内所有上架商品及其二维码的扫描工作。在扫描完成后，Space Genius 能生成一套交互式 3D 商品地图，可以显示出诸如库存不足、价格标签缺失、重复条目等影响正常购物的信息及区域。除此之外，这台机器人还可以为顾客提供服务，通过配套的手机 App，机器人会将物品信息分色块进行标注，用户也可以搜索需要的商品，通过模拟图来准确找到需要的商品。

案例 9-12

沃尔玛的货架扫描机器人

2020 年夏末，沃尔玛将在 650 家商店中部署 Bossa Nova 货架扫描机器人，可将之前需要花费两周完成的工作变为每天两次的例行检查。Bossa Nova 的货架扫描机器人配备 15 个摄像头，可以在货架间穿行，并在发现有商品短缺时及时向商店员发送警报。据悉，这是沃尔玛 CEO 董明伦降低成本，提高商店绩效的一种方式。

资料来源：大学仕，https://www.dxueshi.com/news/19267.html.

5. 智能客服

读取顾客偏好，向顾客展示各种产品，并通过神经递质测量他们对颜色和风格的反应，根据每个人的反应推荐产品。

案例 9-13

在购物中心，无人机与机器人一样成为商店的新员工

在 2019 年，零售商继续利用科技，将其员工从繁重的工作中解放出来，从而让他们花更多时间来为客户服务。零售商还希望利用科技，来帮助跟踪货架上缺少和错置的商品，并更好地管理库存。

汤普金斯机器人公司（Tompkins Robotics），推出了自己的 t-Sort 机器人，可以对单个

商品进行排序，以帮助零售商缩短订单处理时间。该公司总裁迈克·福奇表示，在美国前15家零售商中，有4家是该公司的客户。彭萨系统公司在英特尔的展台上，展示了它为饮料巨头百威英博等客户打造的跟踪货架库存的无人机。连锁超市巨人食品店2019年向其全部172家门店部署一款名为马蒂的“大眼睛”机器人。

资料来源：腾讯科技，https://tech.qq.com/a/20190121/011542.htm.

（1）对话机器人。人工智能技术能够通过深度学习逐步形成人机交互的自然语言。在未来的新零售环境中，基于对自然语言、情绪、情感识别而产生的人工智能对话系统，将担任客服咨询工作，成为消费者在购物过程中的得力助手。如，唯品会电商平台尝试开发对话机器人，消费者仅需要通过与机器人进行咨询对话便可以完成购物。这一对话机器人不仅能够理解消费者的文字含义，同时还能够对消费者在购物过程中的情感和意图进行识别，最后基于客户不同的心理需求，为客户提供定制化、个性化的服务。

（2）服务机器人。新零售业将通过服务机器人，提升消费者在线下门店的购物体验。服务机器人在实际运用过程中，其主要投入在咨询、导购、保洁、安保等方面。通过采用人机自然语言对话系统和相应的外观设计，服务机器人为实体门店的零售产品销售服务创造了更多的生机。这些基于自然语言、情感识别的机器人系统，能够自主地学习、掌握消费者的偏好、积累自身服务经验，具有独特的个性，能够为消费者带来全新的体验。如，化妆品挑选，机器人扫描顾客的脸部，为粉底和遮瑕膏提供个性化的建议，帮助顾客找到完美的唇膏色号。如，订购餐厅食物，顾客通过发短信或者语音来下单，机器人甚至允许定制和大型团体订单，还会在每次下订单之后以俏皮的评论作为回应。

案例 9-14

移动贩卖机器人

当你在大卖场逛了一天饥渴交迫，而又苦于找不到便利店的时候，移动贩卖机器人就是你的救星。它们按照设定好的路线，循环移动，以便服务更多的人。移动贩卖机器人就用在大型商场等场地，你可以在它叫卖的时候走过去购买商品，也可以在休息区扫码等待它的到来。它还能够智能识别物品，直接拿商品付款就可以享用。

资料来源：Qualcomm 中国，搜狐号，https://www.sohu.com/a/347963596_165136.

6. 智能移动应用程序

智能手机无处不在，这是零售商创造全方位购物体验、识别和收集顾客数据的绝佳机会。许多大型零售商，现在正在搭建在线平台和移动应用，来补充他们的实体店，并让顾客在线访问他们的商品和服务。其中一些移动应用程序具有店内功能，例如查找特定项目或服务、根据偏好和需求在不同类型的项目之间进行选择，甚至进行购买。还有一些应用程序则提供店外功能，如健身和健康指导，或有关如何更好地使用其产品的提示。所有这些应用程序，都有助于零售商收集更多顾客与其商店互动的信息，或者与他们提供的特定产品或服务相关的数据。在大多数情况下，数据可以与特定顾客的档案联系在一起，这为使用人工智能算法，创造更个性化体验，提供了机会。在数据与特定用户无关的情况下，它仍然为零售商提供了从大型数据集中收集行为模式、发现顾客痛点、发现需要提升运营能力的地方等机会。

7. 智能购物车

在超市领域，购物车作为最常见的硬件载体，有较大机会首先进行智能化变革。美国曾经开发出一款全新智能购物车，智能购物车安装了 Windows 8 平板电脑和 X-box 游戏机感应程序，消费者可以把购物清单传到购物车，这款可以自动前行的车就会乖乖地跟着你逛超市。每放一件物品到车里，它就扫描条形码，清单上的那一项会自动消除，放错了还会及时提醒。最棒的是，购物车会在物品齐全后自助结账，可以节约宝贵的时间。这种全新的购物工具，目前还在进一步完善中，不过美国有机食品超市全食超市已经开始试运行了。

9.3.4 物联网

物联网的发展大幅提高了数据的传输与收集速度，与此同时新零售行业便迎来了兴起，而新零售的出现为我们的生活购物带来了极大的便利。物联网在以下几个零售业领域扮演重要的角色：

1. RFID

（1）基于 RFID 的货品追踪。通过引入 RFID 和各类传感器，零售商可以在每个阶段跟踪他们的货品，有助于准确的库存管理、成本节约和减少产品损失。根据研究，RFID 可将库存管理的准确性从 63% 提高到 95%～99%，库存节约高达 80%。麦肯锡估计，单单减少库存一项就可节省 10% 的成本。如，当易腐产品即将过期、货物缺失时，智能货架以及智能仓库系统将会发出信号。接着，这些信号将传导到供应链并触发自动更换命令。这样，使用智能货架的数据以及仓库中的机器人，零售商就可以完成自动化拣货作业。

（2）基于 RFID 的消费体验。使用物联网技术，购物车将可以自动识别货物 RFID 条码或者其他单品级标签技术。这样用户就可以实现自助结账。服装零售店可以提供一个配备 RFID 阅读器、摄像头、传感器以及平板电脑的虚拟更衣室。根据传感器所采集到的数据，消费者就可以在购买前试穿上各种尺码、款式的衣服。随后，配备自动化分拣服务的智能收银台将在收银处交付消费者所购买的商品。这种免提的自助购物体验将给消费者带来在线购物的感觉。

案例 9-15

阿迪达斯的数字鞋架

2011 年，阿迪达斯开始在店里安装一个数字鞋架，就像一个放大了的 iPad 一样挂在墙上，消费者可在数字货架上选择产品，并从任何角度查看产品、旋转、放大，并得到更多鞋的产品信息。如果一间阿迪达斯实体店能容纳500双鞋，那这个数字货架理论上能容纳10万双鞋，数字货架极大地改善了消费者的体验，减少了在实体店断码或缺货的烦恼。

资料来源：王晓锋，张永强，等。《零售4.0时代》。

（3）基于RFID的商店管理。智能传感器，对于收集整个商店信息，并帮助商店管理层及时做出反应也至关重要。运动传感器，可以帮助测量商店中的顾客流量，如，可以用来寻找顾客经常光顾且更适合促销的区域。

2. Beacon

Beacon具有实时监控、历史数据分析以及多样的即时报警（声音、手机短信、电子邮件等方式）功能。Beacon在顾客购物过程中，快速根据用户需求，实现与物品位置的精准匹配。信标通过低功耗蓝牙，与顾客的智能手机进行交互，为不同客户提供定制化的店内优惠。如，Beacon通过感知门店内一些特定的客户，带来一些零售店内针对性的营销新方式。基于浏览历史、社交记录以及以往的网购历史，零售商将可以更准确地满足客户的购买需求，并为一些特殊客户提供优惠。新款苹果以及安卓设备，都可以接收到来自货架的Beacon信号。苹果已经在全美所有的苹果商店部署了iBeacon技术，让潜在消费者获取产品更详细的信息。

3. 智能镜

借助物联网，智能镜安装在试衣间中，带来试穿体验，允许客户虚拟地试穿衣服，并在过程中使他们感到高兴。该技术不仅使用有趣，而且消除了店内的排长队和产品选择有限的主要缺点。

4. 人脸识别

当消费者进入门店时，物联网和人工智能系统就能立刻对其进行识别。客户的身份信息、历史进店次数、消费偏好、购买记录等，都将在识别后向店员推送，这可以帮助店员，做出契合消费者需求和心理偏好的产品推荐，有效提升消费者的购物体验。

5. 货架传感器

安装在超市货架上的传感器，可以感知哪些产品被拾取，然后被放回，而不是购买。收集这些数据，将会更好地告知制造商，如何进行商品和包装设计，增加销售额。

6. 室内定位

室内定位技术可帮助跟踪商店中特定顾客的足迹，有助于零售商对顾客的购物习惯和采购模式产生深入洞察，便于零售商做出更明智的决策。例如，在显著位置放置更受欢迎的产品，更有效地重新排列商品，或提高热销产品的库存水平。未来，越来越多的零售商将利用基于位置的服务来提供个性化的购物体验。

案例 9-16

天虹商场的室内定位应用

当顾客路过天虹商场时，商场的无线网络能自动感知到他们，并主动向他们的手机发送一条邀请短信。当消费者进入商场大门时，他会收到欢迎信息，并邀请他们登录。登录后，他将收到个性化的推荐商品或电子优惠券等导购信息，且存储在云端的购物清单，也会自动同步到手机或店内智能手持设备。接下来，为了减少顾客的寻找焦虑，通过 WiFi 和实时定位系统（RTLS）技术，可以实时定位顾客的位置，并根据商品的位置，给顾客描绘出一条最佳线路，将顾客与商品连接在一起。天虹还通过 WiFi 来统计客流信息，供商户们参考，如每家商铺的来客数、顾客停留时间等等。

资料来源：张兴凯，《信息与电脑》原版文章。

7. 数字标牌

数字标牌是一种全新的媒体概念，旨在特定的物理场所、特定的时间段、对特定的人群进行广告信息播放。在国外，还有人把它与纸张媒体、电台、电视和因特网并列，称之为“第五媒体”。

8. 电子价签

电子货架标签（ESL）是一种带有信息收发功能的电子显示装置，主要应用于超市、便利店、药房等显示价格信息的电子类标签。每一个电子货架标签通过网络与商场计算机数据库相连，并将最新的商品信息通过电子货架标签上的屏幕显示出来，实现收银与货架之间价格的一致性。

“码”上看：扫码阅读《无人商店在技术上的三大流派》

在新零售行业发展中融入物联网技术，利用射频识别技术（RFID）、全球定位技术（GPS）以及传感器技术等，对产品的销售数据进行统计分析，使得在对产品进行销售的同时能够对销售的数据信息进行处理，进而提高数据

9.3.5　虚拟现实

除了实体技术，虚拟技术也是新零售发展的一大法宝。目前应用比较广的虚拟技术有 4D 打印、增强现实（AR）、虚拟现实（VR）。

1. 4D 打印

4D 打印是增材制造技术的新进展，在 3D 打印的基础上增加了时间维度。借助 4D 打印技术，产品可在特定情境下根据特定外界刺激实现自动形变、自动修复、自动组装。具体来说，4D 打印是指利用可编程物质和 3D 打印技术，制造出在预定的刺激下，如放入水中，或者加热、加压、通电、光照等，可自我变换物理属性，包括形态、密度、颜色、弹性、导电性、光学特性、电磁特性等的三维物体。其中，可编程物质，是指能够以编程方式，改变外形、密度、导电性、颜色、光学特性、电磁特性等属性的物质。4D 打印的第四维，是指物体在制造出来以后，其形状或性能可以自我变换。如，结合 4D 打印技术的伪装服，可在兼顾轻便性的同时，能根据季节、周围环境重塑成需要的形态，为侦查人员执行任务提供便利性。

与 3D 打印不同的是，4D 打印将不再需要通过“定制”这一套程序来实现个性化产品制作，而是完全能即时地表达自己的想法并制作出来，且能随时更新自己的创意，从而用个性化元素构建自己的个性化生活，使得私人定制转向私人工厂，加快产品创新速度。

案例 9-17

阿迪达斯的 4D 打印跑鞋

2017 年巴黎时装周期间，阿迪达斯发布了一款充满了科技感的 4D 打印鞋。这款阿迪达斯 4D 球鞋，是阿迪达斯携手硅谷 3D 打印公司 Carbon，采用编制材质设计，由皮革点缀，两侧和后跟连为一体的三线和支架，全脚掌“镂空网眼 4D 中底”是整双鞋的亮点。这款 4D 跑步鞋的优点在于，其通过合成一个部件，就可以精确定位每一位运动员对于动作、缓震、稳定、舒适的需求。

资料来源：潮流球鞋 CG，百度，https://baijiahao.baidu.com/s?id=1637141168201272275&wfr=spider&for=pc.

2. 增强现实（AR）

AR 技术在零售业上的应用，通过其增强现实的特点，能够帮助消费者在购物时更加直观了解产品信息，为消费者提供理性的购物选择，并带来接近真实的购物体验。使用 AR 技术购物则能够根据消费者的信息，提供精准的试穿或试用功能，并且以 3D 效果来向消费者展示产品信息。如 AR 试衣镜技术，只需要消费者在试衣镜站立 3 秒左右，系统便可以借助人体测量建模技术，对消费者的人体数据信息进行获取，同时将相关的数据上传至云定制系统当中，系统再根据相关数据，向消费者呈现穿衣后的模拟样式，消费者也可以根据模拟试衣的结果，向商品供应商申请远程定制。减少因为产品大小和自身不合适而产生的差异化，有助于消费者形成良好的理性的购物习惯，促进网购市场的长远发展。

2017 年 11 月 3 日，亚马逊联合苹果商城，上线了名为 AR View 的购物功能，IOS 用户通过使用亚马逊 App 就能率先体验到 AR 购物的乐趣。哈根达斯以一款《等两分钟效果更好》的 AR 营销广告，为消费者提供了冰激凌上的“音乐盛会”；可口可乐也推出对着瓶子扫一扫就能出现的有意思的 AR 小视频；VISA 则通过 AR 技术让野生动物们来到了购物中心；就连迪斯尼乐园也通过 AR 的方法来为自己的娱乐消费项目进行宣传……AR 技术的应用越来越广泛，并为传统产业注入了全新的科技力量，满足了部分消费者的“晒”文化。

案例 9-18

优衣库发放 AR 实景红包

2016 年春节，优衣库携手支付宝，首次将 AR 技术和店铺购物体验相结合，发放 AR 实景红包。优衣库在店铺里摆放了支付宝 AR 抢红包攻略指示牌，相关店员及时指导操作。用户只需按规定流程，扫描优衣库 LOGO，便可在全国 400 余家优衣库店铺或周边 500 米的范围内，有机会赢得新年红包，金额超过千万元。

资料来源：中国网。

“码”上看：扫码阅读《零售企业的 AR 风》

3. 虚拟现实（VR）

VR 技术是已经创造好了一个虚拟世界，但是人们要通过 VR 眼镜或者头盔等配套设施来实践，这项技术能够为人们带来新奇、刺激的体验，比如 VR 视频、VR 主题公园等都是代表。当代社会人们的生活节奏越来越快，工作压力越来越大，很多人在休息的时候并不想出门逛街。利用 VR 技术、头戴显示器、智能手机或电脑来增强、推动购物体验。它允许新零售商将消费者沉浸在定制的世界中，将传统的在线购物元素与 3D 体验结合在一起，从而增加消费者的参与度，提升消费者的购物体验舒适度。VR 技术的出现，不仅为零售商们提供了机遇，还丰富了消费者的购物方式。人们不需要出门，只要上传相关信息，就能通过 VR 技术搭建虚拟购物场景、试穿衣服，甚至定制家具等。

9.3.6　支付技术

未来随着物联网技术的逐步成熟和普及，支付领域有望进入万物皆载体的新阶段，支付方式会更数字化和虚拟化。现在的人们逐渐习惯使用二维码、云闪付、刷脸支付等无现金交易方式。

案例 9-19

物美的多支付场景

2018 年，物美通过移动支付技术，满足了多种支付场景。习惯用现金支付的顾客，通过收银台结账、找零。选择线上支付的顾客，打开手机进行扫码。电子会员用户，通过电子收银台“秒付”一步即可完成结账。倾向于自助购物的顾客，可以自助扫码、线上付款。倾向于边逛边购物的顾客，可以选择智慧购物车。物美还在门店实现银秤合一，把称重这一环节，合并到收银环节中，减少顾客二次排队的时间，同样也是为了提升消费者体验。

资料来源：360 个人图书馆，http://www.360doc.com/content/18/0325/18/42754030_740118007.shtml.

1. 二维码支付

从 2014 年开始，支付宝率先发力推行二维码支付，扫码已经成为当下移动支付的主要技术。艾媒咨询 2020 年上半年的调查数据显示，78.4% 的受访用户偏好使用二维码的支付方式。虽然二维码支付是目前较为主流的支付方式，但随着生活节奏的加快，人们将会追求更加便捷的支付方式，NFC 支付和刷脸支付等新型支付方式的普及率有望大幅提升，这将驱动移动支付行业变革升级。

2. NFC 近场支付

近场支付是指消费者在购买商品或服务时，即时通过手机向商家进行支付，支付的处理在现场进行，使用手机射频 NFC（Near Field Communication）、红外、蓝牙等通道，实现与自动售货机以及 POS 机的本地通讯。通过 NFC 射频通道与 POS 收款机连接识别后将加密信息传输，全过程不需要使用移动网络，也无须输入银行卡号和密码，因此被视为当前最安全的支付方式。NFC 近距离无线通信是近场支付的主流技术，它是一种短距离的高频无线通信技术，允许电子设备之间进行非接触式点对点数据传输交换数据。该技术由 RFID 射频识别演变而来，并兼容 RFID 技术，其最早由飞利浦、诺基亚、索尼主推，主要用于手机等手持设备中。

3. 生物识别支付

生物识别支付技术除了指掌识别支付，还包括虹膜识别、人脸识别、眼睛识别、声纹识别、DNA 识别和笔迹识别等支付技术。目前在支付领域应用最广、最便捷的当属指掌识别和人脸识别。在中国，进入 2019 年以来，随着蜻蜓、青蛙、蓝鲸等刷脸设备的推广，刷脸支付的序幕拉开。作为继二维码支付后的再一次支付体验升级，刷脸支付这一创新型智能硬件，渐渐出现在各类线下零售实体门店的收银台上，改变着零售业的经营与消费形态。刷脸支付的普及开启了零售行业，以无感支付为触点的体验经济，集支付、会员管理、广告营销为一体的智能硬件，连接起零售门店与支付机构背后的强大生态。

"码"上看：扫码阅读《人脸识别线下支付行业自律公约（试行）》

4. 光子支付

通过手机闪光灯照射 POS 机上安装的光子感应器，进行交易信息的传输、识别和验证。这种支付方式不要网络和其他设备，因此安全性也比较高。光子支付是基于智能光子技术的手机支付解决方案。光子支付以光为支付介质，利用手机闪光灯，通过闪光灯频率来实现授权、识别及信息传递的支付技术，实现数据从手机到 POS 机的传输。手机通过专门的软件"口袋银行"App 控制闪光灯以特定频率闪烁，传递支付者信息（线性编码）给 POS 机上的感光元件。POS 机根据频率解析支付者身份，并输入支付密码。光子支付并不需要连接网络，市面上的主流智能手机只需要具备闪光灯功能都能支持光子支付。光子支付已经顺利通过银行卡检测中心的安全认证，成为首个通过国家级安全认证的新兴移动支付方案。2015 年 6 月 9 日，平安银行、深圳光启宣布，正式推出光子支付。通过光子支付，在无卡、无网络的情况下，进行无额度限制的支付，未来还可以完成 ATM 取现，无须携带卡片，从而摆脱手机银行的限制。

5. 数字货币

中国人民银行数字货币就是人民币电子版。中国人民银行自 2014 年开始研究法定数字货币。从使用场景上看，央行数字货币不计付利息，可用于小额、零售、高频的业务场景，相比于纸币没有任何差别。同时，中国版的数字货币不需要绑定任何银行账户，摆脱了传统银行账户体系的控制。此外，在网络信号不佳的情况下，网银和支付平台的支付功能常常会处于瘫痪状态，而 DC/EP 的双离线技术，可保证在极端情况下，像用纸币一样使用央行数字货币。例如，在没有网络的情况下，只要两个装有 DC/EP 数字钱包的手机碰一碰，就能实现转账或支付功能。当前，央行数字货币正在深圳、苏州、雄安、成都、海南等地，进行内部封闭试点测试。

"码"上看：扫码阅读《全球多国央行正在力推数字货币》

本章小结

（1）供应链重构趋势，主要表现在供应链节点从分散向融合转变，供应链的链主走向分工协作，实现基于数字化的精益运营，实现柔性快速反应等方面。

（2）零售跨界融合趋势，主要表现在业态一体化的跨界融合、链条一体化的跨界融合、渠道一体化的跨界融合。业态一体化的跨界融合包括功能一体化融合和服务一体化融合。链条一体化的跨界融合包括“互联网＋供应链”服务集成融合和专业化第三方供应链的一体化融合。渠道一体化的跨界融合包括线上线下融合和共享。

（3）零售新技术的推动，主要有大数据、云计算、人工智能、物联网、虚拟现实技术、支付技术等。

（4）零售企业的大数据分析与应用，主要包括商品分析、经营分析、营销分析、供应商分析等场景。

（5）云计算包括公有云、私有云和混合云。

（6）人工智能包括智能照明与安防、智能停车、智能物流、智能理货、智能客服、智能移动应用程序、智能购物车等场景。

（7）物联网技术包括 RFID、Beacon、智能镜、人脸识别、货架传感器、室内定位、数字标牌、电子价签等。

（8）虚拟现实技术有 4D 打印、AR、VR 等。

（9）支付技术包括二维码支付、NFC 近场支付、生物识别支付、光子支付、数字货币等。

术语及热词

绿色消费 是从满足生态需要出发，以有益健康和保护生态环境为基本内涵，符合人的健康和环境保护标准的各种消费行为和消费方式的统称。

消费升级 是各类消费支出在消费总支出中的结构升级和层次提高，它直接反映了消费水平和发展趋势。

个性化服务 个性化服务根据用户的设定来实现，依据各种渠道对资源进行收集、整理和分类，向用户提供和推荐相关信息，以满足用户的需求。

迭代 为了达到目标或获得所需结果，而重复反馈过程的活动。每一次对过程的重复称为一次迭代，而每一次迭代得到的结果会作为下一次迭代的初始值。

联名 指许多人联合署名。品牌上的联名，是指一个款式由多个品牌联合制作。

智慧供应链 是结合物联网技术和现代供应链管理的理论、方法和技术，在企业中和企业间构建的，实现供应链的智能化、网络化和自动化的技术与管理综合集成系统。

社交新零售 是以社交赋能新零售模式，依靠社交关系、社交圈子发展的一类电商，流量是去中心化的，通过社交工具自带的流量，可以自建私域流量池。本质是一切以人为链接，以人为中心的电商商业模式。

供应链可视化 简而言之就是知道物料和产品的位置和数量。这些信息通常由供应链中的不同人所掌握，他们相互分享信息，而让所有相关人员都能获取他们需要的和关键运营指标相关的数据。

宅经济　是随着网络兴起而出现的一个新词，主要的意思是在家中上班，在家中兼职，在家中办公或者在家中从事商务工作，同时在家中消费也是宅经济必不可少的一部分。众多市民吃饭叫外卖、购物用快递，催热了“宅经济”，只要能够送货上门，很多人甘愿“宅”在家中。

思考讨论

1. 数字化是所有零售商的阳光大道吗？为什么？
2. 信息技术给零售商的业务活动带来哪些负面影响？
3. 从零售商角度，分析提供虚拟更衣室的优缺点。
4. 描述最近 5 年，各种类型的零售商如何利用技术手段来提升店面形象和氛围。

小试身手

上网获取资讯，研究亚马逊的最新线下布局战略及策略，并分析影响其布局成败的关键因素，以及亚马逊的新零售发展前景。

课外阅读推荐

[1] 李开复 .AI · 未来 [M]. 杭州：浙江人民出版社，2018.
[2] 龟井卓也 .5G 时代：生活方式和商业模式的大变革 [M]. 田中景，译 . 杭州：浙江人民出版社，2019.
[3] 何毅亭，黄奇帆，姚洋 . 国内大循环 [M]. 长沙：湖南人民出版社，2020.
[4] 田中道昭 . 中美科技巨头：从 BATH×GAFA 看中美高科技竞争 [M]. 李竺楠，蒋奇武，译 . 杭州：浙江人民出版社，2019.
[5] 戴曼迪斯，科特勒 . 未来呼啸而来：科技进步的速度远超任何人的想象 [M]. 贾拥民，译 . 北京：北京联合出版社，2020.

第 10 章 CHAPTER 10

新零售的实践

学习目标

理解：零售新方式。

了解：零售新场景，零售新物种。

引导案例

K11 博物馆零售模式的购物艺术中心

K11 购物艺术中心，将“艺术·人文·自然”三大核心元素相融合，使艺术欣赏、人文体验、自然绿化和购物消费一体化，为消费者带来前所未有的独特五官享受。

K11 是场景颠覆者。K11 首创“博物馆零售”模式。2013 年，国内首家 K11 于上海开幕，把艺术与商业结合的场景，让购物不止于一种物质上的满足，更是一种精神上美的体验。在 K11，艺术与商业的结合是多层次的，一方面，商场内布满艺术典藏。自 2009 年以来，K11 收藏逾 20 件本地及海外艺术名作。一个转角，你就能遇见艺术珍品。此外，你还能参与一系列的艺术体验活动，如参观展览、对话大师、参加艺术课堂等，感受独特并充满启发性的零售体验。这种结合不是粗暴的加法，而是将艺术元素融入整个商业空间中，让公众能够沉浸式体验艺术，也颠覆了人们对商场的想象。

K11 是跨界者。K11 不仅是个传统商业，更是一个创新多元城市空间的缔造者。K11 全方位渗透都市人生活的多维空间。作为玩乐场所，K11 承包了都市人所有的闲暇时间，无论你是文艺青年、时尚达人，还是辣妈潮爸，都能在 K11 找到适合你的玩乐方式。

K11 是培育者。K11 积极支持艺术发展，全方位培养和扶植青年艺术家，为他们提供展示、交流和沟通的平台。2010 年，K11 成立 K11 Art Foundation 艺术基金会，全方位支持中国的新锐艺术家。除了经济支持，K11 还利用品牌优势和空间资源，举办各类展览和文化活动，将他们的作品带到国际舞台和公众面前。通过遍布中国的创意教育项目、艺术空间、艺术数据库，以及独特的现代艺术收藏，K11 Art Foundation 艺术基金会为年轻且具备探索精神的当代社群，提供欣赏艺术的捷径。

K11 是流行缔造者。K11 打造了无数场现象级活动，是网红打卡圣地和城中潮流发生地。无论在香港、上海、广州、武汉还是沈阳，K11 所举办的艺术展览、快闪、游戏体验等活动，无一例外，都成为城中潮人热议的焦点，线上刷屏，线下爆满。

K11 是一个开放平台。K11 通过持续策略性投资新兴社交媒体，以内容为入口，突破空间限制，打通线上线下，与潮流年轻人群实现多维度深入沟通，打造了一个 K11 独有的生态圈，不断扩大融合线上势力。2017 年 7 月，K11 创始人郑志刚领投了在各大社交媒体平台拥有 1 500 万粉丝的美食生活方式品牌“日日煮”（Day Day Cook）。通过开设线下体验店和线上视频，吸引“快乐烹饪，极致生活”理念的年轻人。2018 年，郑志刚又跟投了有“国民种草机”之称的“小红书”，聚拢消费升级的主力人群，为中国年轻一代打造涵盖线上线下的潮流生活圈。

资料来源：武汉市华商纵横精英企业管理咨询有限公司，千家网，http://www.qianjia.com/html/2018-11/08_310914.html.

10.1　零售新场景

新零售，跳出了传统的零售物理场景，从消费者的生活场景和心理需要出发，更有效地解决了消费者的痛点问题，从而有效地创造出了新的消费场景。

10.1.1　新鲜生活场景

零售业已经普遍意识到，生鲜食品，是一座金矿。所以，以生鲜食品为主力商品的零售店越来越多。以盒马鲜生为代表的新鲜生活营销场景，销售商品以生鲜为主，主打“日日鲜”，将线上网络销售与线下体验店结合起来，再利用同城配送，让消费者随时随地都能买到新鲜的果蔬等。新鲜生活场景包括供货鲜、配送鲜、食用鲜和体验鲜。

1. 供货鲜

为了实现供货鲜，盒马鲜生主要采用基地直采模式，直接与农场、牧场等合作，与大量优质生鲜产品基地达成长期采购协议，保证生鲜的稳定供应。供应基地收到盒马鲜生发送来的第二天销售计划后，才开始摘取、封装，并全程冷链运输到店，保证其产品的新鲜度。为了强化商品的“鲜度”，盒马鲜生不仅强调海鲜产品的基地直供，还推出了蔬菜、肉类、鸡蛋、牛奶等“日日鲜”商品，逐渐在消费者心目中树立起“盒马鲜生不卖隔夜菜”的鲜度概念。

2. 配送鲜

消费者在网上下单后，为了保证商品新鲜送达，盒马鲜生采用店仓结合的运营模式。以店为仓，消费者网上选中的商品，下单后会通过商店顶端的自动运输带，迅速运到后面的仓库去打包，再经过快速包装后，包裹会通过垂直升降系统送至后勤中心，这一系列流程下来会控制在10分钟之内。同时，配送人员都有统一的设备，并有支持保温、保鲜、冷藏功能的保鲜袋，3千米内半小时完成配送，保证商品新鲜送达，提高用户体验。

3. 食用鲜

在食用方面，盒马鲜生努力引导和满足消费者对于健康饮食的追求，提出“鲜美生活”的口号，只供应一顿饭的食材。许多产品是标准化的小包装，顾客购买后，刚好满足一次做饭的需求，当天购买，当天吃完，省去存放冰箱这一步骤，让人们每天都能享用新鲜的食物。

4. 体验鲜

盒马鲜生推出堂食加工服务，消费者购买的商品，可以直接送至加工处进行加工，半小时后就可以直接端上餐桌进行食用。用餐地点也进行过精心设计，桌椅做工精致，背景是暖色气氛的墙纸和灯光，特别适合上班族的晚上用餐，以及以家庭为单位的小型人群进行周末聚餐。盒马鲜生通过门店装饰风格与经营的商品，满足新兴消费群体在购物过程中娱乐、休闲的体验。

另外，盒马鲜生线上App有“盒区生活”模块，内含做菜教程，以“短视频＋文案”这种接受性强的形式推荐商品，吸引顾客关注和购物。用户也可以将自己的烹饪小视频发布到“盒show”上，分享新鲜事，在平台内互动。这样的社群营销能够在提高顾客黏性的同时，让消费者有新鲜体验。

☞ 零售风流人物

郑如晶

网易严选联合创始人、够货创始人兼CEO

“我认为中国女性正在进步，可是在女人的身上有太多枷锁与偏见。我们在做妈妈，做妻子，做职场女性，无论哪个角色我们都不是做自己。在职场的‘玻璃天花板’和必须兼顾家庭责任的双重压力之下，每一位女性都没有好好享受自由，好好追求自己，所以我希望通过自己的努力，让女性能够自由一点、自信一点、美一点，展现出那个自己的你。”

郑如晶，网易严选创始人，资深的电商操盘手，是电商行业提出ODM（original design manufacture）模式第一人。郑如晶表示，不少消费者所向往的国外优秀商品，其实很多都是由中国工厂制造的。为了让更多人享受到精致的生活，网易严选通过把供应链捋顺，以此来降低商品成本，在工厂与消费者之间搭建了桥梁，做到把更多优质的商品让利给消费者。ODM为用户提供从产品研发、设计、制造到后期维护的全部服务，用户只需提出产品的功能、性能，甚至只需提供产品的构思，ODM服务商就可以将产品从设想变为现实。网易严选将用户与工厂链接，过滤了营销、渠道、代理等溢价可能，全新诠释了ODM模式。郑如晶带领团队从6人到1 000人实现GMV从0至40亿元以上的突破。凭借一条毛巾，郑如晶在电商红海中带领网易严选开创出属于自己的道路。如今，郑如晶创建够货App：一个专属女性的电商购物平台。平台商品与大牌商品同质同厂，通过去品牌溢价的方式，让女性都用得好一点、生活得好一点。

资料来源：鲁南快报，http://www.ln632.com.cn/46076.html.
新华网，http://www.xinhuanet.com/money/2019-04/16/c_1210109904.htm.

10.1.2 数字化运营场景

区别于传统零售，新零售是以大数据、物联网、AI技术等新信息技术为驱动，大胆应用直播、到家、无接触式配送、私域等新技术模式，以满足消费者全方位需求的数字化购物场景。

目前，各类零售企业纷纷进行数字化建设，具体场景打造上是千店千策。下面具体给大家介绍和分析超市发的数字化场景。

1. 商品陈列数字化

超市发通过智慧屏，提供单店多屏的媒体矩阵，前端采集数据，清晰地描绘全门店和每个区域的用户画像，并进一步把用户行为轨迹数字化，以精细化的场景数据，实现商品的最优布局和陈列，以提高坪效。

2. 会员管理数字化

超市发上线了基于微信的全新电子会员卡功能。此会员卡与之前上线的“超市发券商城”等小程序已经打通，消费者通过注册领取超市发电子会员卡到微信卡包后，可以通过该电子会员卡，实现积累积分、积分兑换、定制优惠券、自助结账等功能。电子会员卡，还将逐步开展“扫码购”“互动游戏”等功能。

3. 营销手段数字化

定时、定点、定屏、定人的商品内容推送和秒级更新，实现了数字化的精准广告投放；上线电子价签、营销屏、端架互动屏，实现了端架商品的精准促销；开发小程序推出网上订货、朋友圈微信订货，开启直播带货。

4. 供应链协同数字化

基于Face ID，超市发整合了CRM、ERP和支付数据，实现供应链数字化协同。因为Face ID的互动营销模式，具有强大号召力且数据可追溯，超市发再整合CRM、ERP和支付数据，可以实时调控营销的时间、频次和内容，并实现生产、物流等供应链环节数字化协同。

5. 服务数字化

服务方面，超市发开发顾客反馈程序，通过“公众号＋小程序”的开发，实现顾客投诉、建议、好物分享、顾客调研等功能。

10.1.3 社区服务场景

社区商业处于流通最末端，最贴近民生。社区商业的最基本功能就是服务日常生活。随着社区结构、人口结构、生活方式以及消费需求的变化，社区商业价值在提升，社区服务场景被越来越多地发现和实践。国外开发社区商业始于20世纪50年代，发达国家社区商业约占零售总额的40%。所以，社区商业是一个非常巨大的市场。社区服务场景的营造，需要把握好服务的跨度、低度、速度、温度。

1. 跨度

由于社区结构与形态复杂，社区商业的主导发展模式一定是多样化的，并且要基于我国人口特征与消费需求的变化，尽可能实现跨界组合。如，北京超市发的“8＋N”模式，“8”即菜篮子、早餐、超市便利店、家政、洗染、美容美发、代收代缴、末端物流8项基础性服务功能，“N”是商超自选特色服务。

2. 低度

社区商业主要满足居民日常生活需求，因此消费者对价格会很敏感。但又不能降低商品品质，确保品质优良、生鲜有鲜度又低价，这对零售商来说是极大的挑战。如，生鲜传奇，以好货不贵为销售策略，以小区门口的菜市场为营销定位，以一日三餐为场景定位，以贴近小区的选址模型打造了中国特色的软折扣店。

3. 速度

未来零售大致可以分为两大类——到店与到家。到店偏重体验，顾客会愿意花较多的时间，是慢零售；到家偏重便利，顾客需要更快捷更便利的方式，是快零售。当然，每一个零售店可能都需要快慢的有效组合，投顾客所好。社区商业的速度，既包括时间响应上的快，也包括空间距离上的就近便利，还包括服务流程与服务方式上的简洁、透明，用诚信服务以缩短顾客选购商品的时间和精力。如，闪电购，在2017年，助力联华华商从线下做到线上。利用互联网工具，打破门店的经营边界，实现数字化营运，这是社区商业发展的必由之路。

4. 温度

站在顾客的位置，用顾客的立场，用顾客的思维方式，去解决顾客的痛点问题，去亲近顾客，让顾客有更多的惊喜与欢愉，这就是零售的温度。总之，冷冰冰的卖场要变成热乎乎的场景。

案例 10-1

充满温度的胖东来，让顾客愉悦是零售业的核心价值与灵魂

零售业是一个既实在又充满温度的行业。胖东来，所呈现出的实在与细节，所呈现出的员工与顾客的愉悦状态，是零售业的核心价值与灵魂。很多人，把胖东来当作“家”，即便是不买东西，也要来逛一逛。这里冬暖夏凉，有免费的饮水机，有顾客休息的地方。如果顾客是孕妇或宝妈，还有温馨的育婴室，丝毫不用担心宝宝换尿布和喂奶的问题。有免费借阅的报纸、杂志，还有各种商品和品牌的来历以及发展史等。电器部有各种高科技商品和网红商品，能带给你最新的科技信息和商品体验。胖东来，不止是在做零售，更是在做教育，一直是在理解生活，理解人们对美好生活的追求，然后分享他理解的美好生活价值，引导大家幸福地工作和生活。胖东来，诠释了最好的销售不是商品，而是与人交心。胖东来，不是在售卖一个个商品给顾客，而是把真诚、温暖、惊喜和快乐交给对方。

资料来源：生鲜头条，搜狐号，https://www.sohu.com/a/412939347_747096.

10.2 零售新方式

顾客有新体验，企业有新效率，社会有新面貌，是新零售的三重效能。几乎所有的新零售实践，都是从改善客户体验开始的，由体验产生流量，占领市场，占据消费者心智，营造消费新模式，进而显著改善整个社会的商业面貌。这是新零售的一个良性循环。新零售的发展方式，主要有多维式、赋能式、智慧式、攀升式、微缩式、嵌入式六种。

10.2.1 多维式

多维式是一种通用的方式，多维可以从商品维度来说，也可以从渠道维度来说，更可以从资源维度来说。多维式发展的典型代表是盒马鲜生，在产品上，盒马鲜生提供“超市+餐饮”服务，在产品维度上实现多维；在渠道上，通过线上线下一体，实现渠道多维，消费者可以到店购买和消费，也可以网上下单。盒马鲜生实行以店做仓，以仓做店，店仓融合。线上线下一体化，使得盒马鲜生的店铺业绩，大大超越了传统的以店面为主的生鲜食品超市。在资源维度，线上线下的客户资源、物流资源、仓储资源等都实现多维度的共享、共通、共用。除了盒马鲜生，永辉的超级物种、百联的 Riso、世纪联华的鲸选、步步高的鲜食演义、天虹的 sp@ce、新华都海物会等，都是典型的多维式发展模式。

10.2.2 赋能式

赋能式发展的典型特征是连接一切，赋能于人，形成共享生态体。最重要的赋能对象是小店，尤其是农村小店。小店的改良会使整个社会的商业面貌发生根本性转变。这是新

零售除了体验、效率以外的第三个功效，即商业面貌的改观。赋能式发展的主要特点：一是利用互联网与大企业赋能小店，以实现店面升级；二是信息互联与供应链共享，主要做B2B业务；三是实施比较松散的整合，不强求统一，只做加法而不做减法。赋能式发展的典型代表是汇通达，在京东与阿里提出整合夫妻店之前，五星电器创始人汪建国就创办了汇通达，这是一家专注于乡镇市场的家电流通企业，运作模式是B2B2C，在乡镇建立了“公交化送货系统”，一条线路有10～15家客户，目前已经拥有近6万会员。与传统加盟模式不同的是，它实施连而不锁的平台化、共享化营运模式。汇通达用互联网平台把所有会员店的进销存后台系统都连接起来，需求信息整合到一起之后，就可以统一向上游厂商采购商品了，但每一个会员店的经营，仍保持很大的灵活性，甚至连门面标志也不要求统一。这是一种只提供服务赋能，而不强制管理的发展模式。2017年4月10日，京东推出了百万京东便利店计划。2017年8月28日，阿里宣布，第一家天猫小店在杭州正式运行。阿里近期还提出了零售通，为小店提供的三种改造升级方案，小店可根据实际情况自行选择。天猫小店、京东便利店等，都是典型的赋能式发展模式。

10.2.3 智慧式

随着信息技术和智能技术的逐步成熟，人工智能将会逐步取代部分的人力，使零售效率得到提升。沃尔玛已经在试验使用无人机和机器人，逐步替代人工的上货、盘点和货架管理。从成本、效率、体验出发，无人零售、自助零售已经成为零售创新发展的主要新方式。淘咖啡、F5未来商店和缤果盒子等，是智慧式发展的典型代表。它们各自践行自己的模式，但无人便利店的核心，就是智慧服务技术。此外，华润万家的Vango、瑞典无人便利店“Näraffär”、亚马逊的Amazon Go、罗森无人便利店、7-11 Signature、天虹Well GO等，都是智慧式发展模式的典型代表。

10.2.4 攀升式

美国的零售专家巴里·伯曼和乔尔·R.埃文斯提出了商品攀升理论。该理论从零售组织的商品线角度，认为当零售企业增加不相关的商品和服务，从而增加了商品组合宽度时，就发生了商品攀升。零售企业之所以要不断扩大商品线，其原因包括：发现了卖得更快、毛利更高的产品，可满足消费者一站式购物的需求，减少季节性的影响，增加商品以稳定客群，减少服务人员的待客等候时间，把低频购买的店铺转变为高频购买的店铺，等等。

卖手机的连锁店，通过商品攀升，开始实施增品转型，由传统的手机店转型为数码潮品店，就是典型的攀升式发展，三胞新零售就是典型案例。三胞新零售在商品与服务配置上有五个模块：一是3C产品，包括乐语手机、宏图三胞电脑；二是新奇乐商品，主要包括从美国引进的Brookstone、全球智能名品、买手制采购的潮品；三是游乐体验，包括全场商品体验、VR 游乐、无人机等智能产品教学；四是全链服务，包括二手回收、维修服务、消费分期、金融保险、租赁服务等；五是妙健康项目，实施 O2O 营运，是门店的吸客与留客神器。现有的这五个模块，是在第一个模块的攀升式发展后逐渐形成的。在实际运营中，门店可以根据店面的大小，以及客群的变化，对五个模块进行分拆组合。

目前，攀升式发展的代表类型很多。如，超市在提供原有日常生活类用品的基础上，进行日常生活服务攀升，提供旅游、保健、物业、清洁等社区服务；饭店原来只提供午餐和晚餐的正餐，进行攀升后提供夜宵；奶茶店铺，在茶的基础上，攀升后提供各种点心；书店在书的基础上，攀升后提供各种文化消费产品和服务。

10.2.5 缩微式

通过缩微式发展，发展出大店模式的缩小版——Mini 店，已经成为零售商家的主要发展新方式之一。Mini 店的投入规模小，而且店面的可选择性要比大店多得多，轻装更易快跑。一个 Mini 店，甚至可能创造出超过一个大店的业绩。

生鲜传奇是缩微式发展的代表。一般说来，做生鲜的营业面积应该在 1 000～2 000 平方米，但生鲜传奇却做成了"微缩型"社区生鲜店，而且标准化程度很高，便于快速复制。乐城股份总经理王卫认为，开小业态，发展得好，创造的利润和坪效更可观。王卫还算了一笔总账：一家 250 平方米的店铺，日销售额为 2 万元，但通过生鲜化改造以后，其销售额提升到了 4 万元。原月租金为 4.8 万元，占销售额的 16%，而改造以后，租金占销售的比例下降到了 4%。

目前，零售巨头们如盒马鲜生、永辉、大润发、沃尔玛、宜家等，纷纷推出迷你店，小润发 RT-Mini、盒马 Mini、沃尔玛社区店、宜家 City 等纷纷问世。

"码"上看：扫码阅读"Mini 小店大爆发，可能比大店更赚钱"

10.2.6 嵌入式

自新零售发展起来以后，不断需要商品的攀升，如盒马鲜生、全家等零售商都在涉足于大健康产业，这就需要相应的专业公司来配合经营了。如盒马的烟酒，由光明食品集团旗下的捷强连锁经营，OTC 药品由华氏大药房经营。华氏大药房是专业性药房，在原有的经营模式下，属于低频购物场景。因为一般有健康需求或生病的人才进药店，人流量十分有限。但近年来，药店开始向大健康药房转型，通过发展母婴用品、老年用品、保健食品、饮料奶粉、穿戴式运动器具、免费测量血糖、血压等体验式的健康小屋，及其他各种方式方法，来引流追求健康的人进药店。但药店在中国消费者心目中的传统印象，还是无法改变，与美国和日本等发达国家的药店相比有明显的差异。美国和日本是在日常生活用品的店（或超市）中开药店（店中店），从而培养起健康的人进日常生活用品店消费，顺便买医药的习惯，也就营造出药店是健康人和病患共同进出的场所。药店的商品，除药品外，能涵盖所有生活大健康所必需的产品。大卖场等零售场所，由于客流量较大，早已开设了药品连锁店。

盒马鲜生，拥有大量的线上和线下人流，但商品品类中缺少药品这一大类，缺乏有药学专业背景的药剂师。而华氏大药房自身的客流量有限。有流量的缺药，有药的缺流量，所以，二者一拍即合，双方共同营造大健康产业链。传统的专业连锁店与新零售店铺合作共生，这也是新零售的一种衍生发展方式。新零售不仅能为传统零售赋能，也能带动传统零售业实现新的发展。

☞ **零售风流人物**

奥斯卡·法里内蒂

Eataly 超市餐厅的创始人

“我们必须勇敢。”

奥斯卡·法里内蒂（Oscar Farinetti）出生于意大利北部的美食之乡阿尔巴（Alba），他的家族世代经营手工意大利面。他本人之前多年一直做电器零售，并获得了一定的成功。2007 年，奥斯卡·法里内蒂联合好友卡尔洛·佩特里尼（Carlo Petrini），意大利慢食组织（slow food）的创立人，将都灵的一家酒厂改建为 Eataly 的第一家门店。Eataly 倡导慢食理念，融合繁华的欧洲开放市场，食品超市、高端美食广场和新时代学习中心等元素，以持续性、责任感、分享为目标，引起了超乎想象的轰动效应。随后，Eataly 在意大利及世界各地开起了分店，发展全球连锁。在美国、英国、日本、阿联酋等其他一些国家，Eataly 无一例外非常火爆。Eataly 每到一处，都引发广泛追捧，被誉为“美食界的迪斯尼乐园”“美食界的宜家”。而奥斯卡·法里内蒂本人也成了全球“慢食超市餐厅”的开创者。

资料来源：食帖，微信公众号。

10.3 零售新物种

新物种必须具备一个或多个层面的“新”特征，包括技术、体验、供应链、物流、渠道、制造变革等。从盒马鲜生开创的“餐饮＋超市”模式，到猩便利为代表的无人货架，再到苏宁 Biu、缤果盒子等推进的无人智慧便利店，再到便利蜂、天猫小店、京东小店等社区 O2O 智慧门店，乃至网易严选、造作等定制化小而美的垂直电商，它们都是典型的零售新物种。下面我们按行业来分享零售新物种的实践案例。

10.3.1　生鲜行业

1. 百联 Riso，超市 + X

百联 Riso 融合“超市、餐饮、书籍、音乐”四种业态，将餐厅、花店、咖啡馆、书吧和艺术中心，融入门店，定位“快捷、时尚的美食饮生鲜精品生活集市”。首家门店 1 楼以生鲜食品为主，可以大厨现场加工，亦可半加工购买，同时设有早餐、午餐、下午茶和深夜食堂，还针对白领，推出一人餐“如宴”，意为“即使孤单一人，也要有如参加宴会般犒劳自己”。2 楼建有书吧、音乐、儿童专区，在超市和餐饮中融入艺术和文化形态，着重于重塑零售价值和生活方式的更好体验。

2. 兴盛优选，专注社区

湖南兴盛优选电子商务有限公司，简称兴盛优选，入选国家商务部首批“线上线下融合发展数字商务企业”，入围“2019 年中国独角兽企业”和“2020 胡润全球独角兽榜”。兴盛优选是一家关注民生的互联网“新零售”平台，平台主要定位是解决家庭消费者的日常需求，提供包括蔬菜水果、肉禽水产、米面粮油、日用百货等全品类精选商品。依托社区实体便利店，通过“预售 + 自提”的模式为用户提供服务。目前，兴盛优选已辐射湖南、湖北、广东、江西、四川、重庆、陕西、贵州、河南、广西、福建、河北和山东 13 个省、直辖市，6 000 多个地（县）级城市和 3 万多个乡镇。在社区电商赛道，兴盛优选一直遥遥领先。

10.3.2　电子行业

汇通达，从“5+ 赋能”到“5 帮富农”

汇通达致力于农村家电 O2O 服务，改变原有供货销售模式，整合农村零散销售店面，提供商品、金融、信息工具和营销等全方位支持。通过互联网技术和手段，推动农村“夫妻店”转型升级，使其互联网化、电商化。汇通达为广大乡镇会员店提供“5+ 赋能”，即“工具 +”（互联网管理工具和技术）、“商品 +”（整合供应链商品集采）、“金融 +”（资金服务）、“社群 +”（粉丝运营管理工具、培训等）、“活动 +”（活动定制策划、整合营销、营销资源等），帮助原有乡镇流通实体、升级为“电商主体”。汇通达将“5+ 赋能”升级为“5 帮富农”，具体指帮卖农产品、帮送快递、帮装光伏、帮找工作、帮租房地五个方面。截至目前，汇通达产业已覆盖家电、消费电子、农资农机、交通出行、数字科技、金融服务等九大领域。公司网络已覆盖全国 21 个省份、19 000 多个乡镇，服务超 14 万家乡镇零售店，惠及 3 亿农民，累计培训超 10 万新农商，直接和间接带动乡镇本地创业就业超 80 万人；公司助力 6 大行业上千家品牌及工厂、实现柔性供应链和智能制造升级，推动产业链的重构升级、降本增效。

10.3.3 家居行业

百安居的智慧门店

经过一系列的调整，百安居在新零售领域进入了新的发展阶段。2018 年 3 月 3 日，百安居北京 5 家 B&T Home 新零售家居智慧门店同时开业，一改原有仓储式购物模式，力推体验式购物，欲打造家居行业首批全端同步覆盖的新零售家居智慧门店。对应的新零售场景与体验有：

（1）云货架：百安居的 360° 全景复刻系统，与常规的平面云货架相比，增加了产品与使用场景的关联，让消费者享受虚拟三维场景的购买体验。此系统本质上是一种特殊的云货架，但功能只支持加入购物车，顾客没法直接下单购买。

（2）人脸识别：百安居应用了人脸识别，入店时需要关联账号，进店后不需要再用手机就能完成购买。

（3）AR 购物：百安居的 AR 购物可以把产品 1∶1 投影在消费者家中，帮助决策。其着眼点在于解决消费者的试验成本，消费者不需要搬运产品到家里就能感受到产品效果。AR 把线上购物评价搬到线下，解决了消费者购物时产品口碑背书需求，增加其对产品的更多了解。

（4）VR 体验：购买真实家装时，很难进行试用，而百安居 VR 打破了图纸和现实的边界。戴上头盔，消费者可以更加直观、多维度地体验整体家居的装修风格和效果。

新技术的合理运用，得益于百安居在过往销售中对客户需求的把握，并积极采用新技术。百安居开店是解决大型家居行业的痛点：如大件家具搬运不便，无法自提；无法提前体验家装后的效果图等。

10.3.4 母婴行业

1. 摇篮亲子共享社区，线上线下垂直交互场景平台的搭建

摇篮亲子共享社区，是国内首家线上线下融合的亲子共享社区。摇篮亲子共享社区，采取多维度共享模式，专注于社区，以儿童客群为主体，通过共享、服务模式，围绕社区儿童教育、玩乐、阅读、社交、互动五大消费模块，搭建线上线下垂直交互场景平台。

（1）社区为年轻父母提供一个一千米内可以遛娃和交流的地方。摇篮亲子共享社区，就是社区展开的围绕年轻父母的一个重要生活场景。早期教育，是一个劳心劳力的活儿，尤其是对于初为父母的年轻人而言。他们需要花费大量时间，不断学习如何育儿，但往往随着孩子不断长大，这些知识并不具备反复使用价值而被遗弃。因而，交流带娃经验、吐槽带娃经历等社交就成为刚需。

（2）给宝宝提供新鲜的玩具，减少家庭的育儿成本。店面里有来自不同厂家提供的娱乐设施以及各式绘本等，供小朋友玩耍。目前，传统早教和娱乐中心，要么在商业中心，

以大型玩具为主，占地面积大，但功能不丰富；要么是临街店铺，偏重教育，通常密度低、离社区有不小的距离。社区则是距离和功能性两者兼具。一方面，家长不需要走动很远，就可以去到社区专属的亲子空间；另一方面，在功能性上，孩子们可以玩玩具、听故事、做运动，社区满足了早教和娱乐双重功能。

（3）全职妈妈们既能带宝宝，还能创业，解决了社会资源闲置的问题。摇篮网将打通母婴生态圈，依靠大数据和创新服务模式，盘活所有的早期教育资源，在全国招募妈妈合伙人。

（4）社区通过集结整合，把专家资源、优质教师资源共享嫁接，系统评测、教学质量一目了然，让用户在家门口，就可享受高端咨询服务及教育品质。新手父母可线上或线下预约课程，并在门店上课。摇篮亲子共享社区，通过开放线下课程系统，带娃有一技之长的达人妈妈或者专业的幼师，都可以通过平台兼职开课，将经验和知识变现，赚取零花钱。另外，平台还为这些课程开发了老师评价系统，消费者可以通过对课程的评价，从而在平台上反向筛选和沉淀更多的优质兼职老师、达人妈妈。

（5）摇篮亲子共享社区，用手机扫码，实现整个管理系统的搭建和统一，满足消费者的消费升级需求。线下门店的所有操作都是通过手机扫码进行的。进门扫码，现场想直接购买商品需要扫码，想报名参加课程同样需要扫码，等等。通过这个系统，即可对所有门店进行数据和资源管理，甚至一个门店几乎可以做到“无人值守”，或者只需要一两个人兼职管理门店。

2. 孩子王，创新型新家庭服务平台

孩子王，创立于 2009 年，是一家以数据驱动、基于用户关系经营的创新型新家庭服务平台。专业为准妈妈及 0～14 岁儿童，提供全渠道一站式商品解决方案、育儿成长及社交互动服务。

孩子王在零售业内，开创了以会员为核心资产的“商品 + 服务 + 社交”的大店模式、育儿顾问式服务模式、重度会员制下的单客经济模式。目前，孩子王集线上、线下两个服务平台，连锁门店、电子商务、社群分享三大销售渠道于一体，已在全国 17 个省 3 个直辖市，累计近 170 个城市开设近 400 家大型数字化门店，门店全部开设在 10 万平方米及以上的购物中心内，店平均面积达 3 000 平方米，最大店面积超 7 000 平方米。

孩子王还构建了 App、小程序、社群、直播等缤纷多样的线上平台，其中，App 位列 Trustdata 大数据移动互联网母婴电商类排行榜第一名。小程序，成功获得阿拉丁第三届小程序神灯奖“年度最佳电商奖”。孩子王在全国拥有近 6 000 名持有国家育婴师资质的育儿顾问，随时随地解决会员的各种育儿难题，全渠道服务超 4 000 万个家庭。孩子王的特色服务：

（1）差异化商品服务。针对会员家庭育儿成长中的需求，孩子王汇聚国内国际数千

家 Top 母婴商品和服务品牌，全渠道形成超 1 400 个商品解决方案，面积最小的优选店也能满足超过 600 种育儿需求。同时，门店打造了户外出行体验区、棉上甄选、儿童洗护专区、孕产妇服务中心等 15 大商品专区，消费者可以根据自身的消费能力和功能性目标快速做出消费决定。

（2）个性化育儿服务。孩子王在全国拥有近 6 000 名持有国家育婴员资质的育儿顾问，随时随地线上线下为会员提供育儿咨询、催乳、宝宝理发等育儿服务。同时，孩子王还在全国甄选超 1 000 家优质的月嫂、月子中心等母婴机构，打造面向家长的“孕产+”服务平台，全方位满足会员在备产、孕期、分娩、产后、婴幼儿 5 大阶段的需求。

（3）多元化互动社交服务。孩子王每年每家门店打造近 1 000 场、全国每年累计超过数十万场成长亲子活动，包含妈妈班、一日父母体验、宝宝爬行大赛、抓周、生日会等 40 余种互动活动，满足不同年龄段的不同需求。同时，孩子王每年会以城市为单位，定期举办各种大型城市间亲子互动活动，旨在倡导父母将爱与社交留给孩子。

（4）本地化宝宝成长服务。孩子王还打造面向儿童的服务平台“成长+”，通过在全国开设近 1 000 家优质机构，打造出集玩、教、学为一体的成长服务生态，为 0～14 岁孩子提供包含早教、英语、才艺、摄影、游乐、运动等领域的全方位服务。

10.3.5 美容美妆行业

小红书，是电商，社区，还是生活方式？

2013 年，小红书以社交购物信息分享起家。2014 年，从 UGC 购物社区升级到电商，完成商业闭环。从 2015 年开始，小红书迎来一个成长上升期，其模式主要分为社区分享和电商卖货两个板块。一方面，在社区分享上，通过首页的关注、发现、达人分享、小红书笔记等沉淀下来形成 UGC 社群。另一方面，在商城中嵌入点赞、关注、跟评、收藏等社交互动，增强社交、社群属性。据悉，在小红书上的用户主要分为两类：一类是达人买家，购物后在应用上分享自己的心得，这类人消费能力强且乐于分享，从购物者的视角出发，往往一个护肤品笔记，从肤质说到使用、搭配和感受。另一类是对跨境产品有购物需求，却面临选择困难症的群体。正因如此，像林允这样的小红书美妆博主，她们推荐的美容仪卖断货，面膜秒变爆款，已是常态。其实，在卖货方面，小红书采取自营 B2C 模式，近两年布局动作不断，与海外货源建立合作，扩充品类，在国内建立保税仓，同时建立海外物流系统等。

截至 2020 年 9 月，小红书月活破亿，其中 70% 的用户为“90 后”，有 3 亿篇关于生活的笔记、单日 80 亿篇的笔记曝光，内容覆盖时尚、护肤、彩妆、美食、旅行、影视、读书、健身等各个生活方式领域。在小红书的社区中，用户关注前三的焦点，分别为时尚 9.98%、美妆 9.85%、美食 8.05%。时尚美妆，依然是小红书用户关注的主要焦点。

2018 年，小红书在上海静安大悦城开设了自己的首家实体店铺，开始走向线下，实现线上联动融合。大家的反应是，这又是一个涉足新零售的电商。但小红书方面的回应是，小红书从来不是电商，而是社区。同时，小红书线下店也不是以售卖商品为目的，而是想为用户提供一个线下体验的空间。此外，这家店和新零售、新消费、无界零售不是一回事，只不过是社区零售在线下的延伸。小红书的线下实体店，也更名为 Red Home，这象征着小红书粉丝的专属交流社区，是她们的专属情境店铺。小红书试水线下店铺，主要目的不是零售商品，而是侧重于体验，向用户推广一种生活方式。线下店将不同领域的年轻人聚在一起，用丰富的商品或者奇特的体验来吸引用户群。

10.3.6　服装行业

全球首家 Nike Rise 零售概念店

全球首家 Nike Rise 零售概念店，坐落于天河体育中心附近的耐克广州品牌体验店（以下简称耐克广州），于 2020 年 7 月 9 日正式开业。基于多种数字化赋能，耐克广州提供 365 天贯穿线上线下的丰富活动和零售体验，满足消费者的多元化需求，带来全方位的耐克最佳体验。作为一个由数据驱动的会员中心，耐克广州将为广州的运动发展不断注入灵感，鼓励更多人让运动成为每日习惯。

（1）环保体验。全新的 Nike Rise 零售概念店，代表了耐克践行可持续发展使命的决心和努力。耐克广州应用环保材料，将可持续发展理念引入实体零售环境设计。约 10% 的回收材料，如店内的橡胶地板、陈列支撑架、产品展示架来自 Nike Grind。Nike Grind 是鞋类产品及废料回收转化而成的环保橡胶。

（2）数字化体验。数字化创新是耐克广州的核心。通过线上线下无缝连接的服务，消费者可以在店内体验到耐克为本地会员带来的全方位且高度互动的数字化体验，打开 Nike App，即可获取全新推出的一系列数字零售服务和体验，包括 Nike App At Retail 及其一系列功能，如，最先上线的“Nike 快速获取试穿”(Nike Scan to Try-on)、“Nike 为你找遍尺码”（Nike Scan to Learn)、Nike Fit 和 Nike 同城会员体验（Nike Experiences）。通过近期发布的“Nike 快速获取试穿”功能，消费者可以扫描产品条形码，动动手指即可快速获取产品并进行试穿。无论是在实体商店，还是手机端，“ Nike 快速获取试穿”都可以让每位会员尽享灵活便捷且个性化的智能购物体验。进入耐克广州，耐克会员将在手机上收到来自 Nike App 关于商店最新动态的推送，耐克会员可使用 Nike App 中的“ Scan Products”功能，扫码获取产品信息，会员也可以通过 App 体验“Nike 快速获取试穿”功能。

（3）智能化体验。耐克广州是国内首家引入 Nike Fit 服务的商店。作为一项革命性的扫描技术，Nike Fit 结合了计算机视觉、数据科学、机器学习、人工智能等一系列高科技，帮助消费者全面测量双脚形状，进而为其推荐最适合的鞋码。

（4）社交化体验。Nike 同城会员体验，是耐克全球首次推出的以数字化驱动的最新平台，这一搭载于 Nike App 上的全新功能连接线上线下平台，将城市打造成耐克会员的运动场。基于社群理念打造的Nike同城会员体验鼓励会员积极参与店内和城中举办的各类体育运动、潮流活动、耐克专家营、明星教练工作坊、健康生活及文化分享会等。

10.3.7 餐饮行业

1. 凑凑，“火锅 + 奶茶 + 酒馆”的全时段餐饮

在北京三里屯通盈中心里，凑凑开出的全国首家“火锅 + 小酒馆”新业态店，首次揭开神秘面纱，中午卖火锅，下午卖奶茶，晚上摇身一变为酒吧。擅长打模式组合创新牌的凑凑，这一次在小酒馆的消费场景中，再一次将营业时长拉长至13小时。从上午11:00营业至凌晨00:00，用“火锅 + 奶茶 + 酒馆”的全时段餐饮，顾客中午小聚可以吃火锅，下午闲时可以喝茶，晚餐可以火锅，夜宵可以来杯小酒，一天的美好生活都可以在凑凑度过。每天19:30左右，除了有茶、有酒、有火锅，还有歌手现场驻唱。“沸腾的火锅冒着氤氲的气息，三两杯小酒下肚，当所有的小情绪涌上心头，这时候有人唱了一首深情的歌曲，你觉得你的内心一下子被击中……”凑凑先是创造场景，再吸引对场景有需求的人群。凑凑小酒馆是以优质的餐与饮为基础延伸，加成酒水、KTV以及现场表演等娱乐体验，使模式本身更具竞争力。

2. Foodie Social 南里食集，“美食 + 零售 + 社交”模式，打造商业新场景

Foodie Social 南里食集，坐落于新天地时尚 I 三层，占地3 000平方米，特邀米其林二星餐厅泰安门主理人 Stefan Stiller 作为项目总顾问。打破传统空间的边界与隔断，南里食集将15%的面积策划为社交空间，兼容餐饮旅程的Foodie Market美食市集、承载社群跨界活动的Foodie Theatre美食剧场、美食创想家们共创共享的Foodie Lab美食实验室，多维度呈现美食场景。同时，南里食集与各类文化项目开展跨界合作，商业策划与社群运营并举，叠加文化场景和社交功能，打造以美食为语言的综合性社交空间。

（1）**美食**。精选的特色餐饮，从越南河粉、成都小吃、米其林大餐到老字号招牌，南里食集引进了32家餐饮，全天候供应超过400种现制美食。

（2）**零售**。南里食集入口处及连廊处，精选了生鲜水果、西班牙火腿、红酒、大米、各类零食等商品，正是白领们的日常所需，也是瑞安商业为丰富消费者购买的时间段精心打造的线下空间。

（3）**社交**。南里食集通过复刻市集、聚会、厨房教学等，打造丰富的社交场景，并将助力孵化新晋餐饮品牌和产品。同时，构建数字化平台，如应用Foodie小程序，以高频需求的“0+0场景”增强社群黏性。采用会员系统，与瑞安旗下其他住宅、商业、办公等会员体系结合，通过租户社群、消费者社群之间的互相交流与碰撞，提供更优质的服务与内容。

10.3.8 休闲食品行业

良品铺子，拥抱数字化转型

在数据的驱动下，零售实体店才有变革的空间。通过对碎片的渠道和系统数据整合，良品铺子也真正进入大数据经营和营销时代，拥抱数字化转型。

2014 年，良品铺子已经从单纯做线下门店，转型尝试“互联网”，但碎片化的渠道和系统，明显拖累了它试水互联网的初衷。为了改变现状，2014 年 12 月，良品铺子与 IBM 达成战略合作。IBM 在大数据、社交、移动等创新技术领域的领先能力和丰富的企业转型经验，给良品铺子的数字化转型带来了巨大的变化。

（1）解决碎片化难题。碎片化的渠道和系统，导致良品铺子存在许多消费者体验缝隙。为此，IBM 团队运用“敏捷迭代”的方法，打通良品铺子前台、中台和后台。全渠道平台的搭建使得良品铺子形成从店铺预测、事业部计划，到集团补货、工业公司配货的上下游统一，实现了商品中心、价格中心、会员中心、营销中心、订单中心和库存中心的建设。

（2）推动业务升级。整合线上线下渠道之后，会员数据得以统一，良品铺子能够进行会员管理和精准营销。良品铺子根据顾客职业及生活方式特点，对会员进行标签管理，实现灵活定价，提供个性化产品，并推送个性化促销信息。而打通数据和统一平台意义在于，从设计、生产到物流等环节都有可预见和运行的计划。借助于 IBM 提供的有效供应链管理和平台运营，良品铺子库存成本得以降低，业务升级也推动了销售额提升。

（3）改善门店管理。全渠道数据整合，不仅满足销售需求，同时也改善了门店管理。IBM 对良品铺子的商品、会员、营销、订单、库存、财务管控等 10 多个业务后台系统，进行了渠道整合。使用后台数据，对商品品类、陈列、消费行为和库存进行分析，能够预测不同季节各个门店的热销产品，指导货品陈列与打折促销活动。

数据工具为战略的实施提供了一种可能。良品铺子未来的门店，除了承载购物体验之外，还将发挥身处社区的功能，成为生活服务中心。而这一切，都要从数据开始。

10.3.9 书店行业

几何书店，充满烟火味的城市文化生活空间

复合业态书店，几何书店，是一个以书为核心和载体的，拥有文化属性的充满烟火味的城市文化生活空间社区。创始人林耕，希望它可以成为人与人之间的串联点，让生活变得多样。几何书店西宁旗舰店有六大分区：重磅阅读、雪域净土、天空之城、重拾生活、时光书馆、空间之门，它们被有机分割，又相互连接。独特清新的装修、强烈的文艺感、阅读的仪式感、独特的空间设计、极致的品质，使得书店成为多重体验的区域标志性文化空间，吸引着西宁市民前来体验及消费。

其中，重磅阅读区主要陈列哲学、历史等需要深度阅读的书籍，雪域净土区是具有青

海当地少数民族，尤其是藏族特色的区域，天空之城区是儿童区。

重拾生活区是手作区，囊括了手工制作的几大类——木工、油画、口红、皮具、微型绿植和陶瓷等。与其他书店不同的是，几何书店的手作体验完全是自主开发的，无论是素材还是工具，都由书店负责采购，手作师是书店通过各种渠道聘请的专业人士，双方以营业额为基础进行分成，他们可以在某个更细分领域打造自己的品牌。

时光书馆区是非常特殊的一块区域，承载了一种记忆和一种精神传递。据《青海日报》的报道描述，在时光书馆，一个个被弯成小电话亭一样的书架形成了一个个独特的私密空间，一盏橘黄色的射灯自头顶高高地照射下来。一些价值不菲的古书、历尽岁月的沧桑而残留下来的报纸和照片，名家的读书笔记以及临摹过的字帖、用过的毛笔、喜爱的砚台被摆放在展示柜里进行陈列。不仅是在西宁旗舰店，其他城市的几何书店也延续了时光书馆的设置。几何书店还正式向社会发出古旧书籍“征集令”，已有十几位文化界人士与书店达成捐赠或保管意向，书店在对珍贵旧书进行修复和保护的同时，还将不再版的书籍整理成系列，待条件成熟后将策划举行各种讲座。

空间之门以举办展览为主。据不完全统计，自西宁旗舰店开业以来，几何书店已举办各种主题活动500余场，包括三江源环境保护讲座、藏族女孩创业分享会、松太加等青海籍导演与观众见面会等。有时候，这边是80多岁高龄的科学家分享几十年来在世界各地与野生动物之间的故事，那边是崇尚二次元文化的“95后”年轻人在玩Cosplay，不同代与代之间的文化沟通在书店这个空间里延展出更多可能。几何书店也会与当地的一些小团体保持联系，如学生会、读书会、音乐人等，来举办活动的人越来越多，书店能够连接的人群也就越来越多。

几何书店陆续在合肥、武汉、上海、成都开了5家店，每到一座城市，几何书店都很注意融入当地文化，如几何书店上海世纪汇店，用大胆的配色致敬现代化，首次引入酒吧，打造“微醺”空间；几何书店成都猛追湾店，将老成都的闲适融入其中，收集老家具，营造时光穿梭之感。

“码”上看：扫码阅读《实体书店创新七大趋势，哪种经营模式你更喜欢？》

本章小结

（1）零售新场景，主要有新鲜生活场景、数字化运营场景、社区服务场景。

（2）新鲜生活场景主要包括供货鲜、配送鲜、食用鲜、体验鲜。

（3）数字化运营场景，主要包括商品陈列数字化、会员管理数字化、营销手段数字化、供应链协同数字化、服务数字化。

（4）社区服务场景，主要需把握好服务的跨度、低度、速度、温度。

（5）零售新方式主要有多维式、赋能式、智慧式、攀升式、微缩式、嵌入式六种。

（6）零售新物种，在生鲜、电子、家居、母婴、美容美妆、服装、餐饮、休闲食品、书店等行业都有经典案例。

术语及热词

市场渗透率　是对市场上当前需求和潜在市场需求的一种比较。市场占有率指实际占有额度，即一个品牌产品的销售额在所有这个品类产品中的份额。而渗透率指的是这个市场可能拥有的这个品类的份额。比如对于美国市场的租赁行业，预计融资租赁业务占全部租赁市场融资额的 30%，即融资租赁的市场渗透率为 30%。

头部效应　是指在一个领域中，第一名往往会获得更多的关注，拥有更多的资源。作为一个领域的头部，它往往拥有更高的溢价空间。

去中心化　去中心化是互联网发展过程中形成的社会关系形态和内容产生形态，是相对于“中心化”而言的新型网络内容生产过程。去中心化并非不要中心，而是由节点来自由选择中心、自由决定中心，在去中心化系统中，任何人都是一个节点，任何人也都可以成为一个中心。

私域　是指运营客户的能力，已经成为企业和品牌最核心的能力之一。在数字经济时代，企业的核心目标是拥有客户这个最有价值的资产，并不断提升自己为每个客户创造更丰富价值的能力。

前置仓　是一种仓配模式，每个门店都是一个中小型的仓储配送中心，总部中央大仓只需对门店供货，消费者下单后，商品从附近的零售店里发货，就能够覆盖最后一千米。

智慧零售　是运用互联网、物联网技术，感知消费习惯，预测消费趋势，引导生产制造，为消费者提供多样化、个性化的产品和服务。

KOL　关键意见领袖（key opinion leader，KOL），是营销学上的概念。通常是指拥有更多、更准确的产品信息，且为相关群体所信任或接受，并对该群体的购买行为有较大影响力的人。

KOC　关键意见消费者（key opinion consumer，KOC）。一般指能影响自己的朋友、粉丝，产生消费行为的消费者。相比于 KOL，KOC 的粉丝更少，影响力更小，优势是更垂直、更便宜。

用户黏度　是指用户对于品牌或产品的忠诚、信任与良性体验等结合起来形成的依赖程度和再消费期望程度。

思考讨论

1. 零售新物种的崛起，是不是对应着老物种的衰亡？为什么？

2. 从消费者感知角度，你认为经得起市场检验的新物种应该具备哪些基因特征？
3. 关于零售场景渗透，你能分享哪些感悟？
4. 近几年，零售商纷纷兴起联合营销，你认为联合营销应该怎么开展？

小试身手

创新一个零售新物种，并撰写一份商业计划书，把它的商业模式详细呈现出来。

课外阅读推荐

[1] 张桓，杨永朋 . 名创优品的 101 个新零售细节 [M]. 北京：人民邮电出版社，2019.
[2] 潘进丁 . 新零售，变了 [M]. 北京：电子工业出版社，2020.
[3] 袁亮 . 小而美：新零售爆品法则 [M]. 广州：广东经济出版社，2018.
[4] 丁耀飞，马英 . 无界零售：第四次零售革命的战略与执行 [M]. 北京：新华出版社，2018.
[5] 梁宸瑜，曹云露，马英 . 直播带货：让你的流量持续低成本变现 [M]. 北京：人民邮电出版社，2020.
[6] 王欧飚 . 社交新零售 [M]. 北京：原子能出版社，2020.

参考文献

[1] 蒋秀兰，蒋春艳 . 零售学 [M]. 2 版 . 北京：清华大学出版社，2018.
[2] 陈文汉 . 零售学 [M]. 2 版 . 北京：北京大学出版社，2015.
[3] 刘春梅 . 零售学 [M]. 上海：立信会计出版社，2011.
[4] 肖怡 . 零售学 [M]. 4 版 . 北京：高等教育出版社，2017.
[5] 宋丕丞 . 零售学 [M]. 北京：首都经济贸易大学出版社，2020.
[6] 徐盛华，倪昌红 . 零售学 [M]. 2 版 . 北京：清华大学出版社，2020.
[7] 魏中龙 . 零售管理 [M]. 北京：企业管理出版社，2014.
[8] 利维，韦茨，格雷瓦尔 . 零售管理 [M]. 刘亚平，译 . 北京：机械工业出版社，2018.
[9] 里格利 . 商店选择、店面选址与市场分析 [M]. 曹静，译 . 北京：经济管理出版社，2019.
[10] 翁怡诺 . 新零售的未来 [M]. 北京：北京联合出版社，2018.
[11] 杜凤林 . 新零售：打破渠道的边界 [M]. 广州：广东经济出版社，2017.
[12] 王先庆，彭雷清，曹富生 . 全渠道零售：新零售时代的渠道跨界与融合 [M]. 北京：中国经济出版社，2018.
[13] 董永春 . 新零售：线上 + 线下 + 物流 [M]. 北京：清华大学出版社，2018.
[14] 刘官华 . 新零售：从模式到实践 [M]. 北京：电子工业出版社，2019.
[15] 范鹏 . 新零售：吹响第四次零售革命的号角 [M]. 北京：电子工业出版社，2018.
[16] 伯曼，埃文斯 . 零售管理 [M]. 吕一林，宋卓昭，译 . 北京：中国人民大学出版社，2011.
[17] 张箭林 . 新零售模式运营全攻略 [M]. 北京：人民邮电出版社，2019.
[18] 张箭林 . 新零售机遇：任何生意都值得重做一遍 [M]. 北京：企业管理出版社，2018.
[19] 李飞 . 零售革命 [M]. 北京：经济科学出版社，2018.
[20] 水木然 . 新零售时代：未来零售业的新业态 [M]. 北京：机械工业出版社，2017.
[21] 付玮琼 . 商场超市陈列与营销技巧 [M]. 北京：化学工业出版社，2018.

[22] 喻合．门店布局与商品陈列 [M]. 北京：电子工业出版社，2017.
[23] 李维华．选址学概论：单店选址理论与实务 [M]. 北京：企业管理出版社，2021.
[24] 李轻舟，边明伟，蔺琛，李依璘．实用连锁门店选址技术 [M]. 成都：西南交通大学出版社，2017.
[25] 林贤福．零售管理 [M]. 2 版．北京：北京理工大学出版社，2017.
[26] 吴佩勋．零售管理 [M]. 3 版．上海：格致出版社，2015.
[27] 贺爱忠，聂元昆，向忠诚，等．零售管理 [M]. 北京：清华大学出版社，2015.
[28] 任锡源，杨丽．零售管理 [M]. 3 版．北京：首都经济贸易大学出版社，2014.
[29] 杜凤林．新零售实践：智能商业时代的零售进阶路径 [M]. 北京：中国纺织出版社，2017.
[30] 张毅．新零售革命：后电商时代的营销哲学 [M]. 北京：人民邮电出版社，2018.
[31] 刘国华，苏勇．新零售时代：打造电商与实体店融合的新生态 [M]. 北京：企业管理出版社，2018.
[32] 罗明．零售学 [M]. 上海：上海财经大学出版社，2017.
[33] 佘伯明，李宁．零售学 [M]. 大连：东北财经大学出版社，2008.
[34] 吕志彬，粟日，程欣，等．C 时代新零售：阿里研究院新零售研究报告 [R]. 阿里研究院，2017.
[35] 肖泽尧，崔粲，陈贤丽．新零售的概念、模式和案例研究报告 [R]. 亿欧智库，2018.
[36] 赵树梅，徐晓红．"新零售"的含义、模式及发展路径 [J]. 中国流通经济，2017（5）：12-20.
[37] 刘强东．零售的未来：第四次零售革命 [J]. 中国企业家，2017（14）：77-84.
[38] 韩彩珍，王宝义．"新零售"的研究现状及趋势 [J]. 中国流通经济，2018（12）：20-30.
[39] 周勇．解析新零售六种实践模式（上）[J]. 中国商界，2017（10）：54-55.
[40] 周勇．解析新零售六种实践模式（下）[J]. 中国商界，2017（11）：50-51.
[41] 周勇．"新零售"提出之争与实践场景 [J]. 上海商学院学报，2018，19（5）：1-10.
[42] 吕扬，刘思萌．国际零售业研究的前沿热点与趋势 [J]. 经济问题，2020（5）：89-94.